Helga Treeß, Uwe Treeß, Manfred Möller
Soziale Kommunikation und Integration

der psychomotorischen Förderpraxis nicht nur um Spielen um des Spielens willen oder um Toben um des Tobens willen, sondern im wesentlichen um einen sich dabei vollziehenden Selbsterziehungsprozeß der sozialen Interaktion und Kommunikation, an dessen Ende eine beglückende soziale Bindung an gemeinsam durchgeführte Projekte sowie die Fähigkeit zu Regelspielen steht.

Die Praxisberichte, welche den weitaus größten Raum des Buches einnehmen, sind in Förderschwerpunkten zusammengefaßt, die der Verwirklichung pädagogischer bzw. therapeutischer Zielsetzungen dienen. So beim Förderschwerpunkt Bedürfnisbefriedigung oder bei Vertrauensbildung, Symbol- und Begriffsbildung, Rollenübernahme, Themenzentrierung, Regeleinhaltung und Toleranzbildung. Bei den beispielhaft angeführten und durch ihre Erlebnisfülle bestechenden Förderstunden handelt es sich nicht um fiktive Stundenbilder, sondern um die hautnahe Schilderung authentischer, von den Autoren selbst erfahrener und erlebter Fördereinheiten. Diese größtenteils reich bebilderten Erfahrungsberichte gehen weit über die übliche Aufzählung von Übungssequenzen hinaus. Sie sind Ausdruck einer vollzogenen Integration von Theorie und Praxis zum Wohle psychomotorisch förderbedürftiger Kinder. Ich bin sicher, daß dieses letzte Buch unserer Schriftenreihe pädagogischen und therapeutischen Fachleuten und Eltern gleichermaßen ein wichtiger Leitfaden für die psychomotorische Förderarbeit sein wird.

Ernst J. Kiphard

Vorwort der Verfasser

Nur einiges von dem, was wir in diesem Buch vorschlagen, ist neu oder originell. Wir haben aber alles etwas anders als andere gesichtet, gewichtet und geordnet. Soziale Kommunikation und Integration sind für uns nicht mehr Anhängsel oder notwendige Rand-/Rahmenbedingungen für das Erlernen von Kenntnissen, Fertigkeiten oder Bewegungsfähigkeiten.

Umgekehrt gehen wir vor: Bewegungsfähigkeiten, Fertigkeiten oder Kenntnisse sind wichtige, notwendige Bausteine, ja Fundamente für „soziale Kommunikation und Integration". Sie sind für uns Mittel, aber nicht Selbstzweck oder Ziel.

Im Brennpunkt unserer Praxisvorschläge und -Anleitungen stehen das gelingende Miteinander, das Sich-Ausdrücken gegenüber anderen, die Verständigung, die symbolische Interaktion, das gemeinsame Bearbeiten von wichtigen sozialen Themen oder das Erlernen von wichtigen, grundlegenden oder speziellen Regeln des sozialen Zusammenlebens und Zusammenspielens. Vor allem soll die Bedürfnisbefriedigung aller Mitspielenden gewährleistet sein. Die Befriedigung weniger auf Kosten anderer lehnen wir ab.

Unser Buch brauchte eine äußerst lange Erarbeitungszeit. Dies hat vor allem zwei Gründe:

1. Mit 3 Leuten geht es eben nicht schneller als wenn nur eine(r) schreibt. Im Gegenteil sind viele Absprachen, Diskussionen, Überarbeitungen, Verfeinerungen usw. nötig.

2. Wir drei sind in der Praxisarbeit tätig: Spielgruppen, Kindergartengruppen, Grundschul-Integrationsklassen, therapeutische Gruppen usw. Hinzu kommt die Erwachsenen-Fortbildung, in der wir uns nachhaltig engagieren. Alles, was wir vorschlagen, haben wir wirklich praktisch erprobt. Wir haben es nicht nur beobachtet und dann in eine flüssige Schriftform gebracht. Auch haben wir nicht andere arbeiten lassen können, um daraus eine Veröffentlichung zu machen, wie es oftmals mit unveröffentlichten Manuskripten, Diplomarbeiten usw. im Rahmen der Universität geschieht. Wir haben jahrelange Erprobungsarbeit geleistet und könnten, wenn man es vom Umfang her betrachtet, fast ein wenig enttäuscht sein über das vorgelegte schriftliche Ergebnis. Aber obwohl wir das Ergebnis immer noch als unvollständig und vorläufig empfinden: wir sind zufrieden.

Es sollte ein Praxisbuch werden. Wichtig war aber auch für uns, den Praxis-Theoriezusammenhang in angemessener Form immer wieder hervorzuheben. In Kauf nehmen müssen wir, daß einige theoretisch sehr anspruchsvolle Leser sich unterfordert fühlen, was die Begründungen und Rechtfertigungen unserer Arbeit betrifft. Es kann aber auch sein, daß einige „Praxisfreaks" unsere theoretischen Erläuterungen und Ergänzungen als überflüssig empfinden.

Trotzdem hoffen wir intensiv, vor allem solche Leser/innen anzusprechen, die an beiden, unabdingbar wichtigen Seiten derselben „Medaille" interessiert sind: der reflektierten Praxis wie der praxisorientierten Reflexion und Begründung einer pädagogischen wie therapeutischen Arbeit mit Kindern im Alter von ca.2/3 bis 8/9 Jahren. Besonders günstig wäre es, wenn die Lektüre dieses Buches zusammenwirken könnte mit Fortbildungen, weiterführender Lektüre, fortlaufender Diskussion und einem in unserer Praxis erprobten Zwei-Pädagogen/Therapeuten-Modell.

Dem Dilemma, daß Praxis immer situationsspezifisches Handeln bedeutet, versuchen wir immer wieder ein Stück weit zu entgehen. Wir bieten Kommentare und methodische Hinweise an, ebenso schildern wir die konkreten Rahmenbedingungen, unter denen die Arbeit jeweils stattfand (Berichte). Der Aufbau des Buches sollte so gestaltet sein, daß er einem Fortbildungskurs ähnlich wird. Dabei sind sicherlich dem Medium Buch Grenzen gesetzt. Wir versuchten, die Lesbarkeit und Brauchbarkeit dadurch zu verbessern, daß im Praxisteil der schriftsprachliche Text immer auf der linken Seite, die Anschauungsbeispiele, Hinweise, Ergänzungen, Kommentare jeweils auf der dazugehörigen rechten Seite zu sehen sind.

Eine ganz wichtige Bitte hätten wir an Sie: Steigen Sie mit Ihrer Gruppe nicht schon bei der dritten oder vierten Praxisphase ein. Fangen Sie von unten, bzw. von Anfang an an. Vermitteln Sie Grundlagen und Grundregeln sozialer Kommunikation. Lassen Sie sich Zeit, nehmen Sie für jede einzelne Veranstaltung mindestens 60 Minuten.

Sollten Sie in der Grundschule arbeiten, steigen Sie um von einer Schulstunde auf zwei zusammenhängende Stunden. Machen Sie bitte aus den einzelnen, von uns beschriebenen Spielformen und Szenen nicht kleine, kurzweilige Unterhaltungsstücke.

Vor allem aber bitten wir Sie zu bedenken: nehmen Sie immer das, was Sie anbieten, wirklich ernst, mit „Echtheit" wichtig. Sie selbst sollten prinzipiell Freude an dem empfinden, was Sie vorschlagen oder mit den Kindern zusammen tun wollen. Gehen Sie mit vielen Angebotsmöglichkeiten in die gemeinsame Bewegungs- und Spielsituation hinein. Lassen Sie sich aber auch von den Kindern anregen, entwickeln. Schaffen Sie eine Atmosphäre des experimentierenden, Fehler und Irrtümer einräumenden Lebens und Lernens. Vertrauen Sie, gut und umfassend vorbereitet, Ihrer methodischen Phantasie.

Sollten sie sich noch nicht sicher genug fühlen für die Übersetzung unseres Ansatzes und Konzepts einer integrativen, offenen, kooperativen Erziehung, bzw. Förderung durch Bewegung und Spiel: tasten Sie sich, arbeiten Sie sich langsam, möglichst mit jemand anderem zusammen, ebenso behutsam wie gemächlich und beharrlich heran. „Gut Ding braucht gut Weil!". Das bedeutet: unter ungünstigen Voraussetzungen geht es halt etwas langsamer. Wir sind aber überzeugt davon, daß in vielen Institutionen und Praxisfeldern viele ungenützte „Freiräume" vorhanden sind, die nur durch geistige Verkrustungen oder Ängste, durch Gewohnheit oder Bequemlichkeit nicht ausgenutzt werden. Versuchen Sie bitte, in unserem Sinne Ihre Verhältnisse zu verändern. Sollten Sie es schaffen, mit den Kindern zu kooperieren, so werden Sie auch selbst zufriedener sein und ihre Arbeit sinnvoller finden.

Helga Treeß
Uwe Treeß
Manfred Möller

1. Einleitung:
Vermittlung zwischen Selbsterfahrung und methodischer Praxis

Bewegungsspiele sind nichts Alltägliches im Leben eines erwachsenen Menschen. Es gibt meist einen besonderen Anlaß, wenn Erwachsene, die sich nicht kennen, zusammen spielen und sich gemeinsam bewegen. Ein solcher Anlaß ist im Leben von Erziehenden und Lehrenden zumeist eine Fortbildungsveranstaltung zur Bewegungserziehung (zur psychomotorischen Erziehung)*, also eine aus dem pädagogischen Alltag herausragende Lernsituation.

Wir können uns vorstellen, daß jemand, der dieses Buch in der Hand hat, zumindest ein ähnliches Interesse haben wird wie ein Teilnehmer an Fortbildungsveranstaltungen in Kurz- oder Seminarform: sie/er möchte für eine bestimmte Praxis mit Kindern und Jugendlichen neue Anregungen erhalten, über bestimmte Zusammenhänge nochmals nachdenken können und bei Gelegenheit mit anderen Interessierten über bestimmte Bereiche der psychomotorischen Entwicklungsförderung diskutieren.

Wir können uns auch vorstellen, daß es uns als Autoren mit unseren Lesern so ähnlich ergeht wie mit Teilnehmern aus Fortbildungsveranstaltungen zur psychomotorischen Entwicklungsförderung: wir haben uns einzustellen auf sehr unterschiedliche Erwartungen, Praxiserfahrungen und Vorannahmen.

Am liebsten würden wir daher „unseren Ansatz" psychomotorischer Entwicklungsförderung schon durch die Einführung in den Gegenstandsbereich „psychomotorische Entwicklungsförderung" deutlich machen, und zwar — wie in einem Fortbildungskurs — ohne viel Worte, sondern durch das Medium „Bewegungsspiel" selbst. Diesem Wunsch, dem wiederum das Interesse zugrundeliegt, von Beginn an Durchsichtigkeit für alle Interessierten zu schaffen, sind jedoch „natürliche" Grenzen durch die Schriftform gesetzt. Ein Buch ist kein Kurs. Es fehlen der Gruppenlernprozeß, die direkte Kommunikation, die spontane Rückmeldung u.v.m.

Trotzdem wollen wir den Versuch machen, mit den verbleibenden Mitteln so in das Thema einzuführen, daß zumindest eines deutlich wird: Bewegungsspiele vermitteln auch Erwachsenengruppen noch grundlegende Erfahrungen im Bereich sozialer Kommunikation. Sie können der Schlüssel

---

* Um Mißverständnisse zu vermeiden: im Folgenden werden wir von psychomotorischer Entwicklungsförderung sprechen. Wir meinen damit aber deckungsgleich psychomotorische Erziehung oder auch subjekt- und situationsbezogene Bewegungserziehung.

zum Verständnis für die Bedeutung im Kindesalter sein oder aber auch dieses Verständnis erschweren.

Sich bewegen und spielen als dominante Lebenstätigkeiten bei kleinen Kindern anzuerkennen, fällt manchem Pädagogen schwer. Gelingende Spiel-Interaktionen auf dem Niveau der Erwachsenen können die Bedeutung für gemeinsame Gruppen-Lernprozesse, Schaffung von Vertrauen und Gemeinsamkeit wieder verdeutlichen. Über die eigene Erfahrung wird zwar niemand wieder „zum Kind", aber der erste Schritt zu einer Erinnerung an die Bedeutung von „sich bewegen und spielen" kann hiermit allemal getan werden.

Vielleicht gelingt es, mit ein bißchen Phantasie auf seiten der LeserInnen und durch einen möglichst hohen Grad an Anschaulichkeit der Beschreibung, uns dem Thema zu nähern, indem wir uns davon zunächst scheinbar entfernen: begleiten wir eine neu zusammengekommene Erwachsenengruppe auf ihren ersten gemeinsamen Schritten auf dem Umweg über „das Weltall" zur (Wieder-) Entdeckung ihrer eigenen Psychomotorik.

Das Weltraumspiel

„Stellt Euch vor, wir verlassen die Turnhalle und befinden uns im Weltraum. Wir sind Raumschiffe, die sich schwerelos im All bewegen, jedes ganz anders, jedes für sich. Es erklingt eine sehr schöne, sicher allen bekannte Melodie, die das Steuern der Schiffe erleichtert.

Ab und zu stoppt die Musik: eine weit entfernte Bodenstation fordert zum Ankoppeln auf, z.B. ruft sie: ‚Raumschiff 2!' Es finden sich dann die Besatzungen von 2 Raumschiffen zusammen und tauschen Informationen aus. Sie nennen zunächst ihre Namen, erzählen vielleicht, wo sie arbeiten, wenn sie gerade nicht im Weltraum sind, welche Wünsche sie haben, was sie am liebsten essen oder einfach, was der andere wissen will.

Bei Einsatz der Musik trennen sie sich wieder und schweben weiter durch das All. Beim nächsten Mal sagt die Bodenstation vielleicht ‚Raumschiff 4' oder ‚Raumschiff 6'. Am Ende ist man mit dem ganzen ‚Weltall' bekannt."

Die Reise durch das Weltall beginnt mit den Walzerklängen „An der schönen, blauen Donau". Die „Bodenstation" versucht, das Musikwerk sinnvoll zu gliedern, so daß keine Überraschungsstops für unnötige, böse Assoziationen mit angstbesetzten Ausscheidungsspielen (z.B. „Reise nach Jerusalem") entstehen. Sie sagt auch schon einmal „Raumschiff 6 bis 8", wenn die Gruppe und die angesagte Zahl nicht aufgehen.

Nach ungefähr der Hälfte der Spielzeit, die vor allem von der Länge der Musikpausen und des dann einsetzenden, mehr oder weniger lebhaften verbalen Austauschs der „Raumfahrer" abhängt, fordert die Bodenstation die angekoppelten Raumschiffe auf, zusammenzubleiben und gemeinsam die Reise durch das All fortzusetzen. Zum Abschluß des Spiels tanzt die gesamte Gruppe zusammen und landet gemeinsam mit dem Walzer-Finale wieder auf der Erde.

Dort ist i.d.R. eine kleine Bewegungspause angesagt, für den Leser vielleicht erst durch eigene Erfahrungen mit dieser Spielform nachvollziehbar.

Wir halten es grundsätzlich nicht für sinnvoll, nach jeder Spielform auf der Einführungsveranstaltung eine ausführliche Besprechung durchzuführen. Wir achten aber bereits zu diesem Zeitpunkt sehr genau auf Anzeichen von Unlust, Angst, Rückzug, Langeweile oder Streß. Man erfährt auf jeden Fall meistens schon eine Menge darüber, wie das Spiel auf die Gruppe gewirkt hat, auch ohne daß man fragt: der Geräuschepegel ist z.b. höher als zu Beginn des Spiels, es finden bereits lebhafte Gespräche in kleinen Gruppen statt, manche(r) befreit sich von unnützen Kleidungsstücken. Die Gruppe ist „warm".

Wir wollen auch jetzt zunächst eine weitere Bewegungsspielform zur Einführung unseres Themas vorstellen, die offenkundig zum Kennenlernen beiträgt, obgleich außer viel Lachen und Juchzen kaum sprachlicher Austausch zu beobachten ist:

Ran an die Frau / den Mann! (Dreierklitsche)

„Wir wollen einmal den Boden der Halle mit Menschen übersäen. Lauter Pärchen verteilen sich in der Halle und setzen sich eng nebeneinander. Ein Pärchen bleibt stehen: Jäger und Beute. Der Jäger versucht, die Beute zu berühren, die — falls ihm das gelingt, wie beim herkömmlichen Fangspiel die Rolle des Jägers übernimmt (Rollenwechsel). Jäger und Beute rennen also zwischen den Paaren, die auf dem Boden sitzen, umher. Die Beute kann sich nun vor dem aufdringlichen Jäger retten, indem sie sich an die Seite irgendeines Paares setzt. In dem Augenblick sollte der Jäger gut aufpassen: Er ist nämlich jetzt automatisch Beute, und ihr Jäger ist schon unterwegs! Es ist der Teil des Paares, an dessen Seite sich die Beute nicht gesetzt hat. Die neue Beute kann sich ihrerseits wieder retten, indem sie sich an die Seite eines Paares setzt.

Das hört sich einfach an, hat es aber in sich. Das Spiel wird meist sehr schnell, weil der Wechsel der Rollen durch das „Ransetzen" viel lustiger als das bloße Abschlagen ist und sehr häufig herbeigeführt wird. Wenn die Paare im Raum gut verteilt sind (man kann sich während des Spiels auch umsetzen, wenn man meint, man käme zu häufig oder zu selten dran), wird

Abb. 1: Begegnung im Weltraum: Wer
bist Du? Was hat Dich hierhergelockt?

Abb. 2: „Ran an die
Frau":
Zwischen Begeiste-
rung und Entsetzen.

14

hieraus ein bewegungs- und kontaktreiches Spiel. Bevor die Spieler vor Lachen in kleinen Haufen übereinanderliegen oder aufgrund der ungewohnten Bewegung schweißnaß sind, sollte man fragen, ob es nicht genug ist . . .?

„So könnte es immer weitergehen". Sobald dieser Satz nach 6—7 abwechslungsreichen Spielformen in der Art der hier beschriebenen fällt, ist es Zeit, etwas zu verändern. Nicht, daß wir unseren Teilnehmern und evtl. auch unseren Lesern den Spaß verderben wollen, aber daß Bewegungsspiele Spaß machen können, haben die meisten bis hierhin (wieder) gemerkt. Spaß und Freude an bewegungsreicher Kommunikation sind ganz besonders wichtige Voraussetzungen und wesentliche Bestandteile für unsere Praxis psychomotorischer Erziehung. Darüber hinaus gibt es aber noch ein paar Dinge mehr, die — ohne dieses Kapitel überfrachten zu wollen — sichtbar werden sollen:

Stellen Sie sich vor, Sie bekommen die folgende Skizze (s. S. 16) mit der Aufforderung in die Hand gedrückt: „Macht ein Spiel daraus, sucht Euch die Leute zusammen, die es mitspielen und spielt!"

Solche Gruppenaufgaben sind Gestaltungselemente des zweiten Teils unserer Einführungsveranstaltung. Sie erfordern eine andere Qualität gemeinsamen Handelns als die vorgegebenen gefällig dargebotenen Spielformen zuvor. Diese unterschiedlichen Interaktionsqualitäten werden i.d.R. von den teilnehmenden Personen sehr genau wahrgenommen und auch in der Gesamtbesprechung verbalisiert.

Die hier vorgestellten Beispiele können sicherlich nicht so verstanden werden, als wenn nur sie dazu geeignet seien, durch Selbsterfahrung eine positive Einstimmung in das Thema zu bewirken. Trotz aller Unterschiedlichkeit in der Gruppen-, Bewegungs- und Spielerfahrung erwachsener Menschen, ihrer psychomotorischen Erlebnisfähigkeit fordern bestimmte Spielformen, bzw. deren Sequenzierung jedoch immer wieder zu ähnlichen Äußerungen der Spieler(innen) heraus. Dazu gehört z.B., daß viele das Gefühl haben, sich jetzt schon recht gut zu kennen, daß die meisten sich schon lange nicht mehr so ausdauernd bewegt haben und auch nicht gedacht hätten, daß sie dazu überhaupt noch Lust haben würden und daß bereitwillig bestätigt wird, daß man jetzt noch gespannter sei auf das was da kommen solle als **vor** den gemeinsamen Bewegungsspielen.

Unser Anliegen ist es, über die geeignete Komposition von Spielformen der Teilnehmergruppe zunächst ein Gefühl von Vertrauen, Kontakt und Gemeinsamkeit zu vermitteln:

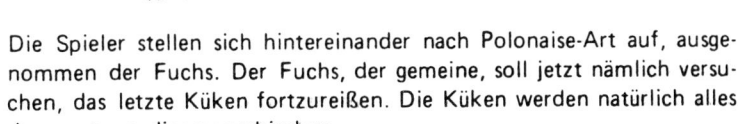

Die Spieler stellen sich hintereinander nach Polonaise-Art auf, ausgenommen der Fuchs. Der Fuchs, der gemeine, soll jetzt nämlich versuchen, das letzte Küken fortzureißen. Die Küken werden natürlich alles daran setzen, dies zu verhindern.

Aus: Leue/Cuypers (1982): Comic-Spielebuch; Berlin (Leue), S. 19

— Das Weltraumspiel soll zunächst **Vertrauen** schaffen. Es stellt eine offene Bewegungsfrage, gibt Raum für Orientierung und Interpretation (jeder bewegt sich nach der Musik, wie er möchte), baut mögliche Unlust und Ängste vor den anderen ab. Dabei helfen der Ausflug ins „Weltall" und die Verwandlung der Personen in „Raumschiffe" (Distanz) sowie nicht zuletzt die Bekanntheit der ausgewählten Begleitmusik.

— Beim „Ran an die Frau/den Mann!" steht der **körperliche Kontakt im Vordergrund. Er ist aber nicht zwangsverordnet. Jede(r) Spieler(in) kann prinzipiell selbst steuern,** wie nah er/sie dem anderen kommen möchte, bzw. wie eng der Kontakt sein soll. Die Dynamik des Spiels tendiert allerdings zu eher engen Kontakten, ohne zu Intimität zu nötigen und damit die neu zusammengekommenen Teilnehmer zu überfordern. **Zwangskontakte sollen ebenso vermieden werden wie Anonymität.**

— Spätestens bei den Gruppenaufgaben haben alle bemerkt, daß psychomotorische Erziehung offenbar nicht aus dem zufälligen Aneinanderreihen wenn auch gelingender Spielformen besteht. Die Anforderung, sich in einer Gruppe selbst mit dem „Rohstoff" für ein Spiel zu beschäftigen, ist für einige schon sehr schwierig. Das hat nicht nur etwas mit mangelnder Phantasie oder Kooperationsfähigkeit Einzelner zu tun. Häufiger ist **die Gruppe als Ganzes** noch nicht von einem solchen **Grundkonsens** getragen, daß relativ **offene Aufgabenstellungen** auf Anhieb gelingen. Ziel der Gruppenarbeit ist es aber, daß die Gruppe in relativer **Unabhängigkeit** von der Kursleitung selbsttätig wird. Dabei sind die Aufgabenstellungen so gewählt, daß sie trotz aller Schwierigkeiten **spannend und lösbar** sind. Verfehlt wären Aufgabenstellungen, die die einzelnen Gruppen in Rivalität zueinander brächten oder den Teilnehmern sinnentleert und langweilig erscheinen.

Manchmal kommt es vor, daß ein oder zwei Teilnehmer die Bewegungsspiele zum Kennenlernen zum Teil von der Bank aus verfolgen müssen, weil ihre Teilnahme nicht möglich ist (z.B. bei eingegipsten Körperteilen). Von diesen erfahren wir immer wieder, daß die Gruppenaktivität in ihrer Intensität und Lockerheit, Fröhlichkeit und Ernsthaftigkeit, Geschlossenheit und individuellen Reaktionen sehr beeindruckend ist. Es fällt schwer, nur zuzuschauen.

Wir können im Rahmen dieses Buches nur dazu anregen, die Wirkung von Bewegungsspielen an sich selbst mit anderen (neu) zu erfahren. Die eigene „Bewegungssozialisation" steht einer offenen, fragenden Herangehensweise an psychomotorische Entwicklungsförderung häufig mit unüberprüften, stereotypen Behauptungen entgegen. Der erste Schritt zu ihrer Offenlegung und Bearbeitung ist Selbsterfahrung, auch, und gerade, wenn sie bei vielen Berufspädagogen und -therapeuten zunächst zu der falschen

Abb. 3: *Freude über das gelungene, selbstentwickelte Spiel*

Abb. 4: *„Wann habe ich das letzte Mal mit einem Luftballon gespielt?"*

Schlußfolgerung führt: alle Spielformen, an denen sie Freude haben, müßten sich auch für Kinder jeder Altersklasse irgendwie eignen, nur, weil sie gerade mit diesen Kindern zu tun haben. Im weiteren Verlaufe unserer Arbeit (auch dieses Buches) ist es uns ein besonderes Anliegen zu zeigen, daß Bewegungsspiele sich gerade dadurch auszeichnen, daß unterschiedliche Gruppen in ganz verschiedenen Situationen ihnen vielfältigste Formen geben. Dabei hängt es besonders stark von der Qualität der Beziehung einer Gruppe zueinander ab, welche Interaktionsformen sich im Spiel zeigen. Ein kooperativ gemeintes Spiel kann — in der falschen Situation — zum kleinkarierten Hickhack werden, das niemandem Spaß macht und die Tür zu mehr Gemeinsamkeit in der Gruppe auf lange Zeit zuschlagen.

Die Aufgabe sozial-kommunikativer psychomotorischer Entwicklungsförderung besteht vor allem darin, durch ausgewählte, offene Bewegungsspiel-Situationen vom frühen Kindesalter an den Weg dafür zu ebnen, altes und neues Repertoire an Spielformen (weiter)-zuentwickeln, welches tendenziell zum Aufbau selbstbestimmter Handlungsfähigkeit unter Berücksichtigung der Interessen anderer, weg von sinnentleertem Funktionstraining führt. Das macht eine stets neue Auseinandersetzung mit „fertigen" Spielformen erforderlich, aber auch mit den unterschiedlichen Ansätzen psychomotorischer Entwicklungsförderung, welche oft nur deshalb von ihren Erfindern so genannt werden, weil sie etwas mit Bewegung zu tun haben.

2. Theorie: Grundbegriffe und Prinzipien zum besseren Verständnis der Praxisarbeit

Erziehung, Entwicklungsförderung, Therapie

Menschliche Entwicklung ist von Anfang an unabdingbar auf Vermittlung durch andere Menschen angewiesen. Vermittlung heißt: es werden zur Aufrechterhaltung eines menschlichen Lebewesens und zur fortlaufenden qualitativen Veränderung seiner Lebensbedingungen gezielt Mittel in den Entwicklungsprozeß eingebracht.

Dies geschieht vor allem im Hinblick auf eine selbständige Lebensführung, auf eine Verständigung mit anderen Menschen sowie die aktive bewußte Mitgestaltung des sozialen und gesellschaftlichen Zusammenlebens. Den grundlegenden und umfassenden Vorgang der Vermittlung von Entwicklung im Hinblick auf bestimmte Werte und Ziele nennen wir **Erziehung.** Zur Bestimmung von Erziehung gehört weiterhin, daß sie als absichtliche, zielgerichtete Einwirkung von Menschen auf Menschen sowie in einem überwiegend einseitig ausgerichteten Macht-, bzw. Abhängigkeits- und Kompetenzgefälle geschieht.

Die „primäre" Erziehung findet in dieser Gesellschaft fast ausschließlich in Familien statt. Von ihnen aus werden ganz wesentlich und nachhaltig die Lebens- und Entwicklungschancen von Menschen bestimmt. Die Qualität familiärer Erziehung beeinflußt aber auch Entwicklungsstand und Fortentwicklung der jeweiligen Gesellschaft. Im Sinne einer optimalen Entwicklung hat Erziehung vor allem drei grundlegende Leistungen zu erbringen:

1. Die Befriedigung (über-)lebensnotwendiger, physiologischer Grundbedürfnisse, vor allem solcher nach Atemluft, Nahrung, Wärme, Information, Aktivität und Schutz vor Gefahren:

   Die Art und Weise, d.h. inwieweit, wann und unter welchen Bedingungen Bedürfnisbefriedigung regelmäßig, verläßlich gewährt wird, hinterläßt tiefe und weitreichende Folgen für die weiterführende Entwicklung. Diese Qualität bestimmt die Kernstruktur menschlicher Persönlichkeit.

2. Die umfassende und intensive Entfaltung sowie Ausformung der im Menschen angelegten Potenzen, Potentiale, Kompetenzen und Grundfähigkeiten:

   Sehr verkürzt ausgedrückt geht es darum, daß jeder Mensch als Individuum in gedrängter Wiederholung die Reihe von Entwicklungsschritten durchläuft, die unsere Vorfahren in einer länger dauernden Reihe von der Entstehung der Menschheit bis heute durchlaufen haben („biogenetische Grundregel"). Jeder Mensch verfügt also, auch wenn er noch so

beeinträchtigt geboren wurde, über die gleiche menschliche Grundausstattung. Anlagen, Reifungsprozesse und Erziehungseinflüsse bestimmen dann die Geschwindigkeit, Richtung und Weite der Entwicklungs-
prozesse und die Ergebnisse im Hinblick auf ein gesellschaftlich-sozial
geformtes Menschenbild.

3. Die Erweckung und Steigerung eines allen Menschen innewohnenden
   Aktivitätspotentials, von eigenaktiven, selbstinitiativen, schöpferischen
   und selbstbezüglichen „Gestaltungskräften":

   Immer unter der Voraussetzung, daß die primären Bedürfnisse befriedigt sind, besteht bei jedem Menschen von Geburt an ein **allgemeiner
   Aktivitätsüberhang.** Dieser erscheint als ein fast unstillbarer Bedarf
   nach Sinneseindrücken (Reizhunger), nach Abfuhr überschüssiger,
   nervaler bzw. psychophysischer Energie (Bewegungsdrang). Neugier,
   Lernfreude, Lern- und Spielfähigkeit u.a.m. basieren auf dieser Aktivität
   und Reaktionsbereitschaft. Einschränkende Gewöhnungs- und Pflege-
   praktiken (feste Schlafrhythmen, Nahrungsaufnahme-Rituale, Reini-
   gungs- und Ausscheidungsdressuren, räumliche Beeinträchtigungen
   wie Laufstall, Kinderzimmer, Lebensgewohnheiten u.a.m. besitzen eine
   „spätzündende" Wirksamkeit. Ohne die Vorannahme selbsttätiger Ge-
   staltungsfähigkeiten wäre es nicht zu erklären, daß schon Kleinkinder
   es schaffen, sich gegen die Forderungen von Erwachsenen aufzuleh-
   nen. Oder: wie könnten Kinder in verschiedenartigsten alltäglichen Situationen auf ähnliche oder gleiche Weise handeln, wenn sie nicht fähig
   wären, selbständige Verknüpfungen herzustellen, bzw. eigene Regeln
   zu bilden? Vernünftige, liebevolle und interessierte Eltern handeln quasi
   naturwüchsig im Vertrauen auf die enormen *Selbstgestaltungsfähigkei-
   ten* ihrer Kinder. Sie bieten fast immer viel mehr Handlungsmöglichkeiten an als ihre Kinder jeweils in der Situation verwirklichen können. Eine
   große Rolle spielt der Vertrauensvorschuß, den sie gewähren. Immer
   wieder sprechen sie so mit ihnen, als wären sie bereits vollwertige, ver-
   ständige Gesprächspartner, und tatsächlich entnehmen schon ganz
   kleine Kinder aus den Situationen sehr viel mehr Sinn und Informationen, als jemals von Erwachsenen beabsichtigt oder bewußt wahrgenommen.

Die Erfüllung der hier nur kurz beschriebenen, *allgemeinen Erziehungsaufgaben* ist maßgeblich von der Bereitstellung angemessener Bedingungen
abhängig. Auch wenn wir nicht mit naturwissenschaftlich-exakter Genauig-
keit definieren können, wie ein ideales Erziehungsmilieu aussieht: inzwischen gibt es doch ein gut abgesichertes Allgemeinwissen über die wichtigsten, die persönliche Entwicklung günstig und förderlich beeinflussende
Faktoren:

— kontinuierliche, verläßliche, interessierte Zuwendung und Unterstützung, Wärme und Geborgenheit seitens erwachsener Bezugspersonen,

— entwicklungsangemessene, die Individualität beachtende, zeitgewährende, fehlertolerante Anregungen bzw. Kontrollen seitens der Eltern oder anderer Erwachsener im Hinblick auf die vielfältigen Auseinandersetzungen des Kindes mit anderen Menschen und den Dingen seiner Umgebung,

— Bereitstellung verschiedenartiger, wechselnder Erfahrungsmöglichkeiten durch Bewegung, Sprache, Spielmittel u.a.m.

— Antwortbereitschaft mit verläßlichen, differenzierten Rückmeldungen im Hinblick auf Versagungen, Grenzen, Frustrationen usw.,

— schrittweise Erweiterung von Bewegungs- und Handlungsspielräumen bei gleichzeitig zurückhaltender Sicherung vor Gefahren.

Die notwendigen Erziehungs- und Beziehungsbedingungen sind in einer großen Zahl von Familien dieser Gesellschaft nicht in ausreichendem Maße gegeben. Ausgehend von finanziellen Schwierigkeiten, Arbeitsproblemen, Alkoholismus, räumlicher Enge u.a. entstehen allzu oft unausgeglichene, widersprüchliche und spannungsgeladene Familien- und Erziehungsverhältnisse. Diese wirken sich zwangsläufig negativ auf die elterliche Sorge um das Kind, seine gefühlsmäßige Annahme aus, so daß sie die gesunde Persönlichkeitsentwicklung gefährden. Dabei scheinen sich soziale Belastungen und Spannungen regelmäßig auf männliche Kinder viel stärker negativ auszuwirken als auf weibliche (HURRELMANN 1988, S. 56).

Die allgemeinen sozialen und ökologischen Lebensbedingungen haben sich gegenüber früheren Jahren erheblich verändert. Die vorherrschenden Erziehungskonzepte in Familie, Kindergarten und Schule sind ihnen offensichtlich nicht nachgekommen, so daß sie heute ganz einfach auf falschen Voraussetzungen fußen. Viele Kinder werden heute im Vergleich zu früher sehr viel umfangreicher mit materiellen Zuwendungen und Informationen versorgt, wohl aber sind ihnen in zunehmendem Maße Bewegungs- und Spielmöglichkeiten entzogen worden. Sie müssen sich auf Inseln, konfektionierte Spielräume und Lernorte zurückziehen (Vermauerte Kindheit). Einer sensorischen Überstimulierung (Reizüberflutung) steht heute ein motorischer Umsetzungs-Entzug (Bewegungsaskese) gegenüber.

Heranwachsende müssen von klein an immer mehr leisten, um die Konkurrenz mit anderen bestehen zu können. Sie haben ein vielfältiges Aufgaben-Pensum mit häufigem Wechsel von Bezugspersonen und Aufenthaltsorten zu bewältigen. Ein zerstückelter Alltag, äußere Reglementierungen, Hektik und Unruhe lassen Kinder nicht zu ihrem Rhythmus finden. Selbstgesteuerte Erfahrungen, individueller Ruhe- und Zeitbedarf sowie intensive Erlebnisse werden konsequent verhindert. Es ist ein immer breiter werdendes Gefährdungspotential entstanden, welches nur durch besonders günstige Familienverhältnisse aufgefangen werden kann. Dementsprechend besteht heute ein ständig wachsender Bedarf an gezielten, bewußten Ausgleichsmaßnahmen in Fördereinrichtungen, Fördergruppen sowie an therapeutischen Maßnahmen.

Fördermaßnahmen, Förderangebote, Fördereinrichtungen, Fördergruppen stellen für uns Teilbereiche von Erziehung dar, welche aber mit besonderen Aufgabenschwerpunkten versehen sind. Sie orientieren sich sowohl an den allgemeinen Erziehungsaufgaben wie auch an der alltäglichen, meist einschränkenden Lebenssituation der Kinder. Während die allgemeinen Formen von Erziehung in Familie, Kindergarten und Spielgruppen sowie von Unterrichtung im Rahmen der Schule und von Kursen in einem gesellschaftlich üblichen Rahmen ablaufen und mehr vorbeugenden Charakter haben, „beziehen sich Fördermaßnahmen auf bestimmte Risikogruppen, bei denen konkrete Anhaltspunkte für Entwicklungsprobleme . . . gegeben sind" (HURRELMANN 1988, S. 181).

Dementsprechend sollen **Angebote zur „Entwicklungsförderung"**, z.B. Frühförderung, Förderkurse, Förderunterricht, Leseförderung u.ä. Kindern helfen, die Kompetenzen und Fähigkeiten zu entwickeln, welche für die Bewältigung von altersgemäßen Anforderungen notwendig sind. Zum einen geht es dabei um Annäherung an bestimmte, „soziale Normen und Konventionen", um Ausgleich und Beseitigung von Defiziten und Benachteiligungen. Zum anderen richtet sich eine gezielte, in jüngeren Jahren breit und ganzheitlich angelegte Entwicklungsförderung aber auch nach einem bestimmten Menschenbild. Ohne einen kompensatorischen Anspruch geht es um die Höher-Entwicklung von bereits entwickelten Fähigkeiten, z.B. Spielfähigkeit, soziale Lernfähigkeit, musisch-ästhetische Fähigkeiten, mathematische Begabung u.a.m.

„Förderung" darf nicht auf die einzelne Person fixiert sein. Sie erreicht dann nur geringe und wenig nachhaltige Veränderungen. Entwicklungsförderung sollte gleichzeitig ein soziales Netz aufbauen:

— wohnortnahe Durchführung von Fördermaßnahmen wegen der besseren Kontaktmöglichkeiten,
— Anbahnung von gruppenübergreifenden Freundschaften zwischen Gleichaltrigen,
— Anregungen und Hilfen für die Übertragung von Lernerfahrungen in den Alltag,
— Abstimmungen mit Eltern, ErzieherInnen, LehrerInnen,
— Vermittlung und Übergänge in andere Gleichaltrigengruppen.

„Spezielle" Entwicklungsförderung geschieht sozial, zeitlich und räumlich eingegrenzt. Gerade deshalb muß sie mehr Zeit bzw. Ruhe, mehr Anregungen, mehr soziales Engagement unter günstigeren Bedingungen als üblich ermöglichen und sich kontinuierlich über einen längeren Zeitraum (mindestens ein Jahr) erstrecken. Unser Arbeitsansatz der psychomotorischen Entwicklungsförderung ist dementsprechend nicht auf kurzfristige Erfolge, sondern auf eine längerfristige, anhaltende Wirkung hin angelegt.

Auch **Therapie** kann nur im Gesamtzusammenhang von Erziehung angesiedelt sein. Entwicklungsförderung und Therapie scheinen einander zu entsprechen. Nützlich erscheint es uns aber, **Erziehung, Förderung und Therapie auf einem „Kontinuum"** unterschiedlicher Schwerpunkte mit fließenden Übergängen anzusiedeln. Personenzentrierte Kompetenzentwicklung und Veränderung der sozialen Mitwelt sind hier gleichermaßen Ansätze und Aufgaben. Schwerpunkt von Therapie, somit auch der psychomotorischen Therapie ist es, mit Hilfe eines geeigneten Mediums einen Prozeß einzuleiten und zu gestalten, „der ein verfestigtes und schwerwiegendes Symptomverhalten abbaut und überflüssig macht. Therapie hat noch stärker mit Fehlentwicklungen, korrigierenden und nachholenden Lehr- und Lernprozessen zu tun als Förderung. Therapie ist dann nötig, wenn sich eine Person in einer schweren, dauerhaft beeinträchtigenden Situation befindet" (HURRELMANN 1988, S. 185).

Soziale Interaktion, Kommunikation und Integration

Während der ersten Lebensjahre, besonders im Neugeborenen- und Säuglingsalter, fallen die Augenblicke, Ereignisse und Situationen der Bedürfnisbefriedigung unmittelbar, direkt und intensiv zusammen mit denen der sozialen, d.h. auf Menschen bezogenen Interaktionen. Heranwachsende Menschen sind zunächst in einem maximalen Umfang, später langsam abnehmend, auf den sozialen Austausch, die sozialen Kontakte, d.h. auf zwischenmenschliche Interaktionen mit Erwachsenen angewiesen. Dieser Widerspruch — stärkster Sozialbezug einerseits und minimal entwickelte Interaktionskompetenz (-möglichkeiten) andererseits — bildet die Grundlage, den Kern für die gesamte Entwicklung. Die bedeutsamen Bezugspersonen stellen für Neugeborene, Säuglinge und Kleinkinder „das Zentrum jeder gegenständlichen Situation" dar. Nur über die Beziehung mit der wesentlichen Bezugsperson, über und durch sie, befindet sich das Kind in Interaktion mit den unbelebten und belebten „Dingen" seiner Umwelt. Aus der notwendigen Bedürfnisbefriedigung und der sozialen Abhängigkeit entsteht ein dauerhaftes Quasi-Bedürfnis nach befriedigenden zwischenmenschlichen Kontakten. Diese Tendenz schlägt auch im weiteren Entwicklungsverlauf immer wieder durch. Wenn Kinder in neue Gruppen eintreten, ist nachhaltig darauf zu achten, daß in einer vertrauensvollen, herzlichen, warmen, akzeptierenden Atmosphäre grundlegende Bedürfnisbefriedigung nicht irgendwie, sondern möglichst sensibel, auf den kindlichen Rhythmus bezogen, gewährt wird. Nur lustvolles Lernen ist dauerhaftes und wirksames Lernen.

Hauptquelle und Medium für menschliche Entwicklung und Entwicklungsförderung ist die **soziale Interaktion.** Darunter verstehen wir im umfassenden Sinne die wechselseitige Orientierung von Menschen an Menschen, ihre direkte und indirekte Wechselwirkung in gemeinsamen sozialen Situationen. Die in ihnen bereits vorgeformten und eingelassenen räumlich-gegenständlichen Beziehungen oder Verhältnisse werden aufgenommen und verarbeitet **(Wahrnehmung).** Ein wichtiges, schon früh einsetzendes Interaktionsmittel ist die **Bewegung.** Über den engen Zusammenhang von immer besser abgestimmt verlaufenden Wahrnehmungen und Bewegungen, durch Wachstum und Reifung der Körperorgane sowie des Nervensystems können kleinere Kinder schon bald selbständige und bewußte Handlungen in die Interaktion einbringen. Um z.B. mit anderen Menschen oder Gegenständen in Kontakt zu gelangen, schaffen es bereits Säuglinge, immer komplexer werdende Ziel-Mittel- oder Zweckhandlungen zu verwirklichen. Eigeninitiativen, Raum-Lage-Veränderungen und Fortbewegungen wie das Krabbeln, Gehen oder Klettern sind Meilensteine auf dem Wege zu einer umfassenden **Interaktionskompetenz.**

Die vorher eingespielten, seitens der Kinder vorwiegend auf Rezeption und einseitiger Einwirkung beruhenden **Interaktionsformen** werden jetzt umfassender, vielseitiger und wechselseitiger, flexibler und unruhiger. Im Hinblick auf die zunehmende Beteiligung an sozialer Interaktion haben Bewegungen immer häufiger die Funktion, Aufmerksamkeit und Zuwendung zu erlangen bzw. an den Aktivitäten anderer beteiligt zu werden. Bewegungen werden auch als Mittel eingesetzt, um in den Besitz von Gegenständen anderer zu kommen oder sich begehrter Positionen zu bemächtigen (vgl. hierzu MONTAGNER 1981). In die vorwiegend wahrnehmungs- und bewegungsbestimmten sozialen Interaktionsformen wird mit zunehmender Weiterentwicklung ein weiteres Instrument und Medium der Interaktion eingeführt: **die Sprache.** Interaktionen, Personen und Gegenstände erhalten Namen, werden mit bestimmten Lauten oder Lautverbindungen versehen und verknüpft. Es entsteht **Interaktion mit Hilfe von Symbolen.**

Zentrierte Wahrnehmungen, mitteilende und auffordernde Bewegungen sowie sprachliche Äußerungen bilden die Grundlage für eine neue Qualitätsstufe von sozialer Interaktion: **die soziale Kommunikation.** In Abhebung vom Oberbegriff Interaktion definieren wir Kommunikation als eine wicklungsmäßig erst relativ spät einsetzende, von Menschen auf Menschen gerichtete Übermittlung von Informationen (Zeichen, Botschaften) zum Zwecke der wechselseitigen Verständigung. Von Kommunikation in unserem engeren Sinne können wir nur dann sprechen, wenn mindestens zwei Menschen über die wesentlichen Kommunikations-Instrumente verfügen, die sie mit annähernd gleichen Chancen der Verwirklichung in den wechselseitigen Übermittlungs- und Austauschprozeß einbringen können. **Soziale Kommunikation** geschieht im Unterschied zur gesellschaftlichen Kommunikation vorwiegend direkt, über direkt erfahrbare Objekte, in übersichtlichen, gemeinsamen Situationen. Kommunikation schließt **Dialoge** ein. Diese sind spezielle Kommunikationsformen, in denen streitige Interessen aufeinanderprallen, verhandelt und in relativ neuartige Gemeinsamkeiten überführt werden können.

Erst im Alter von ca. drei Jahren tauchen normalerweise in unserer Gesellschaft bestimmte subjektive **Ansätze und Neubildungen der Persönlichkeitsentwicklung** auf, die es zulassen, von der Beteiligung an sozialer Kommunikation zu sprechen. Bisweilen wird in der Literatur von der zweiten Geburt des Menschen, von der eigentlichen Geburt der Persönlichkeit gesprochen. Es handelt sich hier um einen äußerst wichtigen Entwicklungsabschnitt, um eine sensible Phase, die bis in das Grundschulalter hineinragt. die Kinder lernen in dieser Periode sich von Erwachsenen zu lösen, können sich z.T. auch selbst bedienen, d.h. die Mittel ihrer Bedürfnisbefriedigung selbständig herbeischaffen. Ihre neuen Handlungsmöglichkeiten führen zu kritischen Situationen im Umgang mit Erwachsenen, zu Auseinandersetzungen und „Trotzreaktionen". Das Kind erscheint in seiner Grundhaltung „egozentrisch", selbstbezogen, auf seine Wünsche fixiert. Dabei haben wir es mit einem äußerst notwendigen **Schritt der Emanzipation** zu tun, deren massive oder subtile Unterdrückung ganz schwerwiegende Folgen für die Kommunikationsfähigkeit nach sich zieht. Kinder in dieser Altersphase orientieren sich bei allem Angewiesensein auf Erwachsene zunehmend an **Gleichaltrigen,** suchen sich ihre Partner, zum Teil auch gegen den Willen der Eltern aus. Gruppen mit gleich- oder ähnlichaltrigen Kindern haben für die kindliche Entwicklung vor allem in diesem Abschnitt eine gar nicht hoch genug einzuschätzende Bedeutung, zumal wenn man die gegenwärtigen Lebensbedingungen dieser Gesellschaft betrachtet. Die besonderen, entwicklungsfördernden Wirkungen sind inzwischen genügend oft nachgewiesen worden (vgl. hierzu ZÉBERGS, 1980). Informelle wie formelle Spiel-, Förder-, Kindergarten- oder Vorschulgruppen leisten dementsprechend eine wichtige **Übergangs-, Übertragungs- und Schrittmacherfunktion.** Gerade problematisch gewordene Eltern-Kind-Beziehungen (Fixierungen, ständige Auseinandersetzungen u.a.) können so eine wesentliche Entlastung erfahren.

Prinzipiell bieten im Kindesalter nur die Interaktions- und Kommunikationsformen mit Gleich- oder Ähnlichaltrigen echte, konkrete Chancen für die
Realisierung egalitärer, d.h. annähernd gleichberechtigter und demokrati-
scher Beziehungen. Diese stellen sich aber wiederum nicht automatisch
ein. Die **vermittelnde Tätigkeit von Erwachsenen** ist auch hierbei nötig.
Von GruppenleiterInnen ist vor allem zu fordern, daß sie nicht vorbestimm-
te, einzelne Leistungen, Fertigkeiten oder Interaktionsformen in den Mittelpunkt ihrer Arbeit stellen, sondern die Förderung entwicklungsgemäßer,
selbstgestalteter und von vielen mitbestimmter Kommunikationsformen sowie die Verbesserung der Qualität zwischenmenschlicher Beziehungen.
Zu fordern ist auch ein zunehmendes **Heraustreten aus** ihrer dominierenden **Macherrolle** sowie der zwanghaften Selbstdarstellung den Kindern
gegenüber (vgl. hierzu „Prinzipien"). Zurückhaltung hat hier nichts mit Des-
interesse zu tun.

Die zunehmende Beherrschung sprachlicher Kommunikationsmittel bietet
Kindern die Möglichkeit, aus der „sichtbaren Gewalt der Situation" (WY-
GOTSKI 1987, Bd. 2, S. 236) herauszutreten. Symbolbildungen, symbolische Kommunikation schaffen Verallgemeinerungen. Es werden Regeln
hinter den Ereignissen und Erscheinungen erfaßt und in neuen Zusam-
menhängen erprobt. Diese Möglichkeiten denkender Verarbeitung von Realität erweitern und verbessern die Verständlichkeit und Verstehbarkeit
von eigenen Ausdrücken und Mitteilungen. In sozialer Hinsicht werden
Kinder fähig, ihre Beziehungen und Standorte von mindestens zwei Seiten
aus zu erfassen, d.h. sich in die Situation, in die Gedanken und Gefühls-
welt anderer Menschen hineinzuversetzen. Dies geschieht auf einfache
Weise zunächst einmal dadurch, daß sie bestimmte Rollen übernehmen
und aktiv darstellen.

Aus dieser Möglichkeit ergibt sich wiederum nach und nach ein gänzlich
neuartiges Medium der Interaktion und Kommunikation: **das Spiel**. Spielen
stellt die zwischenmenschliche Kommunikation wiederum auf eine ganz
andere Basis (vgl. hierzu WYGOTSKI 1987, Bd. 2, S. 211 ff.). Es kann als
Grundlage der Freiheit angesehen werden. Spielen weist in Erweiterung
anderer Interaktions- und Kommunikationsformen vor allem fünf zentrale
Elemente auf:

1. Es stellt eine spezifische Beziehung zur sozialen Praxis dar und her. Es
   werden fiktive Situationen geschaffen mit willkürlichen Bedeutungs-
   Übertragungen.

   Vorstellungen, Erinnerungen, Ideen, Gedanken können die Handlungen bestimmen. Es ist eine **schöpferische Tätigkeit.** Gegenstands-
   und Wortbedeutungen, Symbole werden abgelöst, versetzt, ersetzt,
   ausgetauscht. Handlungen werden nicht mehr um ihrer Wirkungen vollzogen, sondern wegen ihrer gedachten, phantasiegebundenen, sinnge-

benden Bedeutung. Z.B. kann ein hüpfendes Kind sich als Pferd darstellen. Ein anderes spielt zuerst einen Polizisten, dann einen Vater, dann eine Mutter, später alles zusammen aufeinander bezogen in einer erinnerten, vorgestellten, eingebildeten und/oder gesetzten Situation. Ein hoher Kasten wird z.B. so gebaut, daß er in die Vorstellung eines Berges paßt. Vorstellungen werden auch anderen Kindern mitgeteilt, mit ihnen geteilt, gemeinsam verändert und der neuen Situation angepaßt.

Spielfähigkeit im eigentlichen Sinne setzt aber voraus, daß Menschen **Spielsituationen und Realsituationen** prinzipiell **unterscheiden** können. Das ist z.B. beim einfachen, explorativen, übenden Umgang mit Gegenständen oder bei bloßen Imitationen im frühen Kindesalter noch nicht nötig oder gegeben.

2. Ein weiteres wichtiges Kriterium für Spiel als Kommunikationsmedium ist die Selbstbestimmung bzw. Entscheidungsfreiheit der daran beteiligten Menschen. Spiel kann immer nur dann und solange Spiel sein, als die daran Beteiligten es als solches definieren: **„Das ist ein Spiel."**

Längst nicht alles, was Erwachsene aus ihrer Erinnerung, aus Büchern und Zeitschriften herausholen und als Spielangebote den Kindern unterbreiten, wird von diesen als Spiel akzeptiert.

Spiel bleibt auch als Mittel und Medium der Kommunikation weit über das Kindesalter hinaus erhalten. In jeder Gesellschaft finden sich weiterentwickelte Spielformen in Wissenschaft, Kunst, Kultur (z.B. Theaterspielen usw.). Nicht zuletzt kann auch Arbeit als angeblich höchste Form menschlicher Interaktion, bzw. Tätigkeit in einer freien, selbstbestimmten Form als Spielen vollzogen werden.

3. Spielen an sich ist, moralisch betrachtet, weder gut noch schlecht. Es geht aber insofern über Sprechen bzw. Sprache als Kommunikationsform noch hinaus, als es die **Verdoppelung von Bedeutungen** ermöglicht, bewußt und erfahrbar macht. Lügen, Täuschungen, Listen sind, ebenso wie Metaphern, Märchen, aus demselben Stoff wie Spiel gemacht. Aussagen und Handlungen bedeuten dann etwas, was eigentlich auch ihr Gegenteil bedeuten kann.

Spielen gehört zum **Typ von Metakommunikation.** Kommunikation wird hier selbst zum Thema von Kommunikation. Dies ist immer dann besonders wichtig, wenn es um die Klärung von Voraussetzungen der Kommunikationssituation geht. Es ist immer dann besonders aufwendig, wenn alltägliche und eingefahrene Routinen gebrochen werden. Dies verlangt schon von Kindern in Spielen ein hohes Maß an Bereitschaft und Fähigkeit, die Interessenlagen anderer Menschen als Grundlagen der weiteren Kommunikation zu berücksichtigen.

4. Mit ihren Spielen setzen sich Menschen in eine **bewußte Beziehung zu Widersprüchen.** Bedürfnisbefriedigung geht im allgemeinen den Weg des geringsten Widerstandes. Schon in ihren sog. Betätigungs-, Funktions- und Übungsformen als Vorformen bewußten Spielens schaffen und überwinden Kinder freiwillig Widerstände, denen sie oftmals in der Realität ausweichen würden. Ebenso haben Kinder normalerweise die Tendenz, sich ihre Wünsche möglichst sofort zu erfüllen. Gerade aber in Spielen, speziell in Rollenspielen, stehen immer wieder unrealisierbare Wünsche im Mittelpunkt, z.B. etwas zu können, was Erwachsene können, gefährliche Abenteuer zu bestehen, bestimmte wertvolle Gegenstände zu besitzen u.a.m.

5. Im Spielen setzen sich Menschen bewußt begrenzenden Regeln aus, durch die auch die Möglichkeiten, Fehler zu machen, erhöht sind. Kinder können hier schon früh lernen, daß soziale Regeln interpretationsfähige und veränderbare Setzungen von Menschen sind. Sie können **„von sich aus sich selbst"** sagen, daß sie sich so und so verhalten müssen (vgl. hierzu WYGOTSKI in: Elkonin, S. 449). Selbstverordnete Verzichte auf leicht erreichbare Handlungserfolge in Abstimmung mit anderen gleichaltrigen Kindern schaffen wieder und wieder die notwendigen Voraussetzungen dafür, daß gewaltfreie Konfliktlösungen, einfühlendes Verstehen von anderen Menschen, gleichberechtigte Kommunikation und autonome Moral im Verlaufe des Entwicklungsprozesses wirksam geschaffen und gefestigt werden können.

Auch das gesellschaftlich wichtige **Anliegen der sozialen Integration** ist auf die Entwicklung dieser sozialen Qualitäten angewiesen. Für uns bedeutet soziale Integration konkret: solche Situationen Kindern anzubieten, die es einem jeden Gruppenteilnehmer ermöglichen, seine Bedürfnisse zu befriedigen und seine Fähigkeiten soweit wie möglich zu entwickeln. Für die pädagogische und/oder therapeutische Gruppenarbeit hat dies u.a. folgende Konsequenzen:

— von vornherein gar nicht erst solche Situationen entstehen zu lassen, in denen Menschen ausgeschlossen oder isoliert werden,

— vor allem solche Handlungs- und Lernmöglichkeiten bereitzustellen, in denen weiter entwickelte Kinder zwanglos dazu motiviert werden, sich für benachteiligte und beeinträchtigte zu interessieren,

— Situationen zu verhindern, in denen jeder alles mitmachen und nach vorgegebenen Maßstäben fremdbestimmte Anforderungen erfüllen muß.

Soziale Integration ist in dieser Gesellschaft leider eine „Sisyphusarbeit". Sie ist letztlich ein verzweifelter Versuch, „von unten her" die gesellschaftlichen Bedingungen von Konkurrenz, Isolation und Herrschaft auszuhöhlen und aufzubrechen. Alle Menschen sollten von klein an ohne Ansehen ihrer Herkunft, ihres Geschlechts, ihrer Leistungsfähigkeit, ihres Aussehens usw. solange und so umfassend wie möglich zusammen leben, zusammen arbeiten und zusammen spielen können. Soziale Benachteiligungen sollten so früh wie möglich erkannt und ausgeglichen werden, bevor sich ihre sozialen Folgen verfestigen.

Sensomotorik, Psychomotorik, psychomotorische Erziehung

Über und durch ihre Tätigkeiten realisieren Menschen eine aktive Beziehung zur äußeren sozialen Mitwelt und Umwelt. Es sind dies in der genetischen Reihenfolge die **Wahrnehmungstätigkeit,** die **Bewegungstätigkeit,** die **Sprech-, bzw. Sprachtätigkeit** und die **Spieltätigkeit.** Im Verlauf dieses Prozesses übernehmen, verinnerlichen, widerspiegeln Menschen die äußeren sozialen Interaktions- und Kommunikationsformen, die sozialen Verhältnisse und Beziehungen, in die sie durch ihre Geburt hineingestellt und mit denen sie verwoben sind. Diese Prozesse sind Bedingungen und Folgen zugleich für die Entstehung und Ausformung einer eigenständigen Ebene zwischen der Sozialität und dem Organismus: **die Psyche.** Sie formt sich auf der Grundlage der biologischen Ausstattung des Zentralnervensystems als relativ eigenständige zentrale Instanz der Persönlichkeitsentwicklung heraus. Modellhaft läßt sich die menschliche Psyche in bestimmte, sich zunehmend herausdifferenzierende und immer (relativ) eigenständiger werdende **Funktionseinheiten, bzw. Kompetenzen** unterteilen:

1. Periphere Funktionseinheiten/Kompetenzen:
   — die **Sensorik,** die über die Sinnesorgane die Aufnahme, Analyse und Weitergabe von äußeren Reizen, Eindrücken, Informationen usw. leistet.
   — Die **Motorik,** welche die Ausführung, Realisierung und Kontrolle von inneren Tätigkeiten mit Hilfe der Bewegungsorgane nach außen bewerkstelligt.

2. Zentrale Funktionseinheiten/Kompetenzbereiche:
   — **Kognition** (Erkennen) und **Emotion** (Fühlen) als deutende, verstehende, kategorisierende, analytische und synthetische wie auch wertende Verarbeitungstätigkeit (Regulation) sensorischer Informationen.
   — **Gedächtnis** (-tätigkeit). Hierdurch werden alle eingehenden, verarbeiteten Informationen, Erkenntnisse, Deutungen, Wertungen usw. gespeichert, repräsentiert, abgebildet bzw. als **Muster** aufgebaut

und aufbewahrt. Muster bilden allgemein das Wissen um frühere Tätigkeiten und Erfahrungen.

— **Phantasie** als vorgreifende und entwerfende, modellierende und Vorstellungen schaffende, schöpferische und mehrdeutige Situationen bearbeitende Tätigkeit.

— **Motivation** als richtungsweisende, Bevorzugungen und Vermeidungen anzeigende Tätigkeit auf der Basis von Bedürfnissen, Gefühlen und Interessen. Hier werden aber auch äußere Erwartungen und gesetzte Ziele abgebildet und überprüft.

— **Denken** als zielgerichtete, problemlösende, Neues suchende, entdeckende, strukturierende innere Tätigkeit, welche äußere Tätigkeit verkürzt, vorwegnimmt, vorausdenkend bestimmt und reflektiert.

— **Fähigkeiten** als ein durch psychische Tätigkeit geformter Zusammenhang von Potenzen zur Ausführung bestimmter Tätigkeiten zu bestimmten Zielen. Als psychische Verallgemeinerungsleistungen äußern sie sich in Form bestimmter Methoden, Verfahren und Regeln, die sich auf vielfältige und neue Situationen bzw. Aufgaben anwenden lassen.

Aufgrund des Systemcharakters der Psyche stehen alle Bereiche oder Einheiten bei jeder Tätigkeit miteinander in Verbindung, wenn auch mit unterschiedlichen Anteilen, den äußeren Anforderungen entsprechend. Im frühesten Lebensabschnitt verlaufen die psychischen Prozesse noch in peripheren, kurzfristigen Reiz-Reaktions-Verbindungen ab. Diffuse Empfindungen und impulsive Akte laufen ineinander über. Die sensorische Funktionseinheit spielt in den ersten Lebensmonaten eine besonders große Rolle. Die **wahrnehmende Tätigkeit** kann in dieser Periode als **entwicklungsleitend** angesehen werden.

Aus der Verbindung wahrnehmender Tätigkeit und affektiven Äußerungen entstehen langsam die ersten sensomotorischen Verknüpfungen. Sie leiten zur nächsten Entwicklungsperiode über, in der die **Bewegungstätigkeit** langsam die **führende Funktion** übernimmt. Es entstehen die ersten Willkürbewegungen: z.B. Greifen nach und Hantieren mit Gegenständen, Drehen und Halten des Kopfes, Aufrichten und Halten des Rumpfes, Sitzen und Stehen, Gehen und Laufen usw.

Im weiteren Verlaufe bilden sich durch Nachahmungen sog. sensomotorische „Begriffe". Es entstehen immer differenzierter werdende Artikulationen von Lauten und Wörtern. Zwischen sensorischen und motorischen Prozessen besteht aber noch eine enge Verbindung. Bewegungen sind hier normalerweise die Fortsetzungen von Wahrnehmungen. Sinnesanreize bewirken Antwortbewegungen. Umgekehrt bringen Bewegungserfahrungen Ordnung in die Riesenmenge, das „Chaos" von Einzelbildern, welche sonst keinen Sinn ergäben. Das Erlernen und Vollziehen von Bewegungsformen geschieht in einer ganz spezifischen Art und Weise. Sie berechtigt uns, von einem **sensomotorischen Entwicklungs-, Lern- und Tätigkeitsniveau der Motorik** zu sprechen.

Sensomotorik realisiert Bewegungen als Gebrauchshandlungen, die an eine unmittelbare, direkt wahrnehmbare Situation gebunden sind. Bewegungstätigkeit stellt zunächst noch einfache Zweck-Mittel-Beziehungen her. Sie ist am Erfolg orientiert und noch nicht direkt auf die Verständigung mit anderen Menschen bezogen. Die Bewegungsfolgen sind noch relativ kurz und wenig miteinander verbunden. Situationsgebundene, sinnlich-konkrete, variierende, probierende und explorierende, aber auch auf direkte Nachahmungen zurückgreifende Bewegungstätigkeiten bilden mit der Zeit dauerhafte Muster aus, welche sich in der Psyche niederschlagen.

Sensomotorik stellt somit bei der Entwicklung der Bewegungstätigkeit die notwendige Verbindung zwischen den Funktionseinheiten von Sensorik und Motorik her. Ungefähr vom zweiten, dritten Lebensjahr an erhalten aber beide Funktionseinheiten normalerweise eine relative Selbständigkeit und geraten in eine enge Wechselwirkung mit zentralen psychischen Kompetenzen. So entstehen die inneren Bedingungen für ein höheres Niveau der Bewegungstätigkeit: **die Psychomotorik.**

Im **Übergang von der Sensomotorik zur Psychomotorik** geschieht Wesentliches vor allem in folgenden Punkten:

1. Dem Menschen ist es möglich, Geschehnisse, andere Menschen oder Objekte längere Zeit aufmerksam zu betrachten, auf Geräusche, Stimmen, Musik „hinzuhören", ohne daraufhin unmittelbar zu handeln. Der Aufwand an körperlicher Energie wird geringer und besser dosiert eingesetzt. Ein behutsameres Herangehen an Personen und Gegenstände geht einher mit einem systematischen, geplanten Perspektivenwechsel. Dies führt zu vielseitigen Konstruktionstätigkeiten im Auf-, Um- und Abbau von Materialien, Geräten und ganzen Arrangements. Die dadurch wiederum entstehende immense Fülle wechselnder Anregungen und Wahrnehmungsmöglichkeiten läßt sich kognitiv und emotional filtern, verarbeiten sowie handlungsorientiert umsetzen. Eine bewegliche, konstruktiv veränderbare Lernumwelt schafft die Bedingungen für eine wendige, bewegliche psychische Innenwelt. Die vielfältig möglichen Verknüpfungen von Wahrnehmen, Denken, Fühlen und Handeln bilden eine für die Persönlichkeitsentwicklung notwendige **Flexibilität und Reflexivität** heraus.

2. Sind es einerseits die flexiblen und reflexiven Antworthandlungen auf eine anregungsreiche und bewegliche Umwelt, so sind es andererseits

die entstandenen Gedanken, Ideen und Absichten, die nun immer stärker als **innere Vorstellungen und Erinnerungen** in die konkreten Situationen eingebracht werden. Der Weg geht jetzt von den Ideen zur Situation. Nachahmungen, symbolische Darstellungen (Bilder, Zeichnungen, Lieder, Erzählungen u.a.) werden jetzt aus vergangenen Situationen in die neuen eingebracht. Sie werden mit eigenen Vorstellungen angereichert, in Szene gesetzt, d.h. in konkrete Handlungen umgesetzt. Die **Phantasietätigkeit** produziert immer neue Ideen, entwirft räumlich-materiale Arrangements, die dann in einem symbolischen, fiktiven **So-tun-als-ob** neue Wirklichkeiten willkürlich erschaffen. Es entsteht eine intensive Verbindung und gegenseitige Erweiterung von Bewegungstätigkeit, Sprachtätigkeit und Spieltätigkeit. Dadurch wird die innere psychische Tätigkeit angereichert.

Eine besonders wichtige Leistung der Psychomotorik besteht in der **Herstellung enger Verbindungen zwischen dem anschaulichen, konkreten bewegungsakzentuierten Handeln** einerseits und der **sprachlich-spielerischen Bedeutungsverallgemeinerung** andererseits. JANTZEN (1986, S. 53/54) arbeitet hierzu sehr anschaulich die unterschiedlichen Hemisphärenleistungen des menschlichen Gehirns heraus: auf der rechten Seite das produktiv-topologische Denken und auf der linken Seite das verbal-logische Denken. Da diese beiden eher handelnd-praktischen und symbolisch-semantischen Modi in der gegenwärtigen gesellschaftlichen Praxis immer weiter auseinanderzuklaffen drohen, kommt hier der psychomotorischen Erziehung und Entwicklungsförderung eine bisher noch viel zu wenig herausgehobene Bedeutung zu.

3. Komplexe materiale und soziale Situationen erfordern zu ihrer Bewältigung komplexe psychische Leistungen. In einfachen Situationen ist es für den einzelnen oft schon schwierig genug, seine Bewegungen an die räumlichen Grenzen und die „Tücken" der beweglichen Gegenstände anzupassen. Um wieviel schwieriger wird die Situation, wenn statt einer handelnden Person nunmehr **zwei „Zentren der Aktivität"** (vgl. hierzu WIEGAND, in: Kautter u.a., S. 162f) in eine bewegungsbestimmte Interaktion bzw. Kommunikation eintreten. Die Koordinierung der Initiativen verschiedener Personen in verschiedene Richtungen, oft in Verbindung mit beweglichen Objekten, schafft vielfältige Konfliktmöglichkeiten. Beispiele: Zwei Kinder wollen beide einen schmalen „Steg" überqueren; zwei Kinder kommen aus verschiedenen Richtungen mit ihren Fahrzeugen aufeinander zu.

Schon diesen scheinbar einfachen Interaktionsforderungen innerhalb von Bewegungs-Spielsituationen kommt eine hohe Bedeutung im Hinblick auf die menschliche Entwicklung zu. Die Kinder müssen z.B. herausfinden,

welche Absicht andere verfolgen, welche Deutungsmöglichkeiten sich ergeben, welcher Art frühere Erfahrungen mit ihnen waren (Erinnerungen).
Sie müssen sich in ihre Phantasie, ihr Denken und in ihre Motivationslage
hier und jetzt hineinversetzen. Darüberhinaus drängt es sie, das, was sie
von anderen erwarten, ihrerseits auszudrücken, mitzuteilen. Sie müssen
sich an gemeinsame Erfahrungen (Regeln) halten und ihre Fähigkeiten so
einsetzen, daß es zu wechselseitig befriedigenden Interaktionen kommen
kann.

Die möglichst freie Entfaltung der eigenen „Psychomotorik" stößt immer
wieder an die Grenzen der **Realität,** seien es z.B. die Interessen der anderen Menschen oder die Widerstände der materiell-gegenständlichen Umwelt. Zwangsläufig erhalten Motivation-, Denk- und Phantasietätigkeit einen wesentlich stärkeren **Realitätsbezug.** Psychomotorik verarbeitet als
zentrale psychische Tätigkeit unter angemessenen Bedingungen diese Widersprüche in einem längerdauernden Prozeß:

— Phantasie und Fiktion versus bestehende Ordnungen und realistisches
 Denken.
— Wollen versus Können,
— eigener Wille versus fremder Wille,
— Selbsteinschätzung versus Fremdeinschätzung.

Dabei müssen wir vor allem selbstunsicheren Kindern immer wieder konkret erfahrbar machen, daß ihre Wünsche, ihre Ziele, ihre Auffassungen,
ihre Fähigkeiten ernstgenommen und geachtet werden. Nur so gelingt es
ihnen, mit diesen Widersprüchen konstruktiv, d.h. aufbauend umzugehen.
Erst dann sind sie, so hoffen wir und darauf bauen wir, in der Lage, ihre
Bewegungstätigkeit so an andere heranzutragen, daß sie die Freiheit, den
Willen, die Auffassung, die **Individualität anderer Menschen achten.**

Psychomotorik bedeutet — vereinfacht ausgedrückt — **die allgemein-
menschliche Kompetenz zur selbstbestimmten, eigenverantwortli-
chen, innengeleiteten, psychisch gesteuerten Bewegungstätigkeit.**
Psychomotorik ist ein Teilbereich, eine Funktionseinheit der gesamten
menschlichen Persönlichkeit, der menschlichen Subjektivität und ihrer Entwicklung. Ihre Äußerungs- und Anwendungsbereiche sind die verschiedenen Bewegungsformen, welche in einem engen Funktionszusammenhang
vor allem mit der Spieltätigkeit realisiert werden. Diese reichen von den
einfachen Ausdrucksakten über vielfältige Orientierungs- und
Fortbewegungsmöglichkeiten bis hin zu feinabgestimmten Kommunika-
tions-Bewegungen.

Psychomotorik bedingt und schafft durch die Verknüpfung von
Bewegungs- und Spieltätigkeit eine genetisch erst spät auftauchende Qualität der Interaktions- und Kommunikationsbeziehung: **die Selbstreflexivi-**

tät. Es ist die spezielle Rückwendung der Aufmerksamkeit des Menschen auf sich selbst. Bewegungstätigkeit bringt oft starke und nachhaltige psycho-physische Erregungen hervor. Erfolge bzw. Mißerfolge beim Bewegungslernen sind besonders deutlich und konkret erfaßbar. Das Nachdenken über die eigenen Grenzen, die eigenen Wirkungen, die eigenen Interessen (Motivation), das eigene Können und die Fähigkeiten setzt verstärkt ein durch den sich in der Kommunikation vor allem mit Gleichaltrigen ergebenden Vergleich. Durch die häufige Herausforderung bestimmter Fähigkeiten liefern bereits früh sog. Regelspiele zahlreiche Anlässe dazu. Die beiden **Tätigkeitsarten „Bewegen" und „Spielen" ergänzen einander** in geradezu idealer Weise. Bewegung ist auf Vollzug, Anwendung hin orientiert, also stärker operativ oder auf Ergebnisse hin ausgerichtet. Spielen dagegen benötigt mehr Zeit, Muße, Variation.

Hauptmotivation zum Spielen ist die Tätigkeit selbst, nicht ihr Ergebnis oder ihr Ende. Aus den Erfahrungen in den Bewegungsspielen läßt sich zwanglos die Einsicht vermitteln, daß es nötig ist, bestimmte Fähigkeiten im Hinblick auf bestimmte Ziele (Motivation) bewußt weiterzuentwickeln, bestimmte Fertigkeiten zu üben, Körpererfahrungen zu wiederholen oder bestimmte Körperhaltungen eine längere Zeit einzunehmen. Die beste **Basis für gezielte Übungen sind vielfältige und grundlegende „psychomotorisch" angeeignete Bewegungs- und Spielerfahrungen.**

Im Hinblick auf die vorher ausgeführten Bestimmungsmerkmale von "Psychomotorik" möchten wir **psychomotorische Erziehung** wie folgt kennzeichnen:

Sie ist die vermittelnde **Bereitstellung** von voraussichtlich günstigen Erfahrungsbedingungen, von relativ offenen, beweglichen sozialen Umwelten, in denen die Weiterentwicklung der Psychomotorik wahrscheinlich möglich, aber nicht zwangsläufig notwendig ist. Psychomotorische Erziehung hat ihren **Gegenstandsbereich** in den sozial, kulturell und gesellschaftlich ausgeprägten Bewegungs- und Spielformen. Ihr wesentliches **Anliegen** ist die Vermittlung von Fähigkeiten, Potenzen im Spannungsfeld zwischen eigenen Bedürfnissen und äußeren Erwartungen bzw. Ansprüchen. Sie unterscheidet sich damit von anderen bewegungsakzentuierten Ansätzen, daß sie schwerpunktmäßig

— nicht Funktionen (Körper- oder Sinnesfunktionen) schulen soll (funktionsorientierter Ansatz),

— nicht bestimmte, ausgewählte Fertigkeiten vermittelt (sensomotorischer Ansatz),

— sich nicht auf ein bestimmtes Medium festlegt (z.B. Musik bei der Rhythmik),

— nicht ausgewählte Kulturformen als Selbstzweck oder Wert an sich präsentiert (z.B. Sportarten).

Unter dem Gesichtspunkt, eine breit angelegte, immer wieder sich erneuernde Bewegungskultur zu schaffen, können Inhalte anderer Gegenstandsbereiche sehr wohl auch Inhalte, bzw. Themen von psychomotorischer Erziehung werden. Dabei sollen die einzelnen **PädagogInnen und TherapeutInnen keine Allround-Genies** sein, welche sich die ganze Breite der Bewegungskultur vollständig angeeignet haben müssen. Persönliche Vorerfahrungen, Vorlieben und Neigungen der einzelnen PädagogInnen und TherapeutInnen werden sicherlich immer in die Auswahl und Gestaltung mitbestimmend einfließen.

Dem umfassenden Anspruch folgend ist psychomotorische Erziehung ein typisch **interdisziplinärer Arbeitsbereich** vom „**Integrationstyp**" (HAGE, S. 204) mit folgenden wesentlichen Merkmalen: offene Beziehungen, flexibel, in die Breite zielend, inhaltliche Offenheit, Prozeßorientierung, Hierarchieschwächung, kooperative Entwicklung und Planung.

Eine besondere Bedeutung in der psychomotorischen Erziehung kommt dem „**Wie**" zu. Es gilt in psychomotorischer Hinsicht immer wieder, die Bewegungsmöglichkeiten herauszufinden und herauszufordern, die die Zone der nächsten Entwicklung „betreten" lassen (vgl. WYGOTSKI, Bd. 2, S. 83 ff). Daraus resultiert notwendigerweise ein subjektorientierter und einfühlsamer Umgang mit dem Kind, der auch Rückschritte, Stagnationen und Krisen als möglich ansieht. Bedarf ein Kind besonderer, wiederaufbauender, rückgreifender Förderung, so sollte auf alle Fälle zunächst versucht werden, es (nicht-bevormundend) zu solchen Tätigkeiten anzuregen, die spezifische, wichtige Anforderungen enthalten und in einem sinnvollen sozialen Zusammenhang stehen.

Unser **Spielgruppenkonzept der psychomotorischen Entwicklungsförderung** ist darauf angelegt und darauf aufgebaut, daß die soziale Entwicklung in einer Kindergruppe prinzipiell ähnlich verläuft oder verlaufen könnte wie die bei einzelnen Kindern (**„sozio-genetische Grundregel"**). Ausgehend von den grundlegenden Interaktionsfähigkeiten (Orientierung aneinander im Raum, Ausbalancieren von Nähe und Distanz, spontan erfolgendes Miteinander, intensive Bedürfnisbefriedigung u.v.m.) sollen die Gruppenmitglieder aus der Vielfalt des Angebots gemeinsame Objekte herausfiltern, um sie erlebnismäßig-praktisch wie sprachlich-symbolisch zu besetzen (Begriffsbildung). Diese emotionalen Bindungen und Bedeutungs-Verallgemeinerungen von Gegenständen sollen die Übernahme von sozialen Rollen sowie die Orientierung an gemeinsamen, übergreifenden Themen bzw. Aufgabenstellungen vorbereiten. Damit werden auch das soziale Beziehungsnetz und der soziale Horizont erweitert. Es soll dabei regelmäßig und zwanglos zu länger andauernden, themenzentrierten, gemeinsamen Aktionen kommen.

In den Übernahmen von Rollen sind bereits viele Ausformungen zur Einhaltung von sozialen Regeln „eingelegt". Die bloße Regelbefolgung sehen wir als notwendige Übergangserfahrung an. Sie muß möglichst bald und immer wieder in gemeinsame Regelveränderungen bzw. Setzungen von neuen Regeln überführt werden.

Die Entwicklung der Spielgruppenarbeit läßt sich übergreifend als systematischer **Wechsel von Bindung und Erweiterung, von Integration und Differenzierung** kennzeichnen:

Erste Phase: langsames Gewöhnen an das Miteinander, vertrauensvolle Bindung an die erwachsene Bezugsperson,
zweite Phase: vielfältige, objektzentrierte, konstruktive Tätigkeit, vielfältige Variierungen und Differenzierungen,
dritte Phase: stärkere soziale Bindung an eine gemeinsame Aufgabe, an gemeinsame Themenstellung für die ganze Gruppe,
vierte Phase: auf der Basis gemeinsamer Spielideen vielfältige Aneignung verschiedener sozialer Gebilde (Formen von Regelspielen); Ablösung von der Spielleiter- oder Schiedsrichter-Rolle seitens des Erwachsenen.

Prinzipien der Unversehrtheit, der Situationsorientierung und der Kooperation

Prinzipien sind für uns allgemeingültige Grundsätze und übergreifende Regeln für die Gestaltung psychomotorischer Entwicklungsförderung. Sie formulieren zusammenfassend Erwartungen, vor allem auch an die Erwachsenen und sollen ihnen als Orientierungshilfen bereitstehen. Die hier im folgenden nur kurz dargestellten Grundsätze sind einerseits für unsere Ziele repräsentativ. Andererseits sollen sie auch Entscheidungshilfen liefern für die Bewältigung von Problemen und Fragen der Praxisarbeit. Mit ihnen werden keine Patentrezepte geliefert, wohl aber vermittelnswerte reflektierte Erfahrungen.

Jeder Mensch hat ein Recht auf körperliche und psychische **Unversehrtheit.** Wir versuchen bei unseren Angeboten, vor allem wenn wir die Kinder noch nicht genau kennen, Unfälle von vornherein zu **verhüten.** Dies geschieht nicht durch gezielte Verbote oder Belehrungen, sondern vor allem durch eine überlegte Anordnung der Geräte und Gerätekombinationen. Dort, wo jemand herunterfallen kann, ist eine Matte hinzulegen. Dort, wo es besonders gefährlich werden könnte, steht ein(e) Gruppenleiter(in).

Wir formulieren für die Kinder von Beginn an immer wieder die erste **einfache Grundregel:** „Du darfst niemandem wehtun und niemanden verletzen." Dies tun wir besonders dann, wenn es zu Regelverstößen kommt. Einem Kind, welches immer wieder die Regeln nicht einhält, setzen wir klare

Grenzen. Es kommt z.B. vor, daß ein Kind eine Bewegungsrichtung nicht einhält und mutwillig bzw. leichtfertig Zusammenstöße provoziert. Wenn Kinder selbständig etwas aufbauen wollen, wird ihnen die Frage zwischendurch gestellt: „Wie heißt die Regel? Kann sich jemand verletzen oder wehtun?" Meistens fließt die Regel in die weiteren Überlegungen und Aktivitäten ein.

Eine **zweite Regel** lautet: „Du darfst niemals einem anderen das Spiel zerstören!" Es kommt anfangs schon öfter vor, daß z.B. ein Kind einem anderen ein Spielgerät wegnimmt oder einfach in ein Spielgeschehen von anderen Kindern hineinplatzt. Unsere Empfehlungen an das Kind lauten in etwa so:

1. „Abwarten und zusehen, damit du das Spiel verstehen kannst."
2. „Fragen, ob du mitmachen kannst",
3. „Nicht böse sein, wenn es noch nicht klappt."
4. „Evtl. sich etwas anderes oder jemanden anders aussuchen."

Die beiden genannten Regeln sollten in der Anfangsphase mit ruhiger Konsequenz eingeführt und durchgehalten werden. Selbstverständlich müssen sie **auch für die Erwachsenen** gelten. Auch diese dürfen nicht Spiele zerstören, Kinder bevormunden oder ähnliches tun. Sie unterliegen in besonderer Weise der Gefahr, ihre Machtmittel einzusetzen, ebenso wie bestimmte Kinder, die sich stärker fühlen als andere.

Die **dritte Regel lautet: „Du darfst niemanden zu etwas zwingen!" Wer etwas nicht tun oder mitmachen möchte, kann sich z.B. zurückziehen, hat das Recht auf Verweigerung.** Er/sie darf auch nicht ausgelacht, gehänselt oder irgendwie in eine Außenseiter-Rolle gedrängt, „stigmatisiert" werden. Jeder Mensch ist Stimmungen unterworfen, mag mal etwas nicht tun, aus welchen Gründen auch immer. Besonders bei bestimmten Rollen- und Regelspielen fühlen sich Kinder leicht unter Druck gesetzt. Es ist dann ihr Recht und oft auch ein Zeichen von Reflexivität bzw. Intelligenz, sich die Spiele erst einmal anzusehen und die Spielregeln durch Wahrnehmung kennenzulernen.

Diese Aussagen gelten vor allem für den Umgang mit bewegungsbeeinträchtigten Kindern. Gerade sie müssen nicht alles mitmachen. Oftmals freuen sie sich als Zuschauer über andere und übernehmen evtl. kleine Rollen, die ins Spielgeschehen passen (Regelwächter, Helfer, Sanitäter u.a.). Es wäre geradezu integrationswidrig, z.B. ein für viele interessantes Spiel abzubrechen oder gar nicht erst zu spielen, weil jemand nicht mitspielen möchte. Diese Reaktion erst schafft Außenseiter und negative Zuschreibungen (Spielverderber o.ä.). U.E. brauchen bestimmte Kinder eben auch ihre bestimmte Zeit für die Entwicklung, das Lernen, für die Orientierung, für die Annahme und Übernahme von Rollen, Regeln sowie für den Erwerb von Bewegungsformen. **Zeit haben, Zeit gewähren** ist eine wesentliche Vorbedingung für gemeinsame, befriedigende Tätigkeiten („Kein Streß!").

Zeit ist auch ein wichtiger Faktor bei der Berücksichtigung und Handhabung des **Prinzips der Situationsorientierung.** Einheiten von 40—45 Minuten sind fast immer zu kurz für die gemeinsame Entwicklung, Vorbereitung, Ausgestaltung und schließlich den Genuß von Spielsituationen und Spielformen. Es besteht die **Gefahr von** sich ständig wiederholenden **Spielabbrüchen und Spielzerstörungen.** Die Kinder lernen es dann nicht, vollständig zu handeln, d.h. in allen Phasen wie Planung, Vorbereitung, Variation, Entscheidung von Alternativen, Ausführung usw. beteiligt zu sein. Der Zeitumfang einer Einheit sollte u.E. mindestens 60 Minuten, möglichst bis zu 90 Minuten betragen. Psychomotorische Entwicklungsförderung ist eben nur auf untergeordneter Ebene so etwas wie eine Funktionsschulung, vor allem aber selbstbestimmte Handlungserziehung. **Situationsorientierung** heißt hier also, mehr Zeit für Kinder schaffen, eingefahrene Stundenpläne verändern, erweitern, weil vollständige Handlungen bei Kinder Ruhe, Zeit und Muße benötigen.

Ein weiterer wesentlicher Faktor einer situationsorientierten Gestaltung sind die **räumlich-materiellen Bedingungen.** Gegenüber der landläufigen Vorstellung: „Kleine Kinder brauchen kleine, begrenzte Räumlichkeiten" bieten wir auch ihnen größere großmotorische Erfahrungsräume an, über die sie, je nach Situation, immer wieder neue Anpassungsvorgänge lustvoll und erlebnisreich vollziehen. Ältere Kinder sind hingegen von ihrer Konzentration her eher in der Lage — immer auf der Basis bereits vollzogener breitester großräumiger Bewegungserfahrungen —, auch auf kleinerem Raum und mit wenigen Materialien feinmotorisch wie auch kreativ tätig zu werden. Allerdings besteht bei dürftiger Materialausstattung immer die Gefahr, daß die GruppenpädagogInnen zu sehr in das Geschehen eingreifen und es dirigistisch zu bestimmen versuchen.

Ein dritter Faktor der Situationsorientierung ist **das flexible Eingehen** auf spontane Vorstellungen, Wünsche, Ideen und Anregungen der Kinder seitens der Erwachsenen. Die Kinder bringen öfter nicht bewältigte Anforderungen aus Kindergarten, Sportverein oder Schule mit in die Gruppe oder sie wollen ein bestimmtes Spiel oder eine Bewegungsfertigkeit einüben oder anderen Kindern gelungene Spielformen vermitteln. Die GruppenleiterInnen sollten wohl ein großes Repertoire an Spielformen, Anregungen und methodischen Hilfen vorbereiten bzw. bereithalten. Wichtiger ist aber, daß sie diese an der richtigen Stelle, zur richtigen Zeit und in angemessener Weise einbringen. Besonders bedeutsam ist das Erkennen von **kriti-**

schen Situationen, in denen für das Bewältigen von Aufgaben und Lernschritten dosierte Hilfen nötig sind, weil hier oft eine längerfristig wirksame Entscheidung über Erfolg oder Mißerfolg fällt.

Der vierte Faktor der Situationsorientierung reicht über die enge Lernsituation hinaus: Ein wesentlicher Bezugspunkt für unsere Gruppenarbeit muß **die alltägliche Lebenssituation** der Kinder mit ihren Gewohnheiten, Einschränkungen, Verletzungen, unerfüllten Wünschen, Spannungen, Problemen und „Phantasie-Rohstoffen" sein. Beispielsweise sitzen oder liegen viele Kinder schon im Kindergarten- oder Vorschulalter stundenlang am Tag vor dem Fernsehapparat. An Wochenenden fahren sie oft stundenlang mit dem Auto fort. Die meisten Kinder verfügen nur über wenige Möglichkeiten zu raumgreifenden, lauten und wilden Tobespielen. Deshalb sollten die GruppenleiterInnen — wie überhaupt alle Pädagogen/Therapeuten — nicht erwarten, daß die Kinder zu einem konzentrierten Lernen und Üben vorbestimmter Bewegungs- und Spielformen von vornherein fähig wären, so wie sie es als Kinder früher einmal selbst waren.

In jeder Förderstunde müssen erst einmal wesentliche Bedürfnisse nach Aktivität und Kommunikation befriedigt werden. Die Aufmerksamkeitsspannen sind oftmals frustrierend gering. Dennoch darf man diese Kinder nicht als konzentrationsschwach, dumm o.ä. zu bezeichnen. Sie spiegeln nur die Verhältnisse ihrer alltäglichen Lebenswelt wider.

Fernsehfilme, Computerspiele o.a. liefern Phantasie-Rohstoffe, die vielen Erwachsenen nicht geläufig sind. Sie beschäftigen die Kinder in einem erheblichen Umfang. Pipi Langstrumpf, Dracula, Monster, Gespenster, Autoverkehrs-Szenen, Wildwest- oder Raumfahrer-Gestalten bieten aber auch wichtige Anknüpfungspunkte und Themen für interessante Rollen- und Regelspiele. Ebenso wollen viele ihren erwachsenen Idolen wie Film-, Popstars und Sportlern, die sie aus dem Fernsehen oder den Erzählungen ihrer älteren Geschwister kennen, nacheifern. Sie spielen dann „Fußball-Wettkampf", „Boxkampf", „Volleyball" oder auch „Bodybuilding", „Aerobic", möglichst genauso wie ihre „Vorbilder". Diese Erinnerungen, Vorstellungen, Phantasien, Pläne oder Ideen aus dem Alltag der Kinder zum Ausdruck zu bringen, auf- und verarbeiten zu lassen, halten wir für eine ganz wichtige Aufgabe einer **an der sozialen Entwicklungssituation orientierten psychomotorischen Entwicklungsförderung,** weil eben nur sie mit den Kindern **„gemeinsame Sache"** macht.

Dieses Sich-Einlassen auf eine gemeinsame Sache mit Kindern bestimmt und repräsentiert ganz wesentlich auch das übergreifende **Prinzip der Kooperation.** Kooperation heißt zunächst, sich selbst als Erwachsener zurückzunehmen, sich in der Gruppensituation zunächst einmal zurückzuhalten, zu beobachten und **nichtdirektiv** anzuregen oder zu helfen. Es ist vornehmliche Aufgabe der erwachsenen Bezugspersonen, die Beziehungen und Anliegen der Kinder untereinander zur Geltung zu bringen und nur dann einzugreifen, wenn Grundregeln des Miteinander verletzt werden.

Die bewußte Zurück-Haltung von Erwachsenen über einen längeren Zeitraum hinweg hat im Hinblick auf die übergreifende Zielsetzung der optimalen Persönlichkeitsentwicklung erhebliche Vorteile gegenüber einer direktiven Vorgehensweise:

1. Sie stärkt die Selbstgestaltungskräfte, vermehrt die Eigenaktivitäten der Kinder.

2. Erwachsene erwerben mehr Vertrauen, weil sie tatsächlich in gleicher Weise wie die Kinder sich Abmachungen und Regeln unterordnen, also z.B. nicht in Spiele eingreifen und diese (zer-)stören.

3. Die GruppenleiterInnen oder zumindest eine(r) von ihnen kann über einen längeren Zeitraum genauer, entlasteter, umfassender die Kinder in ihren Beziehungen zueinander beobachten, in ihrem Verhalten gegenüber Erwachsenen sowie gegenüber Objekten, Aufgaben und Situationen insgesamt. So können auch schneller Neigungen, Interessen, Ansatzpunkte für gezielte Förderung, aber auch Blockierungen, Beeinträchtigungen für eine weitere Zusammenarbeit zuverlässiger erkannt werden.

Wenn die GruppenleiterInnen nach und nach merken, daß keine Fixierung mehr auf sie besteht, sollten sie sich vorsichtig als **kompetente MitspielerInnen** anbieten. Dabei brauchen sie gar nicht alles besser zu können als die Kinder, sondern sollen vor allem „echte Freude" beim gemeinsamen Spielen empfinden und zeigen. Dieses **Ernstnehmen von Spielformen,** die Kinder spielen, muß sich auch in anderer Hinsicht widerspiegeln. Es gibt leider in pädagogischen und therapeutischen Berufsbereichen zu viele Erwachsene, die das, was sie Kindern zumuten oder aufdrücken, gar nicht ernstnehmen. Sie würden für sich selbst eine Beteiligung daran „lächerlich" finden. Normalerweise spüren Kinder genau, ob man das, was man einbringt, selber für wichtig hält und ernst nimmt.

Das Prinzip der Kooperation zu praktizieren heißt aber auch, sich den gegenläufigen **Prinzipien von Konkurrenz und Herrschaft** zu **widersetzen.** Schon sehr früh lernen Kinder, sich gegenüber Schwachen und Benachteiligten rücksichtslos durchzusetzen, sie zu unterdrücken, sie auszunutzen oder auch auszusondern. Pädagogen und Therapeuten sollten von sich aus möglichst keine konkurrenzorientierten Spielformen in die Gruppen einbringen. Kommen die Kinder von selbst darauf, so sind die Spielformen so in den Regeln zu verändern, daß niemand ausscheidet und vor allem, daß Gewinnen oder Verlieren keinen hohen sozialen Stellenwert bekommt.

Bei heftigen Streitigkeiten zwischen Kindern sollte der/die Erwachsene durchaus auch abwarten, beobachten, ob etwa eine gleiche Stärke besteht. In offensichtlich einseitigen Kräfteverhältnissen ist oftmals eine **Parteinahme für den Schwächeren** nötig. Das ist dann besonders angebracht, wenn es so aussieht, daß sich einseitige Abhängigkeits- und Herrschaftsbeziehungen zwischen stärkeren oder schwächeren Kindern dauerhaft etablieren könnten.

3. Praxis: Inhalte und Methoden, Beispiele und Kommentare

3.1. Förderschwerpunkt: Bedürfnisbefriedigung und Vertrauen

Viele Kinder geraten in den Genuß psychomotorischer Entwicklungsförderung erst, wenn sie sich in einem „Notstand" befinden. Das gilt nicht nur in therapeutischen Gruppen, sondern auch für viele Kindergartenkinder, denen lange Zeit die Befriedigung ihres Bewegungsbedürfnisses aus den unterschiedlichsten Gründen versagt wurde (zu kleine Räume, Erziehermangel oder schlicht Unwissenheit um die Bedeutung raumgreifenden Bewegungshandelns im frühen Kindesalter sind nur einige dieser Gründe.) Die Auswirkungen auf die Kommunikation in der Gruppe sind in den meisten Fällen unübersehbar:

— Manche Kinder nutzen scheinbar ohne die geringste Rücksichtnahme auf andere, häufig auf deren Kosten, jede denkbare Gelegenheit, zu der für sie notwendigen Bewegung zu kommen: Eine spontane Jagd um den gedeckten Mittagstisch, bei der der Stuhl eines anderen Kindes kippt, dieses schreiend am Boden liegt, die anderen teils fassungslos, teils mit Begeisterung im Blick der „Vorstellung" folgen. Die Erzieherin, hilflos zwischen dem weinenden Kind und den beiden „Ausgeklinkten", sagt schließlich nicht ohne Schärfe: „Wenn ihr euch nicht sofort hinsetzt, gehen wir nachher **alle** nicht auf den Spielplatz!" Wer solche Szenen kennt, weiß, wovon die Rede ist: hier werden **Aggression und Wut** aufeinander eingeübt, **Außenseiter und Sündenböcke** gemacht, **Machtproben** ausgetragen und **Angst vor Bestrafung** geschürt.

— Andere Kinder erkennen schnell, daß „Toben" nicht erwünscht ist, „Turnen" und „schön spielen" hingegen Lob und Anerkennung bringen können. Irgendwie schaffen sie es scheinbar, ihr organisches Bedürfnis nach Bewegung mit ihrem sozialen Bedürfnis nach liebevoller Zuwendung in ein Gleichgewicht zu bringen. Immer wieder denken sie sich Dinge aus, mit denen sie anderen, vor allem ihren erwachsenen Betreuern, imponieren. Die Fixierung einzelner Kinder auf Erwachsene kann die Kommunikation in der Gruppe in eine fatale Richtung zwingen: **Festlegung des Pädagogen** auf die Rolle des „Richters", Notengebers, Verteilers von Gratifikation und Sanktion mit entsprechender **Abhängigkeit** der Kinder; **Konkurrenz, Neid und Mißgunst** unter den Kindern; **Erwartungsdruck** und **Leistungszwang** („Guck mal, wie schön X das macht, ob du das wohl auch schon kannst?").

Solche Kommunikationsstörungen in Kindergruppen entstehen zu einem erheblichen Teil durch die Beliebigkeit, mit der Erwachsene kleinen Kindern ausreichende Bewegungsmöglichkeiten gewähren oder vorenthalten. Sie sind die direkte Konsequenz, die in Kindergruppen sichtbar wird, wenn ein vitales Bedürfnis nachhaltig und immer wieder unterdrückt wird.

Psychomotorische Entwicklungsförderung hat sich in vielen Fällen als erfolgreicher Weg herausgestellt, um Vertrauensverluste in die Zuverlässigkeit und Berechenbarkeit von Erwachsenen bei den Kindern zu beheben. Das ist auch der Fall, wenn die Kinder über lange Zeit erleben mußten, daß ihr Bewegungsbedürfnis Interessen untergeordnet wurde, die sie kaum durchschauen konnten. In solchen Fällen ist es verständlicherweise nicht immer leicht, die von einer Erziehungs- oder Lehrperson diagnostizierte „Verhaltensauffälligkeit" beim Kind als Beziehungs- und Kommunikationsstörung in der Gruppe zu enttarnen. Mangelnde Kenntnisse über Bewegungshandeln und seine Bedeutung für die Entwicklung des einzelnen Kindes und der Gruppe führen bei Pädagogen noch allzu häufig zu falschen Zuschreibungen und Fehldiagnosen.

Eine veränderte Räumlichkeit hat sich auch in besonders verfahrenen Gruppensituationen als hilfreich und notwendig erwiesen, um gemeinsam an der Verbesserung kommunikativer Prozesse in der Gruppe zu arbeiten. Dabei würde die Umgestaltung von Gruppenräumen, Spielplätzen usw. i.d.R. eine längerfristige Planung erfordern und keine Hilfe für die Gegenwart erwarten lassen. Andererseits stehen „Spielräume" häufig ungenutzt leer und könnten **sofort** verfügbar gemacht werden. Hierzu gehören die Turn- und Sporthallen. Sie sind zwar ganz sicher nicht mit Blick auf kleine, bewegungsbedürftige Kinder erbaut und gestaltet worden. Es handelt sich dabei oftmals mehr um Kampf- als um Begegnungsstätten. Trotzdem haben wir in solchen Turnhallen eine neue psychomotorische Eingangs- und Grundsituation entwickelt: den „Spielplatz im Raum".

Respektloses Umfunktionieren alter, „ehrwürdiger", aber für viele Pädagog(inn)en angstbesetzter Großgeräte und ihre völlige Unterordnung unter die psychomotorischen Bedürfnisse und Fähigkeiten von Gruppen kleiner Kinder haben schon zahlreiche „AHA-Erlebnisse" erzeugt. Vor allem haben unsere Erfahrungen aufgeräumt mit vielen Vorurteilen, die auch bei professionellen Pädagogen erstaunlich häufig anzutreffen sind, z.B.

— daß kleine Kinder Angst vor großen Räumen hätten,
— behinderte Kinder stets direkt angeleitet werden müssen,
— eine Turnhalle mit ihren vielen Möglichkeiten der Niedersprünge von hohen Höhen und den großen, schweren Geräten ein viel zu gefährliches Pflaster sei für kleine, schwache und von der Hilfe Erwachsener abhängiger Kinder.

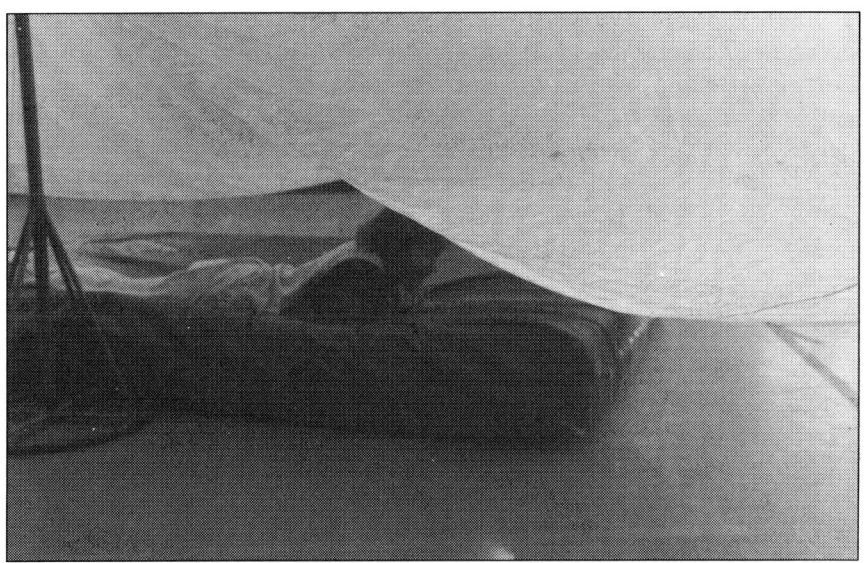

Abb. 5: Viele Berufspädagogen haben im aufreibenden Alltag mit ihrer Kindergruppe schon ganz vergessen, sich über das zu freuen, was die Kinder alles können. Im „Spielplatz im Raum" bleibt auch ihnen genügend Zeit, sich in Ruhe ein neues Bild von den Kindern zu machen.

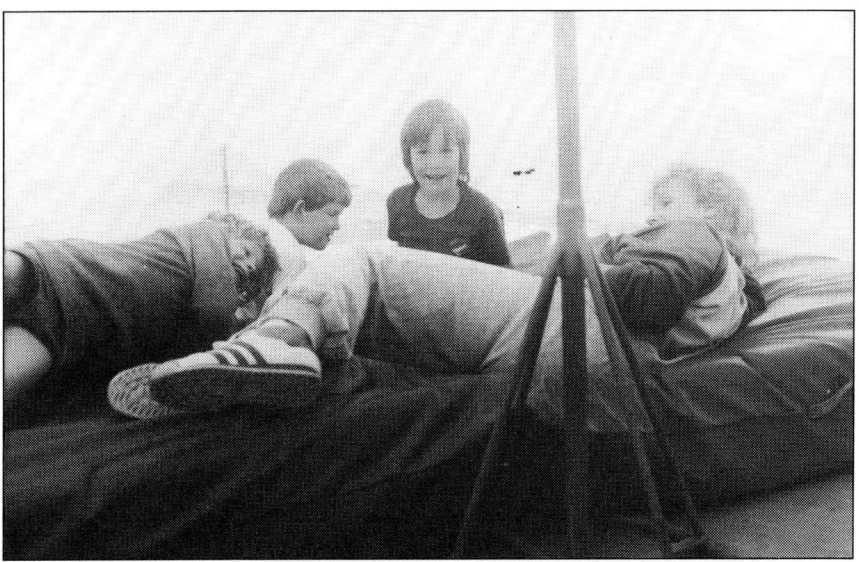

Abb. 6: Wie lange haben wir eigentlich schon nicht mehr unter einer Decke gesteckt? Können wir uns so ein Zelt nicht auch im Kindergarten bauen?

Wenn immer sich Pädagogen auf den regelmäßigen Besuch einer Turnhalle mit ihrer Gruppe einlassen, machen sie überraschende Entdeckungen. Entzerrt von räumlichen Zwängen und vergrößert nehmen sie ihre Gruppen und sich selber plötzlich völlig anders wahr. Besonders großen Eindruck macht auf beobachtende Pädagogen immer wieder, wie sehr die Situation des „Spielplatzes im Raum" zunächst von den Kindern, dann auch von ihnen genossen werden kann.

Über das gemeinsame lustvolle Erleben der Bewegungsspiel-Situationen soll Vertrauen unter den Kindern und zu ihren erwachsenen Bezugspersonen (wieder) hergestellt werden. Durch das Bewußtsein, etwas zu tun, was allen gut tut, können Hoffnungen und Wünsche realisiert werden und die Sicherheit entstehen, daß sich solche Situationen wiederholen lassen, weil sie von allen gewollt werden.

Die erste Phase einer psychomotorischen Spielgruppe ist ganz davon geprägt,

— eigene Bedürfnisse und Gefühle in Bezug auf das Handeln anderer wahrzunehmen und auszudrücken,
— Selbstvertrauen zu gewinnen, das angemessenes Vertrauen schenken kann (besonders in der Beziehung Erwachsener/Kind).
— Lust am gemeinsamen Tun so zu erhöhen, daß sich auch Situationen außerhalb der psychomotorischen Spielgruppe langsam positiv verändern.

Der nachfolgende Bericht und die Entwürfe zu Eingangssituationen für die psychomotorische Förderung in Gruppen mögen manchem „zu glatt, zu harmonisch" erscheinen. Konflikte sind so gut wie gar nicht dokumentiert, obwohl die Alltagskommunikation von Kindern untereinander und zwischen Kindern und ihren erwachsenen Betreuungspersonen doch geradezu geprägt davon ist. Und doch ist diese Erfahrung authentisch, nicht geschönt, sondern höchstens etwas vereinfacht dargestellt, weil die Komplexität der Situationen bewußt auf die kommunikativen Prozesse zugespitzt wurde.

Die Funktions- und Betätigungsspiele (bei PIAGET: sensomotorische Übungsspiele) der Kinder werden im „Spielplatz im Raum" in zwangloser Nähe oder Distanz zu anderen durchgeführt. Die Kinder sind frei in ihrer Entscheidung, was sie mit wem und wie lange tun wollen. Menschen sind auf soziale Kommunikation angewiesen, kleine Kinder darüber hinaus auf ausreichende Möglichkeiten, diese Kommunikation nicht ausschließlich verbal, sondern vorsprachlich, eben auch durch Bewegungshandeln, konkret-sinnlich, in gegenständlicher Kooperation aufzubauen. Was ein vitales Bedürfnis ist, braucht weder befohlen noch angeordnet zu werden. Erwachsene haben jedoch die Verpflichtung, dafür zu sorgen, daß genügend

*Abb. 7: Glänzende Au-
en im großen Raum-
schiff*

*Abb. 8: Entrückte Ent-
spannung in der Bo-
denschaukel*

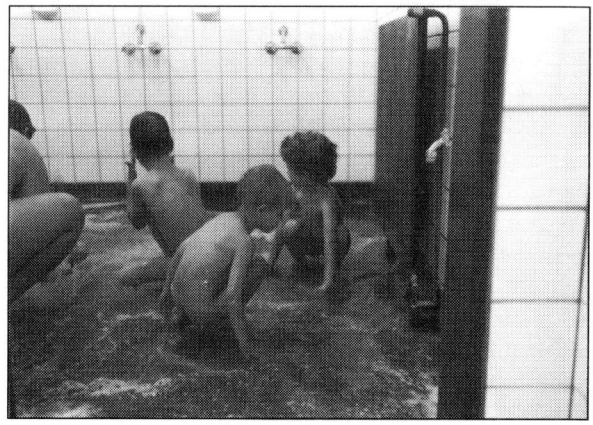

*Abb. 9: Ausgelassene
Freude beim Dusch-
spaß*

47

Zeit und Raum zur Befriedigung dieser Bedürfnisse zur Verfügung steht. Das liegt nun mal im Wesen psychomotorischer Erziehung.

Wir legen großen Wert darauf, daß über die Bedürfnisbefriedigung hinaus so etwas wie Genußfähigkeit gefördert wird. Wir denken, daß hier die Klammer zwischen Erwachsenen und Kindern ist: solange die Kinder das Gefühl haben, die Erwachsenen ließen sie in großzügiger pädagogischer Einsicht pflichtschuldigst ihr Bedürfnis befriedigen, auch wenn es ihnen eher lästig ist, ist die Sache noch nicht „rund". Natürlich können und wollen wir Pädagog(inn)en nicht „Bewegungsfreude" verordnen. Unlust und Angst bei ihnen bleiben Kindern i.d.R. jedoch nicht verborgen, und es hat sich als sinnvoll erwiesen, sich immer wieder ernsthaft damit auseinanderzusetzen, anstatt es auf die Kinder zu übertragen.

Ähnliche Eingangssituationen und Entwürfe der ersten Phase einer psychomotorischen Spielgruppe wurden auch in Kooperation mit Kindergruppen entwickelt, die sich nur einmal wöchentlich im Turnverein oder zur Therapie treffen. Sie sind ebenfalls erprobt im Rahmen der Sport- und Bewegungserziehung vieler Hamburger Integrationsklassen an der Grundschule und als Grundsituation für die psychomotorische Förderung an Sonderschulen.

Lernsituation „Spielplatz im Raum" (Anfangssituation)

Der „Spielplatz im Raum", der hier vorgestellt wird, eignet sich besonders als Eingangssituation. Er kann sowohl als fertig vorstrukturiertes Angebot genutzt werden als auch von Kindergruppen in Zusammenarbeit mit den Betreuungspersonen aufgebaut werden. Diese Entscheidung ist allein situations- und gruppenbezogen zu treffen. (Skizze Seite 49).

Bericht:

18 Kinder (3—6 Jahre alt) aus zwei verschiedenen Gruppen eines Kindertages- und eines Sondertagesheims für behinderte Kinder kommen mit drei Erzieherinnen zum ersten Mal in die Turnhalle. Die beiden Einrichtungen befinden sich zwar „unter einem Dach", aber die Sondereinrichtung, ihre Mitarbeiter/innen und die Kinger begegnen den anderen im Alltag nur selten. Die gemeinsame psychomotorische Spielgruppe hat zum einen das Ziel, die beiden Kindergruppen wenigstens in Teilbereichen wieder zusammenzubringen und die Erfahrungen miteinander für eine gewollte gemeinsame Erziehung behinderter und nichtbehinderter Kinder auszuwerten. Zum anderen sind Kinder und Erzieherinnen vom täglichen Kleinkrieg im engen Tagesheim zermürbt. Die Beziehungen haben so gelitten, daß der Anteil von „verhaltensgestörten" Kindern in den Gruppen ständig steigt, der Krankenstand und der Erzieherwechsel viel höher sind als anderswo.

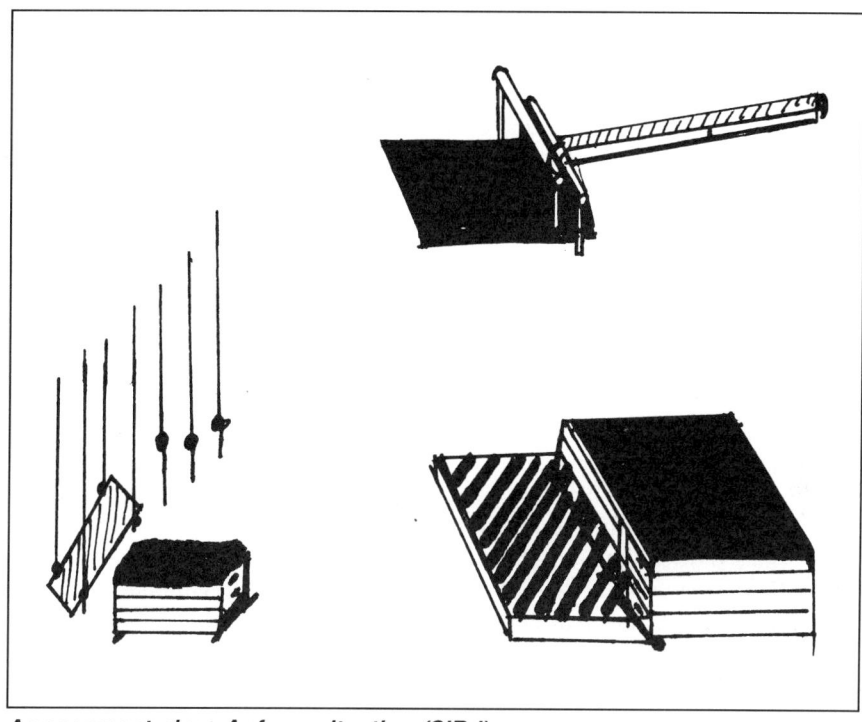

Arrangement einer Anfangssituation (SIR I)

1. Mattenschaukel, freihängende Taue mit hohem Kasten
   Materialbedarf und Hinweise zum Aufbau:
   Eine Turnmatte wird an ihren Schlaufen an je einem Tau verknotet (einfacher Knoten). Evtl. vorhandene, restliche Taue werden oberhalb der Lederschlaufe mit lockerem Knoten versehen (Sitzhilfe). Vor das äußere Tau kann ein hoher Kasten gestellt werden (für Kinder, die gern weiter oben schwingen).

2. Berghöhle
   Materialbedarf und Hinweise zum Aufbau:
   3 hohe Kästen werden an einer Wand der Turnhalle so aufgestellt, daß sie ein Karré bilden mit je 2 Eingängen links und rechts vom vorderen Kasten. Auf die Kästen wird ein Weichboden gekippt, der i.d.R. 2x3 m groß ist. Die Kästen sollen unter dem Weichboden verschwinden. Eine weitere Weichbodenmatte wird für Niedersprünge an der Vorderseite ausgelegt. Eine Bank als Aufgang wird an der rechten oder linken Seite an einen der Kästen angelegt.

3. Brücke(n) und Steg(e)
   Materialbedarf und Hinweise zum Aufbau:
   Eine Turnbank wird in ca. 1,50 m Höhe in Sprossenwand gehakt und auf den unteren Holm eines Stufenbarrens gelegt. Der zweite Holm soll so hoch sein, daß die Kinder auf dem unteren Holm stehend den oberen überwinden können (abhängig von der Größe der Kinder).

„Wir wollen einen neuen Anfang mit den Kindern", hatte das gesamte Kollegium nach einer gemeinsamen Fortbildung zur psychomotorischen Erziehung erklärt. Heute soll es losgehen.

Die Halle ist nicht mehr ganz leer, als die Kinder fertig umgezogen sind: die Taue sind ausgezogen, und an vier von ihnen hängt eine Mattenschaukel. Außerdem liegen Turnmatten unter zwei Sprossenwänden. Eine Bank ist schräge eingehängt.

Im Nu sitzen fünf Jungen in der Schaukel. „Anschwung!", rufen sie. Eine der Erzieherinnen bleibt bei ihnen. Sie dreht je einen Knoten in die drei freihängenden Taue und sofort sitzen dort auch Kinder drauf. Abwechselnd bekommen alle den geforderten Anschwung.

Zwei Erzieherinnen sind mit einer Gruppe von acht Kindern im Geräteraum verschwunden. Dort hängen zwei Mädchen mit dem Kopf nach unten an den Barren. Drei andere sitzen lachend auf hohen Kästen. „Bitte, laßt uns die Geräte erst aufbauen. Hier drinnen liegen keine Matten drunter!" Die Worte der Erzieherin erinnern ein Mädchen daran, daß sie das schon mal gehört hat, und sie sagt: „Los, Mensch, kommt da runter!". Der Barren wird in die Halle gerollt. Da niemand so recht zu wissen scheint, wohin die Reise eigentlich gehen soll, schlägt die Erzieherin vor, ihn zur Sprossenwand zu rollen und die Bank einzuhängen. Die dritte Kollegin kommt jetzt zu Hilfe, und nach kurzer Zeit ist die Kombination an der Sprossenwand entstanden. Eine Gruppe von sechs Kindern hat sie sofort belegt.

Drei Mädchen stehen etwas unentschlossen vor dem Geräteraum. Sie würden gern die Kästen haben, einer soll unter ein freies Tau. „Mit dem anderen könnten wir eine Höhle bauen, sagt die Erzieherin. „Oder n'Berg!" Heraus kommt beides. Eine Berghöhle.

Dieser erste Abschnitt hat nicht länger als 15 Minuten gedauert. Die Kleinsten haben dicke Weichbodenmatten gekippt, die Größeren verantwortungsbewußt und mit großer Vorsicht („Paß auf, deine Latschen") die Kästen geschleppt und den Barren gerollt.

Abb. 10: Die selbständige Bewältigung eines riesigen Weichbodens ist für kleine Kinder eine nachhaltige Bestätigung ihrer Wirksamkeit. „Wir können es alleine", heißt auch immer Entlastung der Erwachsenen-Kind-Beziehung von übertriebener Ausübung einer „Aufsichtspflicht" und eine Stärkung des kindlichen Selbstvertrauens.

Abb. 11: So ein kleiner Kasten hat es in sich. Er kann vier starke 5jährige ganz schön ins Schwitzen bringen, vor allem, wenn sie sich auch noch darüber einigen müssen, wohin der Kasten eigentlich soll. Solch eine Aufgabe gelingt nur, wenn sich die Kinder den Sinn dieser Anstrengung gegenseitig vermitteln können.

51

Jetzt ist es Zeit, das gemeinsame Werk zu genießen.

In der Mattenschaukel liegen vier Kinder höchstgemütlich beieinander und singen. Die Schaukel wird jetzt von einem Jungen bewegt, der sich nach dem Anlauf daranhängt, die Beine anzieht und so gerade über dem Boden mitschaukelt. Dieser Junge, der nach Aussage einer Erzieherin sonst die anderen ständig „nervt", hat hier eine Aufgabe gefunden, die ihm selber und den Kindern in der Schaukel angemessen ist. In die Schaukel und damit den anderen noch näher zu kommen, das versucht er heute (noch) nicht. Dafür ist die Wirkung, die er erzielt, für sein eigenes Selbstvertrauen zu wichtig.

Abb. 12: Der Genuß einer ausgedehnten Schaukeltour, die Spannung zwischen Begeisterung und „Entsetzen" ist hier nur durch lautes Singen auszuhalten. Und dadurch, daß die Kinder dem Jungen vertrauen, der ihnen Anschwung gibt. Er weiß, was gut für sie ist, und das, was er tut, ist auch gut für ihn.

Auf der Berghöhle tummeln sich fünf Kinder und eine Erzieherin. Alle laufen nacheinander die schräge, an einen Kasten gelegte Bank hoch, hüpfen mehrere Male auf dem Weichboden herum und lassen sich dann von oben auf den darunter liegenden Weichboden fallen. Der Sprung wird von lauten, lustvollen Schreien begleitet. Viele Male wird das wiederholt — Genuß braucht Zeit — die Zwischenzeiten auf dem Berg werden langsam länger.

Ein Kind hat sich schließlich einfach in den Arm der bereits „geschafften" Erzieherin gelegt und beobachtet das Treiben so vom sicheren Ort aus.

Abb. 13: Auch mit 4 Jahren kehrt man noch gern dann und wann an einen sicheren Ort zurück. Es tut gut, wenn man dazu nicht erst von der tollen Berghöhle herunter muß, sondern die Erzieherin „an Ort und Stelle" ist.

Ein Junge, der üblicherweise eine Außenseiterrolle spielt, liegt auf dem Dach der Höhle. „Jeder, der vorbeikommt, kitzelt mich am Fuß!" ruft er. Tatsächlich, die anderen finden Spaß daran, auf ihrem Weg über das Dach, vor dem Absprung, seine Füße zu kitzeln. Ihm bereitet das hör- und sichtbares Vergnügen. (Abb. 13)

Als Höhle wird das Gerät erst angenommen, als das Treiben auf dem Dach kurze Zeit aufhört. Drei Kinder ziehen sich mit dem Schwungtuch „zum Schlafen" zurück.

An der Sprossenwand hat eine Erzieherin zunächst damit zu tun, den Aufstieg auf die Bank mit den Kindern gütlich zu regeln. Da auf der Bank nicht überholt werden kann und der Stufenbarren für einige nicht so einfach zu bewältigen ist, droht hier zunächst ein Konflikt. „Mach endlich zu, ich will auch!", ist noch der freundlichste Zuruf der ersten fünf Minuten. Durch das Mitmachen der Erzieherin entspannt sich die Lage. Sie sitzt mit den Kindern auf der Bank und tut, als ob sie fürchterlich schimpft: „Ich krieg hier kalte Füße, wieso ist denn hier so ein Stau?" Die Kinder imitieren Sprache und Gesten: „Ja, mein Herr, vielleicht könnten sie sich mal etwas beeilen, wir frieren sonst hier fest!" Bald ist die ganze Gruppe am Kichern und erfindet immer neue, witzige Zurufe. Aus Ärger wird Freude, sie haben ein Ventil gefunden.

Im Laufe der Zeit (1¹/₂ Std.) wechseln alle Kinder häufiger die einzelnen Geräte. Es bilden sich so immer andere Kleingruppen. Sie bleiben aber nie sehr lange zusammen.

Vorsichtshalber beginnt das Abräumen 15 Minuten vor Schluß der Stunde. Die Erzieherinnen haben viel Verständnis für ihre „müden" Kinder. Sie geben ihnen alle möglichen Hilfen, packen selbst mehr mit an als beim Aufbau, und so wird auch die letzte Phase gemeinsam, ohne Hektik, gemeistert.

Als die Kinder im Umkleideraum sind, schmieden einige schon Pläne für das nächste Mal.

*Abb. 14: Die aktive Prä-
senz der Erzieherin
kann, wenn sie unauf-
dringlich ist und auf ei-
ner Übereinkunft mit
den Kindern beruht,
Konflikte dort lösen hel-
fen, wo sie entstehen.*

*Abb. 15: Es ist span-
nend zu sehen, wie an-
dere Kinder aus der
Gruppe so einen Bar-
ren bewältigen. Viel-
leicht kriegt man hier
eine Idee, wie man es
selbst machen könnte?*

*Abb. 16: Jan hat sich entschlossen, es
ganz anders zu machen. Die anderen
freuen sich. So wird auch das Zugucken
und Warten wenigstens nicht langweilig.*

Die losen Taue und ihr „Drumherum"

Die Kinder haben die Möglichkeit, durch das Aufsteigen auf einen kleinen Kasten den „Knotensitz")* im Tau zu erreichen. Manche Kinder möchten den Knoten jedoch höher haben und über einen hohen Kasten auf das Tau gelangen. Dabei fällt es einigen von ihnen schwer, ganz ohne Hilfsmittel auf so einen hohen Kasten zu kommen. Sie können sich nicht so gut hochziehen, und die „Fuß-in-die-Löcher-Methode" gelingt auch nicht allen. Damit diese Kinder nicht wegen ihrer Schwäche um den Genuß, an einem hohen Tau zu schwingen, gebracht werden, reicht es meist aus, einen kleinen Kasten vor den großen zu stellen oder eine Bank einzuhängen. Ist noch mehr Hilfe erforderlich, besorgen das die Kinder nach kurzer Zeit gegenseitig.

Wenn viele Kinder daran Spaß finden, hoch über dem Boden zu schaukeln, kann auch der ganze Aufbau darauf ausgerichtet werden:

Eine Bank wird mit ihrer Oberseite auf ca. 1 m hohe Kästen gelegt. Die meisten Bänke haben an einer Seite Aufhängevorrichtungen. Diese können unbedenklich auf den Kasten gelegt werden, auch wenn alles dadurch etwas wackelig erscheint. Es bleibt stabil genug. Das macht das Ganze für die Kinder nur spannender. Die Entfernung zur Taureihe beträgt ca. 1,50 m. Die Knoten sind dann so hoch anzubringen, daß die Kinder beim Rückschwung nicht mit den Beinen gegen Kasten oder Bank stoßen. Aufgangshilfen wie vorher.

---

* „Das Verknoten der Taue ist verboten. Das Bezirksamt", verkündet ein großes Schild neben der Taureihe in vielen Hamburger Turnhallen. Ein Knoten oberhalb der Leder-Enden von Tauen zieht sich sehr schnell fest, wenn er nach der Stunde nicht wieder entfernt wird. Dadurch wird nach und nach das Tau ruiniert und durch Reparatur immer kürzer. Das ist der Hintergrund des Verbots, und kurze Taue sind auch nicht im Interesse kleiner Kinder. Darum gibt es in den psychomotorischen Spielgruppen viele kleine „Knotenspezialisten", die nach dem Bewegungsvergnügen flink die Knoten in den Tauen wieder aufmachen.

Abb. 17: Melanie schafft es allein, sich am hohen Kasten hochzuziehen und auch noch ihr Tau mitzunehmen. Die gelungene Aktion stärkt ihr Selbstvertrauen.

Abb. 18: Stefanie ist mit großer Anstrengung auch auf den Kasten gelangt. Sie hat sich langsam die Bank „hochgearbeitet". Dabei hatte sie natürlich keine Hand mehr frei. Sie kann sich darauf verlassen, daß Melanie ihr das Tau vorsichtig reicht. Selbstvertrauen und Vertrauen.

Abb. 18a: Stiller Genuß ganz allein am hohen Tau

59

Brücken, Stege und Berghöhle

Den kleineren Kindern einer altersgemischten 3—6jährigen Gruppe könnte die Sprossenwand-Barren-Kombination ein wenig zu hoch erscheinen. Das ist leicht zu erkennen, wenn sie dort nicht zu finden sind (auch nicht, wenn die „Großen" weg sind). Kleine Kinder balancieren aber **auch** gern über schmale Brücken, und sie mögen ebenso gern auf dem Dach einer Höhle sitzen. Es ist einfach, diesem Wunsch zu entsprechen. Aus einem kleinen Kasten, zwei Bänken, einem großen Kasten (80 cm) gelangen die Kleinen auf die Berghöhle, die auch aus drei Parallelkästen gebaut werden kann. Interessanter und vielseitiger wird der Aufbau, wenn vor der ersten Bank auf dem kleinen Kasten noch ein Weichboden zum Herunterspringen ein- lädt und das Ganze in einer Winkelkonstruktion angelegt ist. Die Mattenab- sicherung sollte spätestens mit dem 80-cm-Kasten beginnen. Bei sehr klei- nen und unsicheren Kindern sollte die ganze Kombination „gut gepolstert" sein.

Abb. 19: Mit den Kindern „gemeinsame Sache" machen ist mehr als „Modellverhaltens". Für viele Kinder und ihre erwachsenen Betreuungspersonen sind solche regelmäßigen gemeinsamen Erfahrungen die ersten „vertrauensbildenden Maßnahmen nach langer Zeit des gegenseitigen Ärgers und Mißtrauens.

Abb. 20: Kleine Kinder gehen ihrem Ruhe- und Entspannungsbedürfnis dann nach, wenn es auftritt und dort, wo es ihnen gefällt. Nicht immer ist Müdigkeit mit Rückzug in eine ruhige Ecke verbunden. Solange Erwachsene diese Art von Bedürfnisbefriedigung nicht durch ihren eigenen Rhythmus von „Anspannung und Entspannung" unmöglich machen, stellt sie keinerlei Problem in der Spielgruppenarbeit dar.

Abb. 21: Auch kleine Leute lieben gefährlich schmale Brücken und Stege. Sie finden Wege, wie sie so häufig wie möglich darübergehen und wieder hinunterkommen können. Niemand entwickelt ein Interesse daran, andere zu stören und damit nur sich selbst aufzuhalten.

61

„Sprungbrett"

Ein „Sprungbrett" ist ein kleiner Kasten, auf dem das eine Ende einer Bank steht. Das andere Ende steht fest auf dem Boden. Die Bank kann nicht rutschen. Wer befürchtet, die Bank könne umkippen, weil die Oberseite der kleinen Kästen manchmal etwas gewölbt ist, sollte den Kindern eine Weile zusehen: die Steigung der schmalen Bank erfordert die ganze Konzentration der Kinder, hohe Geschwindigkeiten können 3- bis 5jährige hier nicht erreichen. Der Absprung erfolgt erst, wenn das Kind ganz sicher steht.

Die Vorstufe — Oberkante Bank auf Kasten auflegen — haben wir auch probiert. Sie wird aber schon den Kleinen bald zu langweilig. Vor dem Kasten liegt eine Weichbodenmatte. „Sprungbrett" haben die Kinder das Gerät getauft, weil es bei ihnen Erinnerungen an das Schwimmbad auslöste.

Das Sprungbrett ist ein bewährter Aufbau für Eingangssituationen. Hier kann wirklich pausenlos und reibungslos gesprungen werden. Nur bei fehlenden Alternativen entstehen Staus, die aber unbedingt vermieden werden sollten. Gerade zu Beginn einer psychomotorischen Gruppenarbeit steht die direkte, „nackte" Befriedigung eines aufgestauten Bewegungsbedürfnisses im Vordergrund. In der Grundsituation „Spielplatz im Raum" fehlen Alternativen daher niemals! Die Vertrauensbasis dafür, daß man wirklich auch gleich drankommt, daß niemand schubst und vordrängelt oder schon springt, wenn ein anderes Kind nach gelungenem Sprung noch verzückt auf der Matte sitzt, soll erst geschaffen werden.

Ein Sprungbrett kann auch leicht noch ganz schnell aufgebaut werden, wenn sich herausstellt, daß eine vorbereitete Eingangssituation nicht alle Bedürfnisse abdeckt. Es lockt auch ganz kleine und ängstliche Kinder heran.

Abb. 22: Der Junge begleitet den gewagten Drehsprung seiner Vorgängerin mit lauten Zurufen. Er ist voller Vorfreude auf seinen eigenen Sprung, kann aber schon warten, bis das Mädchen von der Matte ist.

Abb. 23: Glücklich gelandet und noch ganz überrascht von den Gesetzen der Schwerkraft sitzt der kleine Junge auf der Matte vor dem Sprungbrett. „Paß auf, jetzt komm ich gleich!" ist für ihn aber schon ein Signal, das er kennt. Es wird Zeit, die Matte zu räumen.

Gitterleitern und Riesenrutsche

4,50 m hohe Gitterleitern üben auf kleine Kinder eine große Faszination aus. Vielen Erwachsenen machen sie Angst, weil sie so hoch sind und große Zwischenräume zwischen den Sprossen haben. Sie erwecken offenbar den Eindruck, kleine Kinder könnten da durchfallen. Ein solcher Fall ist allerdings aus unserer Arbeit nicht überliefert.

Mit nach vorn schräg ausgefahrenen Gitterleitern kommen auch schon kleine Kinder zurecht, die wenig größer sind als die Zwischenräume der Sprossen (50 cm): Sie steigen auf die untere Sprosse, die durch einen davorgelegten Weichboden nur noch 30 cm über dem Boden ist, greifen erst mit einer, dann mit beiden Händen die nächsthöhere und lassen sich nach kurzem Schwingen hinten auf eine andere Weichbodenmatte plumpsen. Größere Kinder wollen natürlich höher hinaus. Vier- und Fünfjährige genießen es, häufig zu zweit nebeneinander, sich mit geschlossenen Augen auf die Matte fallen zu lassen. Dabei klettern sie immer eine Sprosse höher. Wenn sie oben merken, daß sie sich zum Herunterfallen mit geschlossenen Augen zu hoch hinaus gewagt haben, wird der Sprung entweder mit offenen Augen gewagt oder es erfolgt — zur Not mit Hilfe eines Erwachsenen — der geordnete Rückzug. Die sechste Stufe hat sich in altersgemischten Gruppen von 3- bis 6jährigen als eine Art „Schallgrenze" erwiesen. Wer nur gerne klettern möchte, kann das an der vorderen schrägen Wand tun. Der Ausblick von weit oben ist schon ein großes Erlebnis, und zu zweit kann man sich gegenseitig fragen: „Was siehst Du?" „Ich sehe, daß sich Marita gerade in der Nase bohrt." Die Kommunikation zwischen „oben" und „unten" kann durch die extra laut geführte Unterhaltung bald im Gange sein. Es entwickelt sich ein reger Wechsel, weil jetzt viele Kinder interessante Entdeckungen von oben machen wollen. Bald ist ein richtiges Spielchen entstanden, und es waren Kinder auf der Gitterleiter, die eigentlich noch Bedenken hatten, manchmal auch Erwachsene, die dort eigentlich nie hinaufwollten.

An geradegestellten Gitterleitern — sie haben dann eine Vorrichtung, mit der sie im Boden verankert werden — kann eine Schwungtuch-Rutsche befestigt werden. Dazu wird an der vorletzten oberen Sprosse eine Ecke des Schwungtuchs (6x6 m) doppelt verknotet. Der Knoten darf sich nicht aufziehen, wenn man sich dranhängt. Vor die Gitterleiter werden zwei Weichböden gelegt. Erwachsene und Kinder greifen die Ränder des Tuchs von da an, wo es zu greifen ist und breiten es aus. Für den Einstieg aus der Sprossenwand in das Tuch sollte das Tuch schlaff hängen. Sobald der Rutschkandidat im Tuch liegt und sich nur noch mit beiden Händen links und rechts vom Knoten an der Sprosse hält, wird das Tuch in seiner ganzen Breite und Länge strammgezogen. Es entsteht von oben aus eine große schräge Fläche, die man herunterrutschen kann. Dabei ist das Risiko

Abb. 24: Der Junge hat sich in den Kopf gesetzt, die Gitterleiter so zu besteigen, wie sie ist. Er erhält von seiner Betreuerin sachdienliche Auskünfte, warum das nicht geht. Unbekannte Zusammenhänge bieten Anlässe, (wieder) miteinander ins Gespräch zu kommen.

Abb. 25: Marija hat Bedenken, ob sie noch auf der weichen Matte landet, wenn sie sich von der 6. Sprosse losläßt. Eine positive Auskunft der Pädagogin reicht ihr aber, um den Sprung zu wagen. Wenn sie das nächste Mal noch eine Sprosse höher will, wird der Weichboden etwas zur Wand hin verschoben.

eines unsanften Falls sehr gering, wenn vor allem die Ecke des Tuchs, die der verknoteten Ecke gegenüberliegt, mit einem Erwachsenen besetzt ist, der sie wirklich so stramm wie möglich zieht, und zwar in Richtung Boden, also möglichst in der Hocke. Links und rechts sollten vor allem auch die Ecken gut besetzt sein. Zuletzt ist der Hinweis an das rutschende Kind angebracht, möglichst gerade zu rutschen.

Wir haben diese äußerst beliebte Riesenrutsche zuerst auf integrativen Spielfesten ausprobiert, bei denen selbst schwer behinderte Kinder auf die Gitterleiter gebracht und in das Tuch gelegt wurden. Als nächstes rutschten Mütter mit ihren Babies. Allerdings wurde das Tuch stets von mindestens drei Erwachsenen und mehreren größeren Kindern gehalten.

Um den kleinen Kindern diesen Genuß zu ermöglichen, wenn sie in einer psychomotorischen Spielgruppe sind und möglicherweise nur 2 Erwachsene zum Halten verfügbar haben, müssen einige Voraussetzungen bereits geschaffen sein: Die kleinen Halter müssen sich klar darüber sein, daß sie wirklich am Tuch gebraucht werden, solange noch ein Kind rutscht. Sie dürfen nicht vor Ungeduld und Begeisterung, weil sie als nächste dran sind, einfach loslassen. Wenn das passiert, fällt das Kind zwar „nur" auf die Weichbodenmatte, der erwartete Genuß stellt sich allerdings nicht ein, und das Vertrauen in die Gruppe wird durch ein solches Erlebnis natürlich auch nicht gestärkt.

Die Gitterleiter darf den Kindern nicht neu sein. Klettererfahrungen sollten ausreichend gemacht worden sein und die Gruppenleiter sollten um Schwierigkeiten bei einzelnen Kindern wissen, damit sie ihnen gezielt auf das Tuch helfen können, wenn sie danach verlangen. Kletterhilfen sind durch Kastentreppen an der Rückwänd der Gitterleiter und durch direkte Begleitung des Kindes bis oben möglich. Das Abenteuer der Riesenrutsche kann die Kommunikation in der Kindergruppe erheblich verbessern. Aufeinander angewiesen sein, sich gegenseitig zu einem Hochgenuß zu verhelfen, sich zusehen und sich über jeden zu freuen, der mit strahlenden Augen und „Nochmal!" unten landet, wirkt lange nach und verlangt nach Wiederholung.

Für die Riesenrutsche eignen sich nur reißfeste Schwungtücher, keine einfachen Bettlaken aus Baumwolle o.ä. Die Schwungtücher aus Fallschirmmaterial haben die unangenehme Eigenschaft, bei Reibung heiß zu werden. Rutschende Kinder sollten nicht mit nackten Körperteilen auf die Reise geschickt werden.

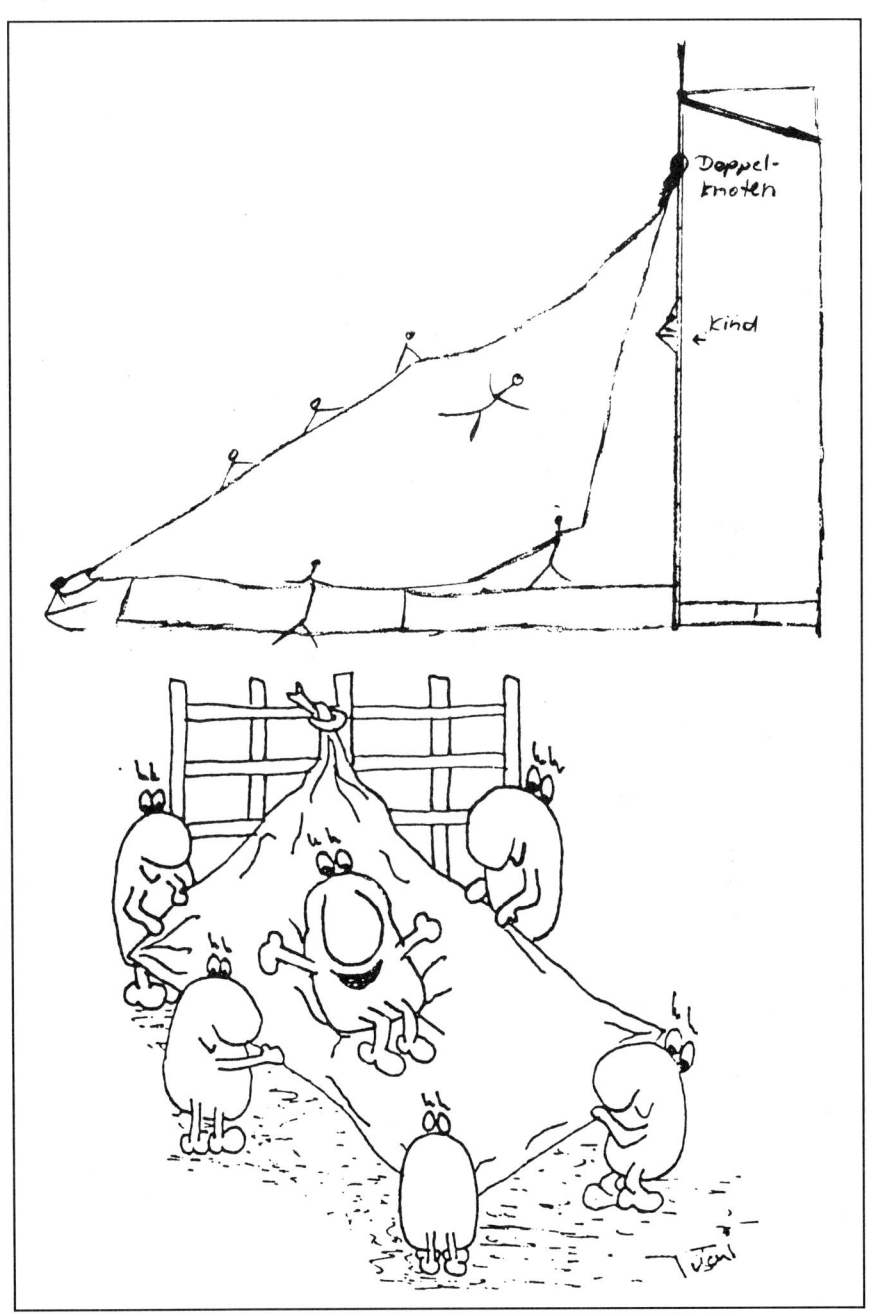

Abb. 26: Schwungtuch-Rutsche

Bodenschaukeln

Das ernst zu nehmende Bedürfnis kleiner Kinder zu schaukeln kann im „Spielplatz" im Raum" in vielfältiger Weise befriedigt werden. Vor allem dort, wo Taue aus unerfindlichen Gründen so angebracht sind, daß sie nur höchst einseitig als „Klettertaue" zu gebrauchen sind (in einer Ecke oder zu kurz) oder — wie bei Abb. 24, 25 zu sehen, zwischen 2 Gitterleitern, so daß Taue und Gitterleitern nur alternativ genutzt werden können — gibt es die Möglichkeit, Bodenschaukeln zu bauen.

Pro Schaukel braucht man eine ganz normale Turnmatte und zwei bis drei stabile, nicht zu kleine Holzreifen. Die Matte wird an den Enden leicht zusammengedrückt und der Reifen darübergezogen. Wenn alle Kinder auf einmal in Schaukeln wollen und nicht genug Reifen da sind, tut es zur Not auch kurzfristig mal ein einzelner Reifen, aber der ist dann auch arg strapaziert und hält höchstens ein Kind aus.

In und um Bodenschaukeln herum entwickelt sich schon bald reges Leben: Da werden zwei Schaukeln nebeneinander gestellt, und die Kinder schaukeln rhythmisch gegeneinander. In den Schaukeln werden Beziehungen geknüpft und Abstimmungen erforderlich, wenn ihre Möglichkeiten ausgekostet werden sollen.

Häufig wird über eine „Kolonie" von Bodenschaukeln ein Schwungtuch gelegt. Sie bildet dann einen „Spielplatz im Raum" für sich, erlaubt intime Nähe — und Distanz „von denen da draußen" — zur gleichen Zeit.

Lange „Wackelschläuche" haben sich Kinder aus Bodenschaukeln gemacht, die sie einfach hintereinander stellten und mit Wolldecken, Bettlaken und Schwungtüchern abdeckten.

Die gut handhabbaren Bodenschaukeln fordern die Kinder früher als andere, große Geräte dazu auf, sie zu verändern, sie an einen anderen Ort zu bringen usw. Sie sind manchmal geradezu der Auslöser für „Umbauten" des gesamten Spielplatzes. Das passiert jedoch i.d.R. nur, wenn sich die Gruppe ohnehin gerade an der Nahtstelle zwischen der 1. und 2. Phase befindet.

Ansonsten haben die Bodenschaukeln mehr die Bedeutung kleiner Refugien, zum Ausruhen, zum Beobachten, zum Genießen. Und das alles im Schaukelrhythmus.

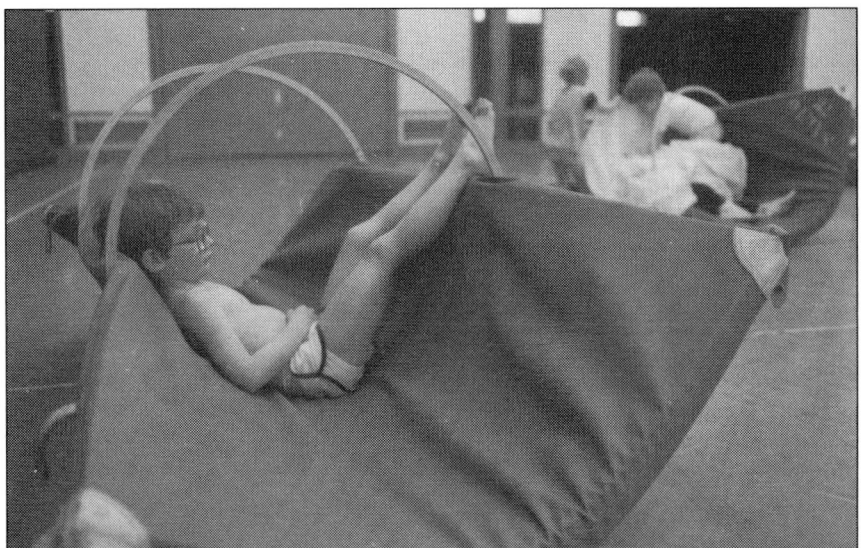

Abb. 27: Olli hat die Bodenschaukel als erster zum „Wuthaus" umfunktioniert. Er ist so richtig „sauer" auf den Rest der Welt. Die sollen ihn bloß alle zufrieden lassen, sonst . . .

Abb. 28: Fassungslos steht Marc vor Ollis „Wuthaus". Er hatte es doch nur gut gemeint, als er ihm Anschwung gab, und da ist Olli aus der Schaukel gesprungen, hat sich ein Tuch geschnappt und ist darunter in seiner Schaukel verschwunden. Das soll nun einer wie Marc verstehen.

Absprungtrampolin

Es dauert meist nicht lange, bis das kleine Trampolin, das in den meisten Turnhallen steht, das Interesse der Kinder weckt. Viele Erwachsene wissen, wie genußvoll und vom Fliegen kaum zu unterscheiden Sprünge auf dem Trampolin sein können. Dennoch wird vielen Kindergruppen selbst das kleine Absprungtrampolin vorenthalten, weil es im Ruf steht, „gefährlich" zu sein. Für eine seit vielen Jahren erprobte, sichere Möglichkeit, eigene Ängste zu überwinden, anstatt sie auf die Kinder zu übertragen, braucht man folgendes:

Eine Turnbank als Anlauffläche; man kann auch zwei nebeneinanderstellen. Hiermit kann man den Ansturm „organisieren", der sich am Trampolin meist innerhalb kurzer Zeit gebildet. Als Zwischenstück eignet sich ein kleiner Kasten, der das Ganze auf die gleiche Höhe bringt, die das Tramp üblicherweise hat (Trampoline sind verstellbar, man sollte sich da schlau machen). Hinter das möglichst nur leicht angeschrägte Trampolin werden zwei kleine Kästen gestellt und ein Weichboden darübergehievt. Eine weitere Turnmatte hinter dem Weichboden verhindert das langsame Herunterrutschen, Turnmatten rechts und links des Tramps sind empfehlenswert bei unsicheren, ganz kleinen Kindern bzw. ihrer BetreuerInnen. (Abb. 31)

Schwungtücher und Wolldecken, Tücher und Teppichfliesen

Bestimmtes Kleinmaterial wird in Eingangssituationen sehr sparsam eingesetzt. Es bringt nach unserer Erfahrung unnötige Störungen und Unruhe mit sich, wenn in einer unbekannten Situation, die schon eine erhebliche Konzentration erfordert, auch noch Bälle und Reifen herumfliegen, außer Kontrolle geratende Rollbretter Kindern in die Hacken fahren oder ein wild herumfuchtelndes Seil ein Kind am Kopf trifft und gerade entstehendes Vertrauen durch erhebliche Unlust-, nämlich Schmerzgefühle zerstört.

Zu den ersten, von uns eingesetzten Materialien gehören Schwungtücher, Wolldecken, Tücher und Teppichfliesen. Sie dienen der Herstellung oder Ausstattung von Ruheräumen, sprich Höhlen.

Baumwolltücher binden sich Kinder gern um den Hals. Sie können dann vom Kasten oder von der Sprosenwand „fliegen".

In Schwungtüchern läßt sich trefflich „Pause" machen. Kinder legen sich gern hinein und lassen sich ziehen. Ein Schwungtuch ist so das erste Gefährt im „Spielplatz im Raum". Es kann aber auch „Wellen" darstellen: über die Weichbodenmatte unter dem kleinen Kasten der Brücken-Stege-Kombination oder des Sprungbretts gelegt und von zwei bis drei anderen Kindern leicht geschlagen, wird ein Sprung vom Kasten noch wesentlich attraktiver.

Abb. 29: Gemeinsame Entspannung im großen Tuch

In vielen Turnhallen gibt es viele lange und kürzere Feldbegrenzungs-Ständer, die zwar nicht für das „Kinderturnen" gedacht sind, für die psychomotorische Entwicklungsförderung aber eine wesentliche Bereicherung darstellen. Man kann mit ihnen nämlich phantasievolle Schwungtuch-Dach- und Höhlenkonstruktionen bauen. Auf der Abb. 68 ist eine solche Konstruktion zu sehen. Die Kinder haben einen langen Ständer aus dem Geräteraum geholt, der sonst für das Einhängen von Zauberschnüren und dergl. gedacht sein mag. Darüber haben sie ihr Schwungtuch geworfen. Jetzt fehlten ihnen zum Befestigen der Ecken gerade noch die kleinen Ständer, die ein aufmerksames Kind auch schon im Geräteraum entdeckt hatte. Die Ecken des Schwungtuchs wurden mühevoll an die kleinen Ständer geknotet. Da fielen sie um. Der Vorschlag einer Erzieherin, es mit Turnmatten zu versuchen, wurde dankbar angenommen. Mit den 4 Turnmatten auf den Füßen der kleinen Ständer war die Konstruktion nun endlich stabil.

Ebenso eignen sich als Kleinmaterial zur Ergänzung der Großgeräte

Luftballons

Schon das Aufblasen der Luftballons bietet regen Anlaßt zur Kommunikation zwischen den Kindern. Erwachsene sollten daher nicht von vornherein aufgeblasene Luftballons verteilen. Hilfreich sind die Ventile, die mit den Rundballons mitgeliefert werden, auch für andere Luftballons. Die Luft geht nur rein, und kommt nicht wieder raus, wenn die kleinen Finger der Kinder das Loch nicht richtig zuhalten können. Wenn Kinder es nicht schaffen, ihren Luftballon aufzublasen, wird natürlich geholfen. Vorsicht! Einen Luftballon haben wollen, ist ansteckend. Wenn schon Luftballons, dann muß für alle einer da sein.

Abb. 30
„Wir machen Musik, da fliegt Euch der
Hut weg!"

Abb. 30a
„Puhften, Johfi!"

3.2. Förderschwerpunkt:
Symbolbildung und Begegnungsvielfalt

Grundlage und Bestandteil des Förderschwerpunktes Begegnungsvielfalt und Symbolbildung bilden die Erfahrungen aus den pädagogischen Situationen des Spielplatzes im Raum (Förderschwerpunkt: Befriedigung und Vertrauen). Kinder und Erwachsene haben (wieder) Lust, etwas mehr noch als vorher zusammen zu tun.

Die Gruppenmitglieder sollen die Möglichkeit erhalten, sich zwanglos in Kleingruppen zusammenzutun, eine gemeinsame Spielidee zu entwickeln, sie auszuführen, abzuändern, auszukosten und sich wieder aufzulösen, um evtl. neue kleine Gruppen zu bilden.

Das Lernen voneinander durch gemeinsames Handeln, das wiederum an einem gemeinsamen Gegenstand, bzw. aus Interesse an einer Sache entsteht, ist der Mittelpunkt pädagogischer Bemühungen unter diesem Förderschwerpunkt.

Die Kinder selbst bestimmen durch ihre deutlich gezeigten bzw. vorgetragenen Wünsche nach gewissen materiellen Veränderungen den Zeitpunkt, zu dem die Grundlage für Begegnungsvielfalt und Symbolbildung gelegt sind. Die ersten Versuche einzelner Kinder, einander davon zu überzeugen, daß die Gitterleiter viel besser zu benutzen sein, wenn sie schräge und nicht gerade steht, daß man besser zusammen springen könne, wenn der hohe Kasten quer und nicht längsseits zur Weichbodenmatte stehe usw. zeigen dem Pädagogen an, daß die Kinder soweit sind,

— Interesse an gemeinsamen Aktionen mit anderen zu entwickeln,
— die Bedürfnisse anderer stärker als bisher in das eigene Handeln einzubeziehen,
— eigene motorische Kompetenzen im Hinblick auf die Teilhabe an der Tätigkeit mit anderen zu erwerben,
— die materiell-gegenständliche Struktur verantwortungsbewußt zu verändern und zu lockern (Öffnung), und an ihre Stelle verbesserte, sichere sozial-kommunikative Beziehungen zu setzen (Bindung).

Auch in dieser Phase werden Sinn und Bedeutung bekannter Dinge durch gegenständliche Kooperation, d.h. Konstruktion, Manipulation und Experimente vielfältig eingeübt. Die Beziehungen im Raum, seine „euklidische Geometrie" bietet sich als Mittler für den sinnvollen kommunikativen Gebrauch an.

Man kann
— Geräte hin- und herschieben,
— Kästen, Bänke, Barren, Reckstangen auf- und abbauen,
— Abstände verändern,

— den Raum und seine Weite anders erleben, wenn man ihn auf dem Schwungtuch rutschend, auf Teppichfliesen oder auf Rollbrettern durchquert.

Die selbst hervorgebrachten Veränderungen sind für die Kinder so faszinierend, daß sie konzentriert immer länger bei einer Sache und einer Gruppe bleiben. Für ihren sprachlichen Austausch ist es wichtig, daß die Gegenstände, mit denen sie umgehen, nun auch mit einem allgemein verbindlichen Begriff versehen werden können (Symbolbildung). Zuviele „Dingsdas" erschweren auf Dauer die Kommunikation. Insgesamt gilt es jedoch, die soziale Bedeutung von Merkmalen bestimmter Geräte und Materialien mit ihren Funktionen sowie die soziale Bedeutung und die Folgen des eigenen Handelns mit diesen Gegenständen, bezogen auf die Kindergruppe, herauszuarbeiten.

Beispiel: Eine Bank, die auf Rollbrettern rollt, ist kein sicherer Ort, wenn der Fahrer zu forsch die „Kurve kratzt". Sie kann umkippen und im schlimmeren Fall ein Kind verletzen, immerhin aber das gemeinsame Spiel unterbrechen.

Beispiel: Ein Mattenberg, der keine Aufgangsmöglichkeiten für kleinere oder bewegungsschwächere Kinder bietet, isoliert diese von der Teilhabe an einem wichtigen Bereich des Gruppenlebens. Es ist notwendig, auch Hinweise von Kindern ernstzunehmen die einen solchen Notstand oft klar erkennen und ausdrücken: „Hanno kommt hier nicht rauf, wir brauchen 'ne Kiste."

Bezogen auf die Entwicklung der kindlichen Handlungsfähigkeit ist „unsere" 2. Phase eine Zwischenphase zwischen sensomotorischen Übungsspielen bzw. Funktions- und Betätigungsspielen einerseits und Symbolspielen bzw. Rollenspielen andererseits. Beide genannten Formen von Spieltätigkeit kommen hier jedoch auch vor. Das Besondere an dieser Phase scheint uns zu sein, daß die Kinder hier verstärkt unterschiedliche Inhalte ihres Spiels miteinander abstimmen, diese Inhalte aber durch ganz konkrete, konstruktive Handlungen vermittelt werden. Sprache hat immer noch nur eine Hilfsfunktion, wenn jemand nicht versteht, was eigentlich gespielt wird („Ich bin wohl ein Bär und will dich fressen".). Das bedeutet keineswegs, daß den Kindern Sprache als Symbolsystem nicht grundsätzlich zur Verfügung stünde. Die Kinder kommunizieren jedoch (noch) sehr stark non-verbal über Bewegungshandlungen und überbrücken damit viele Verständigungsschwierigkeiten mit entwicklungsgestörten Kindern oder Kindern fremdländischer Herkunft.

Verändert wird die Spielsituation nicht nur durch die häufig wechselnden Arrangements, durch die enorme Konstruktionstätigkeit der Kinder, sondern auch durch die vielen Eindrücke und Erfahrungen, die von außen in die Spielgruppe getragen werden. Bedeutsame Szenen werden simuliert und übertragen. Damit wird die Situation vielfältig gestaltet, und die Kinder erleben gleichzeitig, daß Dinge, die sie geschaffen haben, auch von ihnen selbst wieder verändert werden können, daß sich, in Kooperation mit anderen, alles bewegen läßt und man gemeinsam auch schweres Gerät ins Rollen bringen kann. Es ist also die eigene Wirksamkeit und Bedeutung für andere, die immer wieder nachhaltig erlebbar gemacht wird.

Jetzt, da in der 2. Phase die Anregungen zur Selbsttätigkeit der Kinder Früchte zu tragen beginnt, kann es passieren, daß mancher Pädagoge die Bedeutung der 1. Phase erst richtig begreift: aus den Eingangssituationen weiß er inzwischen weitgehend, was die Kinder alles können, daß sie sich den Raum, das Gerät und Material in Ruhe aneignen konnten, daß sie gewisse „Regeln" im Umgang miteinander mitvollzogen, sie als notwendig und sinnvoll anerkannt haben und sie grundsätzlich auch anwenden. So kann er dem entstehenden Treiben mit Vertrauen und Gelassenheit entgegensehen.

Dem Pädagogen muß jetzt bewußt sein, daß seine Bedeutung sich nicht ausschließlich auf die Bereitstellung von ausreichenden Möglichkeiten für expansive Bewegungshandlungen beschränkt, sondern daß er auch Einfluß auf die Inhalte der Handlungen der Kinder nimmt. Das war zwar auch vorher schon der Fall, jedoch waren diese Inhalte relativ stark an die gegenständliche Struktur gebunden und von daher eingrenzbar. Die Veränderung der materiellen Bedingungen durch die vielfältigen Gestaltungsideen der Kinder lassen den Einfluß des erwachsenen Ansprechpartners wachsen:

— er wird Entscheidungen für Umbauten mittreffen, absichern oder ablehnen müssen,
— er wird bei größeren „Baustellen-Projekten" die Materialverteilung zu organisieren haben, Gruppenbildungsprozesse unterstützen oder behindern können,
— er wird für Gruppenmitglieder, die neu hinzukommen oder noch die Sicherheit „verläßlicher" Objekte brauchen, Refugien durch eine durchdachte Raumaufteilung schaffen müssen,
— er wird alle Spiel-Inhalte, die von Kindern eingebracht werden, zwar zunächst zulassen, sie aber insbesondere zu überprüfen haben, ob sie den Kriterien einer integrativen, nichtaussondernden Bewegungspädagogik genügen, um sie — sobald die Situation und die Kinder dazu bereit sind — ggf. zu verändern.
— er wird Nöte und Konflikte von Kindern, die sie von außen in die Spielgruppe tragen, bearbeiten und ggf. in Kooperation mit anderen nach geeigneten Interventionsformen suchen.

Für die Spielgruppenarbeit dieser Phase gilt, daß „wirklich menschliche Beziehungen (können) auch nur dort entstehen, wo Gegenständlichkeit und Zwischenmenschlichkeit des kindlichen Handelns eine Einheit bilden, die sich in ihrer Gesamtheit im Laufe der Persönlichkeitsentwicklung immer mehr differenzieren kann" (JETTER 1985, S. 55).

Bericht

Wir sind zu Besuch in einer der psychomotorischen Spielgruppen des Vereins PESIR* Hamburg. 12 Kinder im Alter von 5—8 Jahren, ein Übungsleiter und eine Beratungslehrerin gehören zu der Gruppe, die ausdrücklich entstanden ist, um mögliche, vorhersehbare Benachteiligungen bei bestimmten Kindern zu verhindern. Im Laufe der langfristig angelegten Gruppenarbeit sind jedoch inzwischen neben diesen Kindern, die überwiegend im Vorschulalter sind, auch andere Kinder in die Gruppe gekommen: kleine Grundschulkinder, deren schulische Laufbahn bereits deutlich in die Richtung „Sonderbeschulung" zeigt und Kinder, die seit frühester Kindheit immer irgendeine Therapie genossen haben, die jetzt sie selbst, ihre Eltern und nicht zuletzt die Therapeuten „müde" aneinander hat werden lassen. Gleichzeitig hat die „Besonderung" der Kinder innerhalb der Familien zu erheblichen Mehrbelastungen geführt und die Kinder ihren Spielkameraden in der Nachbarschaft weitgehend entfremdet. Der Besuch weit entfernter Sonder-Einrichtungen seit dem Alter von ca. drei Jahren haben ein übriges getan.

Zahlreiche Versuche, diese Kinder durch den Beitritt in einen der ortsansässigen Turn- und Sportvereine zumindest teilweise wieder in ihren Wohnbezirk einzugliedern, scheiterten an der sportpädagogischen Ausrichtung dieser Vereine, aber auch an den dort üblichen Gruppengrößen im „allgemeinen Kinderturnen" (25—40 Kinder pro Gruppe).

Im Umkleideraum herrscht bereits rege Konversation. Pläne, Wünsche, Vorstellungen zur kommenden Stunde werden lautstark ausgetauscht. Einige begleitende Mütter halten sich die Ohren zu. Frau N. beteuert, sie könne sich überhaupt nicht vorstellen, wie die beiden Betreuer mit diesem „Sack Flöhe" fertig werden. Mütter bleiben bei dieser Gruppe draußen. Sie werden aber zu bestimmten Anlässen (Geburtstage, letzte Male vor den Ferien o.ä.) eingeladen, wenn alle Kinder zustimmen. Dann machen sie mit und sitzen nicht etwa auf den Bänken, um ausschließlich zuzusehen. Sie werden über den Verlauf der Arbeit auch regelmäßig informiert. Der Übungsleiter macht häufig Filmaufnahmen und zeigt diese anläßlich von Elternabenden. Einige Kinder kommen (schon) allein, sei es, weil sie nahe genug wohnen, weil sie allein kommen wollen oder weil sie schlicht niemanden haben, der sie begleitet.

---

* Psychomotorische Erziehung, soziale Integration und Rehabilitation e.V.

Alle 4—6 Wochen kann die Gruppe eine Hospitation durch die Leitung der Abteilung „Spielgruppen" bekommen. Sie ist Praxisberatung und Fortbildung für die Gruppenleiterinnen zugleich. Diese Gruppe wird von der Berichterstatterin betreut.

Als ich in die Halle komme, ist der Gruppenleiter mit einem Teil der Kinder bereits drinnen. Sie reden heftig auf ihn ein. „Ich bin sicher, das könnt ihr schon selber", höre ich ihn sagen, und dann spritzen acht Kinder auseinander in Richtung Geräteraum. Sie wollen ein Trampolin aufbauen, „genau wie letztes Mal, nur anders". Schon kommen drei Jungen mit dem Absprungtrampolin angeschleppt. Der Gruppenleiter greift sich zwei der mitgebrachten Rollbretter, und im Nu steht eine lange Bank darauf und wird geschoben. „Hier rein!", ruft René, hüpft auf beiden Beinen und mit ausgestrecktem Zeigefinger in Richtung Sprossenwand. „Aha, das ist diesmal anders", murmelt der Gruppenleiter und will die Bank in eine der Sprossen hängen. „Höher!", rufen die Kinder. 2 m Höhe scheinen angemessen. Eine zweite Bank wird herangerollt, davor das Trampolin. „Noch nicht!" brüllt Jonas, der Malit schon auf der schrägen Bank herumturnen sieht. Es liegt noch keine Matte darunter, und das erklärt er dem Mädchen jetzt ausführlich und unter Einbeziehung von Armen und Beinen. Malit läßt sich langsam von der Bank gleiten. Ihre Augen gleiten suchend durch die Halle. Kein Mattenwagen in Sicht. „Helfst du mich?" Wir gehen zusammen in den Geräteraum. Da liegen noch eine Menge Matten auf dem Wagen, obwohl auch die Beratungslehrerin mit vier Kindern inzwischen nicht tatenlos war: Zwei Bodenschaukeln dümpeln gemütlich vor sich hin, und die Gitterleiter steht senkrecht ausgezogen da. Die Beratungslehrerin wendet sich an mich. „Ingo hat irgendeine Idee, und ich weiß nichts damit anzufangen." Ingo erklärt mir hoffnungsvoll sein Anliegen. Neulich, auf dem Spielfest des Vereins, da war so ein großer Berg . . . Ich gebe Ingo die Stichworte „Weichboden und zwei Bänke", dann muß ich mit Malit weiter. Der geplante Aufbau um das Tramp herum scheint geglückt. Nachdem die Matten unter der Sprossenwand liegen, sind seine „Planer und Erbauer" schon am Springen.

Der Gruppenleiter hebt gerade leichthändig eine Bank in die Gitterleiter. Die zweite Bank kommt auch schon. Die Kinder schaffen sie aber nur auf die zweite Stufe der Gitterleiter. Das ist ihnen nicht hoch genug. „Ich hab schon eine hochgehüstert", wehrt der Gruppenleiter ihre auffordernden Blicke ab. „Aber Frauen sind genauso schwach wie wir Kinder", jammert Per, der wohl ahnt, daß er nun seine Beratungslehrerin um Hilfe bitten muß. Plötzlich hängt die Bank. Die Beratungslehrerin hat sie — zwar weniger leichthändig, dafür aber mit Wut — hochgehievt. Jetzt strahlt sie. Ein Junge fällt ihr um den Hals und knutscht sie vor Begeisterung regelrecht ab. Dann laufen alle los und holen einen Weichboden von der Wand. Mattenknall.

Abb. 31: Es ist etwas schwierig, „sachdienlichen Hinweisen" seiner Erzieherin zu folgen, wenn man die Welt schon auf den Kopf gestellt sieht. Am liebsten würde Tina den Sprung neu ansetzen, mit Anlauf, aber hinter ihr steht schon Birke, und John sitzt bereits neben dem Trampolin, um sich gleich helfen zu lassen, wenn beide gesprungen sind. Der goldene Mittelweg: zwei neue Hüpfer auf dem Tramp, Kopf zwischen die Schultern und dann die schräge Matte wie von selbst hinunterrollen.

Abb. 32: Wer anderen in luftiger Höhe begegnet, merkt schnell, daß er gut und sicher wieder hinunterkommt, wenn er sich mit ihnen abstimmt. „Warte!", „Mach Du!", „Jetzt ich!", „Paß auf!", begleiten die Aktivitäten am Mattenberg. Es sind verbindliche Handlungsanweisungen, die sich die Kinder gegenseitig geben, um dieses Abenteuer voll auszukosten. Erwachsene werden als „flankierende Maßnahmen" gern akzeptiert, auch als Mutmacher, wenn sie selbst mal die Matte hinunterkullern.

Der Weichboden wird unter den sachkundigen, aber unaufdringlichen Blicken des Gruppenleiters von zwei Kindern mit Springseilen an der Gitterleiter festgeknotet. Die Mattenabsicherung nimmt der Gruppenleiter vor. Der Junge, dessen Vorschlag dieser Aufbau war, sitzt schon oben, allerdings allein. Es scheint sich niemand anders so recht da hinaufzutrauen. Laut und vernehmlich wirbt er um Mitbenutzer, zur Unterstützung macht er zwei Purzelbäume von oben herab. „Man kann auch noch was anderes machen!" ruft er seinen Zuschauern im Vorbeilaufen zu, klettert an der Gitterleiter wieder hoch, läßt sich durch die Sprossen gleiten und rollt längsseits, Arme über den Kopf, herunter. Diese „Vorstellung" hat andere überzeugt. Ein Kind nach dem anderen bezwingt jetzt den Mattenberg auf immer neue Weise: manchen Kindern macht es Spaß, zu zweit zu purzeln, nebeneinander in der Hocke herunterzuhüpfen oder von einer höher gelegenen Sprosse auf den schrägen Weichboden zu springen. Dabei fassen sie sich z.T. an den Händen, um gemeinsam den „Flug" auf die Matte zu wagen. Sieben Kinder bilden an diesem Gerät über eine längere Zeit eine eng aufeinander bezogene Kleingruppe, die sich gegenseitig immer wieder neue Anregungen vermittelt.

Eine andere Gruppe von sechs Kindern steht derweil nachdenklich vor ihren Rollbrett-Autos (kleine Kästen auf „Flizzis"). Gerade hat die Beratungslehrerin sie dazu „verdonnert", jetzt mal nachzudenken, wie die vermehrten Zusammenstöße vermieden werden können, sonst droht ein „Führerschein-Entzug". Zwar ist das eine Drittel der Halle ausschließlich den Rollgeräten vorbehalten, aber die Anforderung, Verkehrsregeln auf einer freien Fläche einzuhalten und gleichzeitig die rollenden Geräte zu steuern, ist für manchen einfach noch zu hoch. Jetzt kommt ein Junge mit rotweißen Verkehrshütchen aus dem Geräteraum. „Hier ist die Mitte, und alle fahren rum!", erklärt er mit Bestimmtheit, nachdem er 4 Hütchen hintereinander dort plaziert hat, wo für ihn die Mitte der Fläche ist. Die Fahrzeuge setzen sich tatsächlich in Bewegung, allerdings in zwei verschiedene Richtungen. Bevor jemand etwas merkt, hat es schon wieder gekracht.

„Sagt mal, der Verkehrskaspar war doch neulich bei Euch, hat der euch nicht erzählt, auf welcher Straßenseite die Autos fahren?" „Ja, links!" „Wieso links?" „Weil wir zuerst nach links gucken müssen, wenn wir über die Straße wollen." „Nein, rechts!", kommt das Gegenangebot. „Und wo ist rechts?" „Da!", der Junge zeigt nach links. Die Beratungslehrerin stellt sich jetzt als Verkehrspolizistin zur Verfügung, die die Fahrzeuge immer schön in einer Richtung, rechts herum, an den Verkehrshütchen vorbeileitet. Bald übernehmen die Kinder diese Aufgabe selbst und wechseln sich dabei regelmäßig ab. „Immer schön rechts fahren", ist ein oft gehörter Zuruf, und jetzt stimmt auch die Richtung, in die der Arm der „Verkehrspolizisten" weist.

Am Trampolin sammeln sich die Jüngsten der Gruppe. Sie trauen sich wegen der starken Frequentierung weder auf die schiefe Ebene noch in das Verkehrsgetümmel. Die schiefe Bank zur Sprossenwand wird von ihnen gar nicht angenommen. Ihr Erfinder ist längst verschwunden. Die Wartezeiten am Tramp sind lang, weil einige viele kleine Hüpfer machen, bevor sie sich mit variationsreichen Abgängen auf den Weichboden fallen lassen. „Wollen wir uns noch was anderes bauen?", fragt der Gruppenleiter, der den Stau am Tramp bemerkt hat. „Ein Auto", sagt Cristie, 5 Jahre, mit sehnsüchtigem Blick zur „Autobahn", die sie aber aus gutem Grunde meidet. Der Gruppenleiter handelt schnell. Er verkürzt den Trampaufbau um die ohnehin nicht genutzte Bank, indem er sie aus der Sprossenwand nimmt. Dann will er den ganzen Aufbau nach hinten verschieben, um vorn Platz zu gewinnen. Vorher erklärt er den Kindern aber, was er sich denkt. Sie wollen mithelfen, denn seine Idee finden sie gut. Die Umbau-Aktion lockt jetzt sogar die Kinder vom Mattenberg herbei. Die freie Bank wird auf zwei Rollbretter gestellt. Acht Kinder und zwei Erwachsene finden hier bequem Platz. Sie rollen zusammen vorsichtig an das Ende der Autobahn. Von dort aus bewegt sich die ganze Fuhre durch den freien Bereich der Halle (Abb. 34).

Die Kinder vom Mattenberg kriegen jetzt auch Lust auf Veränderung. Mark erkundigt sich vorsichtshalber, wieviele „Flizzis" noch da sind, und als er hört, daß es noch reicht, schlägt er den anderen vor, den Mattenberg abzubauen, um eine Bank für noch ein „Lastauto" zu gewinnen, aber der „Preis" erscheint den anderen zu hoch. „Vielleicht können wir ja mal tauschen? Ihr könnt auf den Berg und wir fahrn mal Auto?" Ein kleines Mädchen vom Lastauto zeigt durch konkrete Aktion, daß sie auf diesen Vorschlag nur gewartet zu haben scheint. Sie springt von der Bank und erklimmt den Mattenberg von vorn. Die anderen kleineren Kinder folgen ihr, und so haben die ehemaligen „Bergmenschen" in kurzer Zeit das Lastauto, und die Kleinen können endlich in Ruhe den Berg erobern.

Das Ende der Stunde naht, als der Gruppenleiter „Liebe Leute, Schluß für heute!" ruft. Als die Geräte weggeräumt sind, bleibt noch ein bißchen Zeit, und die Beratungslehrerin fragt, ob man noch ein Spiel zusammen spielen soll. „Nein, da verlier ich doch immer nur, ich geh duschen", sagt eines der Schulkinder und macht Anstalten zu gehen . . . Die Beratungslehrerin versichert, es gäbe viele Spiele, bei denen man nur gewinnen könne, ob er vielleicht „Zauberkriegen" kenne . . . Der Junge schüttelt den Kopf, bleibt jetzt aber sitzen und hört sich die Spielerklärung an, denn die anderen wollen alle noch spielen. Der Gruppenleiter grenzt mit Bänken das Spielfeld ein, während die Beratungslehrerin das Spiel erklärt.

Veränderungen des „Spielplatzes im Raum"

Beispiel aus der 2. Phase (s. Bericht zum Förderschwerpunkt Symbolbildung und Begegnungsvielfalt

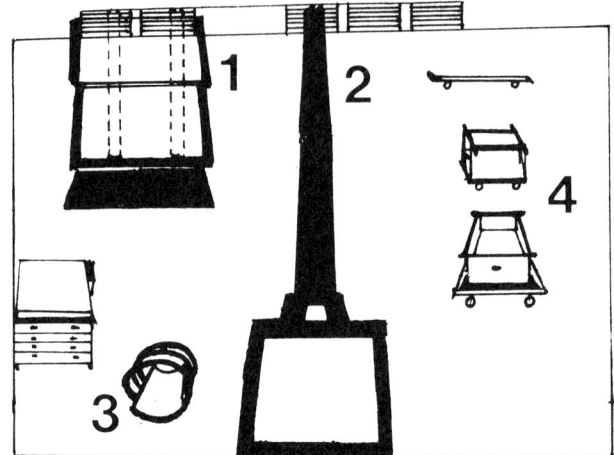

Abb. 33 a: Ausgangssituation: 1. Mattenberg (2 Turnbänke in 2 m Höhe in Gitterleiter, 2 Weichböden quer darauf, mit Sprungseilen befestigen, eine Turnmatte davor). 2. Absprungtrampolin mit Anlaufbänken, eine davon schräg von der Sprossenwand kommend. 3. Bodenschaukel. 4. Flizzis und offene Kästen und Kastenteile

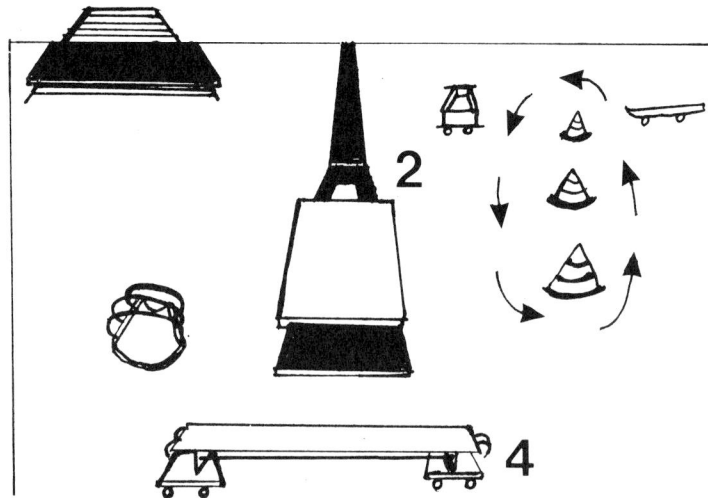

Abb. 33 b: nach Veränderung durch die Kinder und Erwachsenen
1. wie oben. 2. Trampolin-Aufbau ohne Schrägbank. 3. wie oben. 4. Turnbank auf Flizzis (Abb. 33). 5. Autobahn mit Verkehrshütchen und vorgeschriebener Richtung.

82

Zauberkriegen

Es gibt einen Zauberer, der hat einen Hut auf und einen Zauberstab in der Hand (alte, beklebte Haushaltspapier-Rolle). Jedes Kind, das er mit dem Zauberstab berührt, wird in eine Brücke verwandelt, die wieder erlöst werden kann, wenn ein anderes Kind unter ihr durchkriecht.

Der Junge, der gerade gehen wollte, möchte Zauberer sein. Er bekommt den Zauberstab und den Hut auf den Kopf. Dann rennen alle los. Nach 4 Minuten ist das Spiel zu Ende. Lauter „Brücken" hat der Zauberer gezaubert, und auch die Stunde ist endgültig vorbei.

Lernsituation „Spielplatz im Raum"
Entwürfe zu weiterführenden Situationen

Außer den Kinder gerät hier nach und nach einiges mehr in Bewegung:

— Kleine Kästen werden umgedreht und an Seilen gezogen, mit Passagieren geschoben und gezogen. Damit sie besser rutschen, werden Teppichfliesen daruntergelegt.

— Wo Rollbretter sind, bekommen diese jetzt eine große Bedeutung: man kann selber damit fahren, andere ziehen und schieben, Autos, lange Züge und „Lastwagen" (mit Langbänken), damit bauen. Sie sind geeignet, um Baumaterial schnell und bequem an einen gewünschten Ort zu bringen. Zwei Rollbretter unter einem Kastenteil geben ein rollendes Bett her und sechs Rollbretter unter einem Weichboden sind ein rasanter Mattenwagen, den man zu viert oder fünf anschieben kann, um sich dann mit Gebrüll daraufzuwerfen.

— Reifen, Seile und Tücher werden jetzt von den Kindern gern genommen, um sie in Sprossenwände oder Gitterleitern einzuhängen, zu Knoten oder aneinanderzubinden und diese damit sichtbar in Schiffe, gefährliche Steilwände o.ä. zu verwandeln.

— Große Kästen werden in ihre Einzelteile zerlegt. Die Kinder bauen sich damit Boote, Eingänge zu Höhlen, die sie mit allerlei Kleinmaterial ausschmücken, z.B. mit Schaumstoffteilen, Teppichfliesen, Wolldecken, Luftballons, Tüchern, Verkehrshütchen oder auch mit mitgebrachten Stofftieren, Teddys und Puppen.

— Langbänke und Turnmatte, Weichböden oder Schwungtücher werden zu langen Tunneln gebaut, um mit Rollbrettern hindurchzufahren oder auf dem Bauch durchzukriechen.

— Einige Kinder versuchen sich schon an Pedalos und Skatebords oder Trimmbällen (vgl. Abb. 38). Sie helfen sich dabei gegenseitig und nehmen auch Geländehilfen von großen Geräten in Anspruch.

— An Geräten, die auch im „Spielplatz im Raum" der ersten Phase, schon ihren Platz hatten, entwickeln sich jetzt komplexere, gemeinsame Spiele: am hohen Kasten werden „Todessprünge" geübt. Eins oder mehrere

Kinder legen sich vor den Kasten und lassen ein Kind vom Kasten über sich hinwegspringen (s. Abb. 7). Am Trampolin hält ein Kind einen Reifen, durch den anderen Kinder hindurchspringen usw.

Omnibus

Mit einem Omnibus kann man auch fahren, wenn man sich das Steuern eines Fahrzeugs allein noch nicht zutraut.

Stabile Bänke und Rollbretter ermöglichen auch einer größeren Gruppe von Kindern gemeinsame Fahrten quer durch die Turnhalle. Manche Kinder wünschen sich eine solche Fahrt anstelle eines herkömmlichen Abschlußspiels, wenn der Spielplatz abgebaut und die Stunde zu Ende ist.

Bootsfahrt

In einem Boot aus einem Oberteil des Längskastens finden bis zu drei Kindern Platz. Damit das Boot in Gang kommt, kann ein „Delphin" das Boot schieben oder an einem Seil ziehen. Man kann sich aber auch Paddel besorgen und sich damit selbst fortbewegen (Hockeyschläger, Gymnastikstäbe mit Gummipfropfen o.ä.). Die Kinder haben aber auch schon Seile von Wand zu Wand gespannt und nachgemacht, was sie an bestimmten Flußfähren gesehen haben. Dann wurde das Boot per Hand am Seil entlanggezogen.

Riesenschlange

Die lange, aneinandergebundene oder von Kindern zusammengehaltene Schlange aus Rollbrettern und breiten Skateboards hält auch bei größeren, 7jährigen noch nicht allzu lange. Die Steuerungs- und Koordinationsaufgabe ist recht schwierig. Ein paar Meter und eine schöne Kurve sind für das jeweils letzte Kind aber schon eine so interessante Begegnung mit der Fliehkraft, daß die Schlange immer wieder in neuen Formationen zusammengesetzt und in Gang gebracht wird.

Abb. 34: Omnibus

Abb. 34a: Bootsfahrt

Abb. 35: Riesen-schlange

85

Autobahn

Auf einer Autobahn dürfen nur bestimmte, „zugelassene" Fahrzeuge fahren. Für „Fußgänger" ist die Autobahn verboten. Sie ist vom übrigen Spielplatz abgeteilt.

Die Verkehrsdichte auf der „Autobahn" läßt sich kaum bewältigen, wenn jeder tut, was er will. Einigkeit ist hier besonders im Hinblick darauf herzustellen, wer schiebt, und wer gefahren werden soll. Sitzt man erstmal im Fahrzeug, merkt man bald, daß man den „Fahrern" ausgeliefert ist. Wenn die nicht rechtzeitig stoppen, und ständig gegen andere Fahrzeuge knallen, wird es im Auto reichlich ungemütlich. Reichen die kommunikativen Fähigkeiten der Kinder hier nicht aus, muß die erwachsene Bezugsperson helfen, das Prinzip der körperlichen Unversehrtheit durchzusetzen.

Jetzt kann man vermehrt individuelle „Rollenspiele" sehen. Die Kinder begreifen sie aber in erster Linie als Bewegungsspiel, und sie reichern Bewegungsspiele durch gewisse Rollen an. Entsprechendes passiert mit den Geräten.

Zwei Kinder, die gerade noch so taten, als ob sie Tennis spielten (natürlich waren beide Boris Becker), nehmen nach kurzer Zeit ihre kurzen Plastikschläger und die Luftballons und benutzen sie für die Ausschmückung ihres „Segelbootes", indem sie alles mit einem Seil zusammenknoten und kunstvoll an einen Ständer binden, der in einem Kastenteil (unten geschlossen) steht.

Im Sprachspiel werden aus Kästen „Särge, Boote, Autos", aus Weichböden Seen oder Häuser usw. So kann es passieren, daß in einem Kastenteil in der gleichen Stunde ein müdes Kind, eine „Mumie" oder Rüdiger, der kleine Vampir zu finden sind. Oder daß aus einem einfachen Funktionsspiel am Trampolin durch die bloße Hinzunahme eines Reifens eine „Zirkusnummer" mit Löwen, Affen und Clowns wird. Die Rollen bzw. Inhalte dieser Spiele wechseln rasch, während die Form, nämlich die konkrete Bewegungshandlung konstant bleibt. Sie ist nach wie vor expansiv, gegenständlich und kooperativ.

Abb. 36: Autobahn

Abb. 37: Um diese Groß-
raumhöhle zu bauen, ha-
ben die 10jährigen Mäd-
chen viel Zeit und viel Material verbraucht. Dafür ist
es jetzt aber auch richtig
gemütlich, und der andere
Teil der Gruppe — vier
Jungen — soll jetzt zur Be-
sichtigung eingeladen werden. Die Jungen haben
sich in der Zwischenzeit an
einem großen Pushball und
an ihrem Sportlehrer „ab-
gearbeitet" und sind für ein
kleines Päuschen sehr zu
haben.

Abb. 38: Wie kriegen wir
das Ding in Gang? Material
mit hohem Anforderungs-
gehalt an instrumentelle
(motorische) und kommu-
nikative Fähigkeiten der
Kinder führen zu interes-
santen Experimenten. Die
Kinder auf dem Pedalo ge-
ben sich deutliche verbale
und nonverbale körper-
sprachliche Zeichen. Die
interessierten Zuschauer
profitieren mit Augen und
Ohren.

Abb. 39: Wenn der Aufstieg auf den Trimmball erstmal geschafft ist, braucht man „nur" noch einen zuverlässigen Partner, der einen an den Händen packt, wenn man die Gitterleiter losläßt und der Ball mit einem loshüpft (er entwickelt nämlich ersteinmal eine erstaunliche Eigendynamik). Die beiden Kinder üben diesen Übergang intensiv zusammen. Sie wollen beide dasselbe lernen.

Abb. 40: Während im Vordergrund der „kleine Vampir zieht um" gespielt wird, ist die Höhle im Hintergrund noch ein typisches Produkt der 2. Phase: die Konstruktion stand im Mittelpunkt des Interesses der Erbauer, die Art und Weise, wie Material herangeschafft wurde, z.B. mit Hilfe der Langband auf „Flizzis" (hinten rechts). Wie die Höhle in der verbleibenden Zeit genutzt wird, ist noch offen. Vielleicht findet der kleine Vampir hier ein neues Zuhause, vielleicht werden auch die vielfältigen Kletter-, Spring- und Versteckmöglichkeiten entdeckt und genutzt.

Abb. 41: Solche Arrangements setzen einen erfolgreichen Verlauf der Spielgruppenarbeit über einen längeren Zeitraum voraus.
Die Betreuerin liegt mit Kindern vor dem Kasten. Aufgang und Anlauf zum „Todessprung" organisieren die 5- bis 6jährigen stlständig.

3.3. Rollenübernahme und Themenzentrierung

Je weiter Kinder in ihrer Entwicklung fortschreiten und ihre persönlichen Erfahrungen sich erweitern, desto größer wird die Bedeutung anderer Kinder für sie. Eltern und Erwachsene müssen erkennen, daß Gleichaltrige einen ähnlichen Stellenwert für ihre Kinder bekommen wie sie selbst, dieser in bestimmten Situationen sogar dominiert. Häufig geschieht es, daß Mütter oder Väter noch neugierig in der Tür zwischen Umkleideraum und Turnhalle stehen, um das rege Treiben, besonders ihres eigenen Nachwuchses, noch ein wenig zu beobachten. Die Kinder nehmen jedoch oft überhaupt keine Notiz mehr von ihnen oder aber sie komplimentieren die Eltern durch eine demonstrative Verabschiedung hinaus. Hier in der Spielgruppe hat anderes Vorrang, etwas was die Eltern nicht bieten können.

Fehlen in der täglichen Umgebung Spielkameraden, die sich ungefähr auf dem gleichen Entwicklungsniveau befinden, so fehlen damit wichtige Vorbilder, Partner und Kontrahenten. Insbesondere wichtige soziale Erfahrungen zur Kontaktaufnahme, Verständigung, gegenseitiger Ein- und Wertschätzung sowie der Planung, Koordination und Kooperation in gemeinsamen Handlungen würden behindert oder aber nicht kindgemäß entwickelt.

Jedes Kind bringt unterschiedliche materiale und soziale Erfahrungen mit, die es an die anderen weitergibt. Im Vergleich mit den anderen Kindern werden sowohl Informationen über die eigene Person als auch über die der Anderen gesammelt und in das Selbstbild integriert. Persönliche Schwächen, Stärken, Grenzen, Bedürfnisse und Neigungen werden in ihrer Unterschiedlichkeit wahrgenommen, akzeptiert oder als etwas Veränderliches begriffen. Störungen beim Erwerb dieser Erfahrungen führen zwangsläufig zu Problemen für die Kinder. Häufige Fehleinschätzungen von Situationen oder unangemessene Deutungen vom Verhalten anderer Personen führen zu Mißverständnissen, Überforderungen und Beeinträchtigung der sozialen Integration.

Bei dem Umgang miteinander findet ein ständiger Austausch statt, durch den sich das Denken und Verhalten der Kinder permanent verändert, erweitert und differenziert. Im Rahmen eines Spielthemas „Verkehrsunfall" z.B. sind vielleicht Kinder dabei, die selbst in einen Unfall verwickelt oder aber aufmerksame Beobachter am Rande waren. Andere wiederum haben Arzt- und Krankenhauserfahrungen, die sich als mehr oder weniger unbehagliche Erlebnisse fest eingeprägt haben. Vielleicht gibt es weitere Kinder, in deren Spielzeugsammlung sich ein Arztkoffer oder ähnliches befindet, so daß sie eine Ahnung von ärztlichen Handgriffen und deren Instrumentarium haben. Alles Wissen und die individuellen Erfahrungen zusammengetragen, ergibt ein Bild, das durchaus ein Abbild der alltäglichen

Wirklichkeit darstellt. Die Bedingungen dafür, daß dieses Bild entsteht und auch lebendig ist, könnte eine Spielgruppe bieten.

Die heutige Situation vieler Kinder ist alles andere als kontaktfördernd. Gründe hierfür sind u.a.:

die Vereinzelung von Familien in anonymen Wohnsituationen

Kleinfamilien mit nur 1—2 Kindern

die familiäre Erziehungssituation mit (zumindest am Tage) nur einer erwachsenen Bezugsperson

viel zu wenige und deswegen auch stark überlastete soziale Einrichtungen

eine insgesamt kinderfeindliche Tendenz in unserer Gesellschaft, die nicht einmal davor zurückschreckt, das Lachen, Schreien und Weinen ihrer Kinder verbieten zu wollen.

Für die Kinder bedeutet dies, daß Kontakte zu potentiellen Spielpartnern außerhalb entsprechender Einrichtungen entweder ganz verhindert oder aber empfindlich gestört werden.

Aber auch in den Einrichtungen, z.B. Kindergartengruppen, fallen diese Kontakte schwer. Neben den vielen neuen Regeln, die beachtet werden müssen, gibt es da auch Erwachsene, die sich ganz anders verhalten als die Eltern. Ganz zu schweigen von den zu vielen anderen Kindern. Jedes von ihnen möchte, daß seine Bedürfnisse befriedigt werden. Es wünscht die Aufmerksamkeit und Zuwendung der Erwachsenen. Diese ähneln am stärksten der Mutter und geben ihnen zunächst mehr Sicherheit als die anderen Kinder, deren Verhalten sie nicht einschätzen können und oft ungerechtfertigt als Provokation deuten.

Je geringer das Maß und die Qualität der Erfahrungen im Umgang mit anderen Kindern und Erwachsenen sind, desto eher besteht die Gefahr einer Überforderung in Situationen, die kommunikatives und kooperatives Verhalten verlangen.

Sowohl Hemmungen als auch aggressives Verhalten sind normale Reaktionen darauf.

Der Förderschwerpunkt „Rollenübernahme und Themenzentrierung" umschreibt hauptsächlich den Bereich kindlicher Tätigkeit, bei dem um und durch Sachen eine gemeinsame Idee entwickelt wird, die dominierend für das Handeln der gesamten Gruppe ist. Der Gegenstand, z.B. eine Rollkonstruktion aus einem Weichboden auf Rollbrettern, hat zunächst zentrale Bedeutung. Er sammelt und bindet die Gruppe. Seine Funktionalität wird getestet, schon gesammelte Material- und Bewegungserfahrungen werden bestätigt sowie neue Nutzungsmöglichkeiten gesucht und geprüft. Durch eine spontane Äußerung, wie: „Das ist unser Schiff", wird die Rollkonstruktion zu einem Symbol, einem Gegenstand mit ganz bestimmten Bedeutungsgehalt für die Gruppe. An ihm werden weitere Vorstellungen durch gemeinsame Verhandlungen entwickelt. Gleichzeitig, zumindest aber im nächsten Schritt, leiten die Spielteilnehmer Rollen für sich ab, je nachdem welche Vorstellungen der einzelne mit dem gemeinsamen Symbol verbinden kann.

Sprache als Mittel der Verhandlung ist hier nicht mehr wegzudenken: Fragen zur Bedeutung von Sachen und Begriffen werden gestellt, Aussagen gemacht, Regeln vereinbart, Bewertungen abgegeben und eingeholt, Verteilungen vorgenommen und Spielhandlungen koordiniert.

Je vielfältiger die Ausgestaltung des Spieles mit Rollen und Regeln wird, desto weniger aussagekräftig in seiner Erscheinung muß der zentrale Gegenstand für die Symbolisation sein. Dieser könnte bei fortgeschrittener Spielerfahrung, unter Umständen sogar im Verlauf eines Spieles, durch ein stark vereinfachtes Symbol ersetzt werden. So könnte z.B. eine markierte Fläche zum Symbol für das Schiff werden.

Im gemeinsamen Spiel schaffen Kinder eigene Formen des Umgangs, entwickeln verblüffende Phantasievorstellungen und stellen ganz neue Zusammenhänge her, die ihrem Spiel dann eine völlig andere Richtung geben können. So wurde im Verlauf eines Feuerwehrspieles, in dessen Mittelpunkt zunächst ein von den Kindern gebautes Haus stand, nicht das Löschen, sondern die Rettung und Versorgung seiner Bewohner ausgelebt und dabei vielfach variiert. Sogar ein Pferd gab es plötzlich in einem Anbau, das dramatisch, unter Einsatz des eigenen Lebens, befreit wurde. Es entsteht eine eigene Wirklichkeit, die auch durch mangelnde materielle Gestaltungsmöglichkeiten nicht zwangsläufig eingeengt wird. Die kindliche Phantasie vermag hier einiges zu ersetzen.

Aber je vielfältiger die Möglichkeiten der Umgestaltung dieser Wirklichkeit für die Kinder sind, desto interessanter und anregender sind ihre Spielaktionen. Materialien, die den Kindern aus dem Alltag bekannt sind, bekommen hier oft eine ganz andere Bedeutung, z.B. wird ein Autoreifen zum Vogelnest.

Mit den Möglichkeiten ihrer Sprache und durch die Verwendung von Gegenständen in ihrer neuen Funktion als unbewußte Demonstration, werden Informationen an die anderen Kinder der Gruppe weitergegeben und eine Übereinstimmung von Bedeutungen hergestellt. Wenn also in einem Arztspiel aus einem Lineal ein Fieberthermometer wird, dann kann dieses auf verschiedene Weise, d.h. auf verschiedenen Ebenen geschehen.

Eine Möglichkeit ist die Verfremdung des Gegenstandes durch sprachliche Erläuterung, z.B.: „So, das ist unser Fieberthermometer; an den Strichen kann ich sehen, wieviel Fieber ihr habt." Durch gleichzeitigen Gebrauch wird außerdem seine Handhabung demonstriert.

Eine andere Möglichkeit ist die gemeinsame Suche nach Utensilien für das geplante Spiel. Argumente für und wider geeignete Gegenstände werden dabei ausgetauscht, so daß nicht nur das gemeinsame Produkt „Fieberthermometer" entsteht, sondern noch viele andere Dinge nebenher geklärt werden.

Allen spielerischen Operationen der Kinder liegen Kenntnisse zugrunde, die sie entweder in ihrer alltäglichen Lebensumwelt erworben haben oder aber bereits auf Spielgruppenpraxis zurückzuführen sind. Das Verhalten von Erwachsenen dient oft als Vorbild. Ihre Beobachtungen und selbst miterlebte Ereignisse erzeugen Vorstellungen und bedeuten Erfahrungen, die sich im Spiel in der Gruppe widerspiegeln.

In der spielerischen Auseinandersetzung mit Themen ihrer Erlebniswelt werden Fragen aufgeworfen, die das Verständnis der Wirklichkeit erweitern und ihnen somit näherbringen. Zum Beispiel taucht bei der „Festnahmeaktion" in einem Polizei—Verbrecher Spiel die Frage auf, wie schwerwiegend die Tat sein muß, um jemanden einzusperren und wie überhaupt verschiedene Verbrechen zu bewerten sind.

Hier muß auch jeder Gruppenleiter immer wieder seine eigenen Maßstäbe auf die Probe stellen und wird entdecken, wieviele Fragen bei ihm noch offen sind.

Konfliktsituationen ergeben sich ständig, während der gesamten Spielgruppenzeit. Das sind wichtige Lernsituationen für die Kinder. Zu Problemen werden sie erst, wenn entweder keine Lösung erreicht wird oder diese so benachteiligend für Gruppenteilnehmer wird, daß die bestehende Lösung nicht zu akzeptieren ist.

Neben dem Wert der Sprache als Instrument zur eigenen Bedürfnis- und Befindlichkeitsäußerung, Kontaktaufnahme, Konfliktbewältigung, Planung und Regelung individueller und gemeinsamer Handlungen lernen die Kinder auch die Wahrnehmung und Deutung von nichtsprachlichen Äußerungen. Mimik, Gestik, Haltung und Handeln werden im gemeinsamen Spiel immer stärker differenziert und sicherer interpretiert. Dies sind wichtige Voraussetzungen für gegenseitiges Einfühlungsvermögen, für Rücksichtnahme, die Fähigkeit, Hilfe zu geben und anzunehmen, auf Vorteile zu verzichten sowie Forderungen zu stellen.

Durch die vielfältigen in der Spielgruppen erzielten Lernfortschritte im Gebrauch seines eigenen Körpers, dem Umgang mit Materialien, des sprachlichen wie auch nichtsprachlichen Ausdrucks, der emotionalen Steuerung sowie der sozialen Sensibilität wird Selbstbewußtsein und Selbständigkeit jedes einzelnen Kindes auf der Ebene gefördert, auf der es sich gerade befindet.

Das gemeinsame Handeln in der Gruppe führt zur Selbstbestätigung und wird von den Kindern als Erfolgserlebnis empfunden.

Sitzt ein Kind mißmutig oder traurig im Umkleideraum, so sind die Ursachen fast immer sozialer, und nicht funktionaler Natur. Entwicklungsunterschiede sind in einer Gruppe immer vorhanden, und diese treten beim gemeinsamen Handeln auch in Erscheinung. Die Kinder lernen aber bald, daß jeder Mensch Stärken und Schwächen hat, und sie lernen auch, daß sie sich in einer Gruppe gegenseitig ergänzen können. Probleme, die sie alleine nicht bewältigen können, sind gemeinsam lösbar.

Die folgenden Berichte und Spielanregungen spiegeln nur einen geringen Teil dessen wider, was kindliche Kreativität in seiner Spieltätigkeit hervorbringen kann. Diese Lernsituationen können jedoch einen Überblick geben über das Niveau von gruppenbezogenen Rollenspielen in dieser Altersstufe, die Themen, von denen die Kinder berührt werden und die Art und Weise, wie diese sich in der Gruppensituation entfalten.

„Expedition in den Weltraum" (Bericht)

Wenn man diesen Bericht eines Weltraumspiels mit dem von Erwachsenen vergleicht (s. Kap. 1, Seite 12), dann wird deutlich auf welch unterschiedlichem Weg sich eine Kindergruppe dasselbe Spielthema erschließt.

Mein Spielvorschlag, eine Reise zu machen, fand in der Anfangsbesprechung bei den Kindern großen Anklang. Sofort wurden Vorstellungen über Reiseziele und Fortbewegungsmittel geäußert. Je nach aktuellen Inspirationen und individuellen Erfahrungen reichten sie von einer Weltreise per Schiff über eine Fahrt nach „Hansaland" (Vergnügungspark) bis zu einer Weltraumexpedition mit einem Raumschiff. Diese Vorschläge kamen natürlich lautstark und durch Bewegungen dargestellt alle auf einmal, so daß erst nach einer Beruhigung ermittelt werden konnte, wo mehrheitlich die Interessen lagen. Nach einem Plädoyer von mehreren Jungen für die Eroberung von Sternen, untermalt von Gesten und Geräuschen sowie Namen von Helden und Sternen, die offensichtlich aus Comics stammten, waren alle überzeugt, eine Weltraumexpedition unternehmen zu müssen. Meine heimliche Idee von einer Expedition zu fernen Kontinenten, per Schiff, war überholt.

Bevor alle Kinder auseinanderstoben, konnte ich noch die Frage nach unserem Fahrzeug und wie es aussehen könnte stellen; dies war einerseits die versteckte Aufforderung noch einen Moment zusammenzubleiben und sich zu konzentrieren, andererseits wies die Frage auf den nächsten Schritt für den Handlungsverlauf hin. Die Kinder waren etwas ratlos, denn bekannte Rollgeräte, z.B. Rollbretter, standen nicht zur Verfügung.

Es kam aber heraus, daß das Fahrzeug sich möglichst wirklich bewegen sollte. So schlug ich vor, eine große Mattenschaukel (eine kleine Variante war den Kindern bekannt), auf der alle 8 Kinder Platz finden würden, zu bauen. Dieser Vorschlag wurde begeistert aufgenommen. Ein Junge, der Älteste in der Gruppe, erinnerte auch daran, daß wir dann noch einen Planeten so bauen müßten, daß es was zu erforschen oder zu erobern gibt, z.B. Höhlen und Berge.

Die Gruppe war nun schon sehr unruhig, und einige Jungen konnten nicht mehr weiter planen, so daß ich vorschlug, mit drei Jungen das Raumschiff zu bauen, während die restlichen Kinder schon mal alle Geräte, die sie transportieren bzw. handhaben konnten und die sie für wichtig hielten, in den hinteren Teil der Halle transportieren sollten.

Es war kein Problem, Jungen für den Schaukelbau zu finden, es waren dann sogar vier, deren Interesse am Objekt Raumschiff am größten war. Sie halfen mit, die Seile (Klettertaue) von der Wand abzuziehen, eine Weichbodenmatte heranzuschaffen. Dies war als Mattenklappen so attrak-

Abb. 42: „Was spielen wir heute", das ist die Frage von Gruppenleiter und Kindern, nachdem sich alle versammelt haben. Es ist schon fast ein Ritual, daß sich dazu alle auf dem Weichboden treffen. Darauf sitzt man weich, schön eng beieinander, und er ist für einige Kinder eine wertvolle Orientierungshilfe. Auch diejenigen, die schon mit dem Rollbrett durch die Halle gejagt sind, können gut an der Matte anlegen, optimal zuhören, Vorschläge machen und doch ihr Spielgerät bei der Hand behalten.

Abb. 43: Nicht nur für den Gruppenleiter ist es vorteilhaft, sich mit Hilfe von Skizzen die Raumaufteilung zu verdeutlichen oder aufwendigere Konstruktionen zu veranschaulichen. Auch Kindern können sie helfen. Anfangs mag es zeitaufwendig sein und die Geduld sowohl der Kinder als auch des Grup-  penleiters auf die Probe stellen. Aber nachdem die Kinder gelernt haben, diese Pläne zu deuten, bedarf es viel weniger Erklärungen, um die häufig nötige Unterstützung zu erhalten.

95

tiv, daß alle Kinder dazu zusammenkamen und mithalfen. D.h. alle Kinder stellten sich nebeneinander an eine lange Seite der Weichbodenmatte, hoben sie gleichzeitig an und stellten sie auf. Beim Umklappen sprangen dann alle der Länge nach auf die Matte, so daß diese beim Aufklatschen kräftig knallte. (Einige Kinder genießen es mehr, sich vor der aufgestellten Matte aufzubauen und in letzter Sekunde durch einen Sprung in Sicherheit zu bringen, andere lassen sich einfach von dem entstehenden Luftzug durchpusten.) Außerdem waren zwei Reckstangen zu holen und zu halten, während ich sie an den Tauen festknotete. Obwohl ich versucht hatte, den Jungen die Konstruktion zu erklären, wurde erst nach und nach, mit jedem Arbeitsschritt eine klare Vorstellung geschaffen. Um die Weichbodenmatte zwischen die Taue auf die Reckstangen zu manövrieren, war noch einmal die Hilfe aller nötig. Dies zu erreichen, war auch überhaupt kein Problem, denn die Konstruktion des Gefährts war in den Köpfen der Jungen jetzt schon so deutlich, daß sie alle hochmotiviert waren. Nun war es eher schwierig bei dem Hin und Her mit der Matte, die Kinder davon zurückzuhalten, das Raumschiff sofort, im unfertigen Zustand zu besteigen. Mein Argument war, daß — ähnlich wie beim Pkw durch den TÜV — hier noch eine Sicherheitsprüfung gemacht werden müßte und ich ihnen auch noch die größten Gefahren und einige wichtige Regeln zu ihrer Vermeidung erläutern müßte.

Sofort erklärten zwei Jungen, daß sie auch TÜV-Kontrolleure wären und überprüften mit mir gemeinsam sämtliche Knoten und halfen die Abstände der beiden Reckstangen, d.h. ihre Verbindung durch Sprungseile, zu korrigieren. Dann wies ich auf die größte Gefahr hin, nämlich die Metallenden der Reckstangen. Dem Beispiel eines Jungen folgend, fühlte dann jedes Kind einmal, wie hart und kantig so ein Ende ist. Dann mußten alle Kinder einen großen Schritt zurücktreten, und ich setzte das Raumschiff in Bewegung. Sicherlich sahen nicht alle Kinder die Gefahr der hin und herschwingenden Metallenden, weil der Reiz des gesamten Objekts (und die sich schon im Kopf vollziehende Besitznahme) ablenkte. Aber es wurde die Regel abgeleitet, daß zunächst niemand während der Fahrt das Raumschiff verlassen bzw. besteigen dürfe und der Sicherheitsabstand von einem Riesenschritt eingehalten werden müsse.

Konstruktion eines Raumschiffes

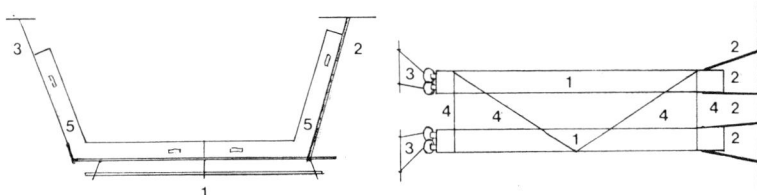

Seitenansicht   **Draufsicht (ohne Matten)**

Material: 1 = Turnbank, 2 = Klettertau, 3 = Turnringe, 4 = Sprungseil (man kann auch ein langes Seil für alle Verbindungen verwenden), 5 = Weichbodenmatte

Diese Konstruktion eines Raumschiffes läßt sich leider nur in Turnhallen verwirklichen, in denen die Taue und Ringe auf derselben Hallenseite, nicht zu weit voneinander entfernt, hängen. Die vorne und hinten erhöhten Wände vermitteln ein starkes Gefühl der Sicherheit, so daß sich auch sehr ängstliche Kinder auf diese Schaukel trauen.

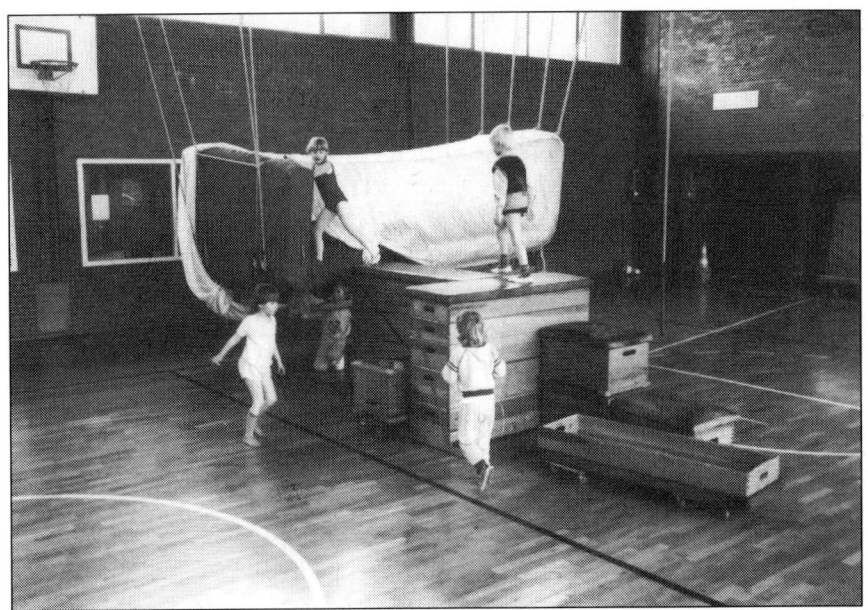

Abb. 44: Das Raumschiff ist so gut wie fertig. Nur die letzten Handgriffe müssen noch erledigt werden. Benjamin als Chefingenieur ist noch einmal unter das Fahrzeug gekrabbelt und überprüft die Haltbarkeit der Knoten. Christine versucht, die Kuppel des Fahrzeugs zu schließen. Das ist keine leichte Aufgabe, die sie sich gesucht hat, denn schließlich schwebt das Raumschiff und bietet kaum festen Halt. Aber Timo und Pascal kommen schon zur Unterstützung, sie haben den hilfesuchenden Blick bemerkt und auch richtig gedeutet.

Um eine sichtbare Barriere zu haben, schlug ich vor, den Sicherheitsbereich mit Verkehrshütchen zu markieren. Dann, nachdem die Spannung für einige Kinder schon nahezu unerträglich geworden war, wurde das Raumschiff zum „Einweihungsflug" freigegeben, bei dem alle Kinder zur Besatzung gehörten und ich, für die Kinder selbstverständlich, den Anschub machen mußte. Es war ein Durcheinander von lustvollem Jauchzen, erwartungsvollen „doller, doller"-Rufen und ängstlichem „nicht mehr schieben". Aber mittendrin habe ich auch einen Jungen bemerkt, dem es ganz die Sprache verschlug, und dessen Gefühle man nur von seinem bleichen Gesicht und den großen Augen ablesen konnte.

Da die Vollendung und Einweihung des Raumschiffs zum Schluß alle Kinder auf sich gezogen hatte, war der Bau der übrigen Landschaft erst in dem Stadium, daß einige Geräte mehr oder weniger zufällig zusammenstanden. Ich erklärte, daß ich dort nun weiterbauen würde und es mich freuen würde, wenn mir einige Kinder helfen könnten. Drei Jungen schlossen sich mir an, und zwar der Älteste (7,4 Jahre) und zwei der recht ängstlichen Kinder (5,7 und 6,2 Jahre).

Da bereits ein Drittel unserer zur Verfügung stehenden $1^1/_2$ Std. vergangen war, lenkte ich den Aufbau jetzt stärker und erwartete nicht mehr soviel Hilfe bzw. Beteiligung der Kinder. Ich beauftragte sie, den Mattenwagen zu holen, da wir die Turnmatten zur Absicherung der Geräte brauchen würden. Diese Aufgabe übernehmen die Kinder immer gerne, wobei sich häufig das Problem ergibt, wer den Wagen schiebt, während die anderen darauf sitzen.

Abb. 45: Vorsichtig guckt die Mannschaft aus dem sicheren Raumschiff, nachdem es auf dem Planet „Drakon" gelandet ist. „Die Luft hier kann man atmen", stellt Axel fest, „aber wir ziehen lieber unsere Schutzanzüge an, wer weiß, was für Gefahren auf diesem Planet lauern. Da soll es Monster geben, so groß wie Dinosaurier." „Was für ein Glück, daß wir unser Raumschiff zumachen können", sagt Patrick und sucht im Raumschiff nach seinem Schutzanzug.

Abb. 46: Auf ihrer Expedition haben die Raumfahrer Bewohner von „Drakon" kennengelernt. Diese besuchen das Raumschiff und bewundern die Gemütlichkeit. Sie würden gerne eine Probefahrt rund um ihren Planeten machen und bieten den Astronauten als Gegenleistung eine Führung auf ihrem Planeten an. „Eigentlich ist es ja nicht unser Planet", sagt Christine, „wir sind von der Erde hierher ausgewandert, weil die Menschen auf der Erde immer Krieg machen und wir nicht totgeschossen werden wollten. Dieser Planet hier war noch frei."

Ich arrangierte währenddessen die großen und kleinen Kästen so, daß wir einen Steg von einem großen Kasten zum anderen bauen konnten. Daran sollte sich ein Tunnelversteck anschließen, von dessen Dach, bestehend aus zwei Sprungbrettern, man auch auf einen dahinterliegenden Weichboden springen können sollte. Nachdem ich mit den Kindern die Turnmatten verteilt hatte, ergab sich, zumindest bei einem Jungen, die Frage, wie er dort hinaufkommen sollte. Gemeinsam überlegten wir uns zwei verschiedene Aufgänge, nämlich eine Kastentreppe direkt am Tunnel und eine Bankschräge am gegenüberliegenden Ende. So hatten wir einen Grundaufbau, der noch diverse Erweiterungen und Interpretationen zuließ.

Während unserer Bauaktivitäten, die ca. 10 Min. dauerten, war auf der Schaukel natürlich schon ein Rollenspiel in Gang gekommen, d.h. es wurden Rollen gefunden und ausgehandelt, wer der Kommandant, Steuermann und Techniker sei. Es wurden Handlungsziele vereinbart. Übergeordnetes Ziel wurde z.B. die Eroberung des Planeten „Drakon", untergeordnetes Handlungsziel war z.B. die Vorbereitung der Unternehmung, d.h. das Raumschiff wurde aufgetankt, mit Proviant beladen usw.

Bei all diesen Aktivitäten waren nicht alle Kinder gleich stark beteiligt. Die wesentlichen Impulse kamen von vier Jungen, und auch die wichtigsten Posten/Rollen verteilten sie unter sich. Aber auch die anderen Jungen und Mädchen beteiligten sich. So hatte es keine Bedeutung, daß das Raumschiff an zwei Stellen gleichzeitig aufgetankt wurde. Jeder bemühte sich, noch etwas zu finden, was vielleicht nützlich sein könnte auf der Reise, z.B. Seile, Bälle, Verkehrshütchen etc.

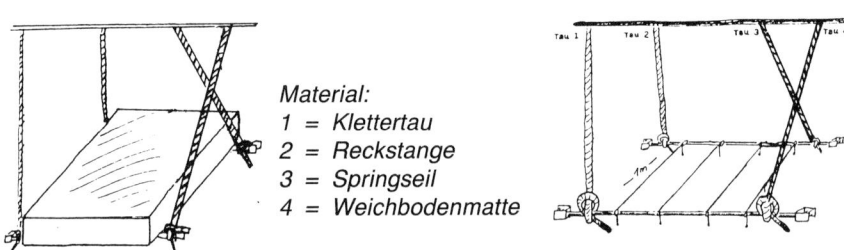

Material:
1 = Klettertau
2 = Reckstange
3 = Springseil
4 = Weichbodenmatte

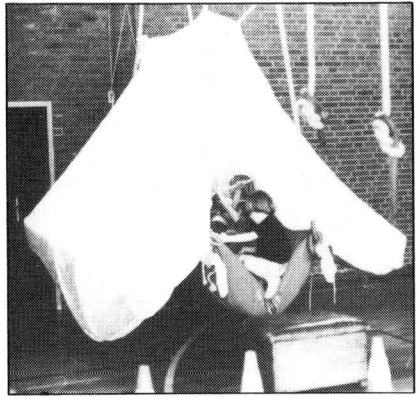

Abb. 47: Dieses Raumschiff, wie es auch im Bericht beschrieben wird, läßt sich in jeder Turnhalle bauen, in der es Klettertaue gibt. Es ist zwar nicht ganz so groß wie das Riesenraumschiff, dafür läßt es aber höhere und schnellere Flüge zu.

Abb. 48: Die Astronauten werden auf dem Planeten herumgeführt. Die Drakonbewohner haben Wege und Brücken gebaut, die über steile Schluchten führen und tückische Moore passierbar machen. In diesen Mooren leben die von den Raumfahrern gefürchteten Monster. Die Drakonesen berichten, daß sie auch zuerst Angst hatten, bis sie festgestellt haben, daß diese Monster sehr musikalisch sind und sich darüber freuen, wenn man ihnen etwas vorsingt.

Abb. 49: „Ihr habt hier auf Drakon ja ein starkes Gebirge", meint Patrick. Ich verstehe gar nicht, warum ihr mit uns zurück auf die Erde wollte. Hier ist es doch genauso geil wie bei uns in der Turnhalle." „Ja", antwortet Christine für die Drakonesen, „das ist richtig, aber hier ist es so einsam, besonders im Winter, wenn das Monster seinen Winterschlaf hält."

„Roboterwelt"

Ein Science-Fiction-Spiel, wie z.B. die Weltraumreise, beinhaltet immer auch neue technische Erfindungen. Das können im Raumschiff Computer, Radar- und Funkgeräte sein, das können aber auch künstliche Wesen sein, die vom Menschen manipulierbar sind. So kommt man leicht zu einem neuen Spielthema, in dessen Mittelpunkt Roboter stehen.

Die Kinder haben, vermittelt durch Kinderliteratur, Spielzeug und Fernsehserien, eine bildhafte Vorstellung von Robotern. Eine intensive Auseinandersetzung mit diesen menschenähnlichen Figuren und ihrem besonderen Bewegungsverhalten bietet sich daher an.

Mit Hilfe von Pappkartons, Waschmitteltonnen, Farben, Zeitungspapier, etc. werden aus den Kindern Roboter. Eine Kletterlandschaft wird dann zur Roboterstadt mit Reparaturwerkstatt, in der die Roboter wieder aufgeladen, repariert und geölt werden. Die Roboter führen Gespräche mit verzerrten Stimmen. Sie können ihren Weg nicht selbständig finden, sondern müssen wieder in die richtige Richtung gebracht werden, z.B. wenn sie vor einer Wand stehen. Es gibt Techniker, die dafür verantwortlich sind, daß die Roboter funktionieren. Häufig ist es für die Techniker nicht so einfach herauszufinden, was den Robotern fehlt. Dann müssen sie sehr viel an ihnen herumprobieren und genau beobachten, wann ein Roboter richtig reagiert. Sie sorgen auch dafür, daß die Roboter bestimmte Bewegungen ausführen und Aufgaben erledigen. Zum Aufräumen der Turnhalle lassen sich die Kinder häufig dadurch motivieren, daß sie dieses als eine Kolonne von Arbeitsrobotern tun.

Abb. 50: „Ach-tung - Ro-bo-ter - vor-wärts - Marsch" ist das Kommando des Leit-Roboters. In einer Kolonne von sechs Robotern zu marschieren ist nicht leicht, besonders wenn sich alle gleich bewegen wollen. Arne, an vorletzter Position, guckt genau hin, welche Bewegungen Patrick macht. Das Einfühlungsvermögen in die Rolle eines Roboters wird, außer durch die Verkleidung, sehr stark durch akustische Untermalung unterstützt. Sehr gut hierfür eignet sich die Musik „Die Roboter", aus Kraftwerk „Die Menschmaschine", Emi Electrola 1978 (1C 058-32843).

Abb. 51: Die Techniker haben die Roboter auf das „Flizzifahren" programmiert. Aber einer scheint sich festgefahren zu haben, so daß er den anderen Robotern nicht folgen kann. Obwohl sie keinen direkten Auftrag haben, eilen alle zu Hilfe. Häufig sehen die Kinder fasziniert zu, wenn sich ein Gruppenleiter in einen Roboter verwandelt. Manchmal kann es wichtig sein, durch Vormachen ein Beispiel zu geben. Der Tip, sich doch mal in den spiegelnden Fensterscheiben zu beobachten (im Winter geht das gut) wird von vielen Kindern angenommen.

„Die Post" (Paketdienst)

Als die Spielgruppenkinder die Turnhalle betreten, finden sie, als Hinterlassenschaft der Vorgängergruppe, die Konstruktion eines Gebäudes ohne Dach in der Hallenmitte vor. Es ist gefüllt mit Gymnastikbällen (ca. 60 Stück). Neben diesem „Gebäude" stehen mehrere „Fahrzeuge". Es sind Rollbretter, auf denen umgedrehte kleine Kästen liegen. Außerdem sind eine Menge mittelgroßer Pappkartons auf dem Hallenboden verstreut.

Die Spielgruppenkinder kommen kleckerweise, je nach Pünktlichkeit und Umziehtempo, in die Turnhalle, begutachten die Situation und beginnen, zunächst vereinzelt, das Gebäude zu erobern und die Halle mit den Rollfahrzeugen zu beleben. Die Bälle im Haus stören die Kinder, denn keiner mag von oben (großer Kasten) auf sie draufspringen. Als einige Jungen beginnen, die Bälle wahllos in die Halle zu schleudern, bitte ich sie, alle Bälle an einem anderen Ort zu sammeln, damit sie uns später nicht stören können (wir nicht darüber stolpern etc.).

Mein Anliegen wird allgemein akzeptiert und führt dazu, daß einige Kinder beginnen, die Bälle in Kartons zu verstauen. Sie versuchen, die vollen Kartons auf die Gebäudewände zu heben. Dabei müssen sie feststellen, daß diese zu schwer geworden sind. Nach kurzem Hin und Her verändern sie ihr Vorgehen und füllen die leeren Kartons oben auf den Kästen. Ein Kind reicht die Bälle hoch, ein zweites füllt die Pakete und ein drittes schiebt sie auf das „Förderband", zwei parallele Bänke, deren eines Ende auf einem Kasten aufliegt. Unten am Ende des Förderbandes warten schon die Transportwagen, die alle Pakete zu einer Matte fahren, sie dort entleeren um die Kartons dann zur Poststation zurückzubringen. Durch zusätzliche Arbeitsteilung und Erweiterungen, z.B. Belieferung verschiedener Kunden, kann dieses Spiel eine ganze Gruppe binden. Es gibt bei den Kindern zu diesem Thema ausreichend eigene Erfahrungen, die — wenn nötig — durch den Spielgruppenleiter differenziert und präzisiert werden können.

Abb. 52: Das Förder-band hat sich bewährt, doch wenn die Kartons unten angekommen sind, kommt die schwerste Aufgabe. Dann muß der Karton nämlich auf den Wagen vom Paket-dienst gehoben werden. „Wir müssen zusammen anheben", schlägt Lenny vor, „ich auf dieser Seite und ihr auf eurer." „Vor-

sichtig, wir müssen unten drunter fassen, sonst reißt der Karton unten auf", wirft Arne ein. Er hatte schon ein paar Kartons, die nicht mehr zu gebrauchen waren, an die Seite geschoben.

Abb. 53: Mit vollem Tempo kommt Chri-stian angedüst. Er hat eine Ladung weg-gebracht und auf dem Rückweg gese-hen, daß die Paketausgabe arbeitslos ist, weil kein Transportfahrzeug frei ist. „Ach-tung, ich komme", kündigt er sich laut-stark an. Einerseits signalisiert er den „Arbeitslosen", daß er die Situation er-kannt hat, zum anderen warnt er alle da-vor, seinen Weg zu kreuzen.

Abb. 54: Feierabend — alle Bälle sind wieder zur Post zurückgekommen. Benjamin und Jörn ru-hen sich von ihrer Arbeit aus. Diese Verschnauf-pause dauert aber nicht lange, dann fangen sie an, alle Bälle wahllos in die Halle zu feuern. Die anderen Kinder reagie-ren aber sofort darauf und versuchen die Bälle wieder in das Haus zu

werfen. So sind die Kinder ohne eine Anleitung zu dem Spiel „Burgball" (s. S. 211) gekommen und spielen dies bis zum Stundenende.

„Eisenbahn"

Rollgegenstände wie Flizzis, Skateboards, die großen Kästen und Mattenwagen fordern die Kinder immer wieder heraus. Mit ihnen experimentieren
sie sehr gerne herum (siehe auch S. 84 ff.).

Heute bauen sie aus Rollbrettern, kleinen Kästen, Kastenoberteilen und
Turnbänken die unterschiedlichsten Fahrzeuge. Diese werden erst einmal
auf ihre Tauglichkeit geprüft. Da einige der Kinder dieses schon häufiger
getan haben, reicht es ihnen nicht mehr. Erwachsene fahren ihre Autos
schließlich auch nicht nur, um das Fahrzeug zu bewegen. Deshalb plant
eine kleine Gruppe von vier Kindern, eine Eisenbahn zu bauen, die die Aufgabe hat, andere zu transportieren. Dieses finden auch die anderen gut,
möchten aber erst einmal mit ihren Fahrzeugen alleine fahren. Trotzdem
entsteht nach und nach außer einer Eisenbahn auch ein Bahnhof mit Bahn-
steigen, ein Tunnel und ein zweites Verkehrssystem.

Die Kinder, die lieber ein Einzelfahrzeug benutzen wollten, haben schnell
gemerkt, daß ja immer ein anderes Kind schieben muß, damit sie selber in
den Genuß des Fahrens kommen können. Gemeinsam entwickelten wir eine weitere Möglichkeit, nämlich eine Seilbahn. Dazu wurde ein langes Seil
kurz über dem Boden von einer Hallenseite zur anderen gespannt. An diesem konnte man sich ohne Hilfe entlangziehen und hin- und herpendeln.

Nachdem Eisenbahn und Seilbahn ihren Betrieb aufgenommen hatten, ergab es sich bald, daß die Passagiere auch einmal umsteigen wollten, ein
Ziel angaben und dafür eine Fahrkarte lösten.

Dieses System hätten die Kinder beliebig mit Bus und Taxi erweitern können, die unabhängig von den festen Bahnlinien fahren und einzelne Passagiere zu ihren Häusern bringen. Einfache Gestaltungsmittel wie Schirm-
mütze, Trillerpfeife, Fahrkarten aus Papier, ein Locher vom Schreibtisch
der Eltern, etc. beflügeln die Phantasie und regen die Kreativität der Kinder
an.

Abb. 55: *Der Zug steht abfahrbereit im Hauptbahnhof. Es gibt allerdings noch ein Problem, der Lokomotivführer hat sich ein kleines Fahrzeug gesucht und ist woanders hingefahren. Er wurde vergeblich aufgefordert, seine Arbeit wieder zu übernehmen. „Wenn es nicht anders geht, mach' ich das bei dieser Fahrt, aber dann ist ein anderer dran", sagt Torben und geht zur Lokomotive. Wer etwas haben will, der muß auch bereit sein, etwas zu geben; das wird den Kindern hier klar.*

Abb. 56: *„Da soll man durchfahren? Da ist es doch ganz dunkel drinnen", stellt Jana fest. Ihr ist dieser Tunnel nicht ganz geheuer. Deshalb wartet sie erst einmal ab, was die Reisenden berichten, wenn sie wieder draußen sind. Spannung entsteht, als ein Wagen hängenbleibt und weder vor noch zurückfahren kann. Aber Jana auf der einen und Felix auf der anderen Seite können die Passagiere beruhigen und den Zug wieder zum Fahren bringen.*

Abb. 57: *Am schnellsten ist die Seilbahn, wenn alle Mitfahrer anpacken und gleichmäßig ziehen. Jana, Frederike und Jenny sind ein ein gespieltes Team. Locker brausen sie durch den schmalen Tunnel und haben auch keine Angst, mit dem entgegenkommenden Fahrzeug zu kollidieren. Außerdem sitzen da Axel und Felix drin, die passen sowieso immer gut auf, daß sie niemanden gefährden.*

107

„Feuerwehr" oder „Unser Haus brennt"

Für dieses Spiel gibt es in einer Großstadt häufig genug aktuelle Anlässe aus der Nachbarschaft. Die Turnhalle ist ein geeigneter Ort, dieses Thema im Spiel zu verarbeiten. Mit Hilfe einer kleinen Geschichte kann der Spielleiter auch den übrigen Kindern die nötigen Informationen vermitteln. Ein Haus mit Wänden und Dach, auf das man durch ein Fenster oder eine Luke fliehen kann, ist schnell gebaut. Auch ein oder zwei Feuerwehrautos aus Rollbrettern und Kastenteilen und ein Krankenwagen aus einer Turnmatte auf vier Rollbrettern, können die Kinder gut selber bauen. Vor dem Haus muß eine Weichbodenmatte liegen, am besten auf zwei Seiten je eine, damit die Bewohner zur Rettung vom Dach springen können. Ein Bettlaken, über der Matte aufgespannt, eignet sich hervorragend als Sprungtuch. Der von der Feuerwehr herbeigerufene Krankenwagen lädt die Geretteten ein und fährt sie mit Blaulicht und Martinshorn in ein Krankenhaus, das von zwei Kindern mit Turnmatten und Tüchern/Laken in einer Hallenecke gebaut wurde. Die Feuerwehr ist außer mit einem Sprungtuch auch mit einem Schlauch ausgerüstet. Er besteht z.B. aus einem dicken Tau, das an einem Ende des Kastendeckels festgebunden wurde. Für die Feuerwehrsirene und das Megaphon des Feuerwehrhauptmanns eignet sich ein Verkehrshütchen ausgezeichnet.

Die Rollenverteilung verursacht einige Auseinandersetzungen. Fast alle Jungen möchten Feuerwehrhauptmann sein; dies ist ohnehin ein häufiger Berufswunsch in diesem Alter. Einige der Mädchen übernehmen gerne die Krankenversorgung und nur sehr wenige möchten sich in die Rolle der Hausbewohner begeben. Die Rolle der Hilfsbedürftigen ist sehr unsicher, und es kann sogar Angst machen nicht zu wissen, was mit ihnen passiert. Das ist in der Helferrolle anders, denn dort besteht die Abhängigkeit ja anders herum. Je besser sich die Kinder in einer Gruppe kennen und vertrauen, desto leichter fällt es ihnen, sich in die Abhängigkeit zu begeben. Manchmal muß eben erst der Gruppenleiter diese Rolle übernehmen und ist unter Umständen der einzige zu Rettende im Spiel.

Abb. 58: „Los, los das Dach brennt schon, wir müssen es löschen, bevor es einstürzt", brüllt Jens, der Feuerwehrhauptmann ganz aufgeregt. „Hier, ich hab' den Feuerlöscher mitgebracht, vielleicht schaffen wir es damit." Karsten hatte sich aus einem Papierkorb und einem Fahrradschlauch einen Handfeuerlöscher gebastelt und eilt Jens zu Hilfe. Unten im Haus hockt zusammengekauert Melanie und wartet auf Hilfe von einem zweiten Feuerwehrwagen.

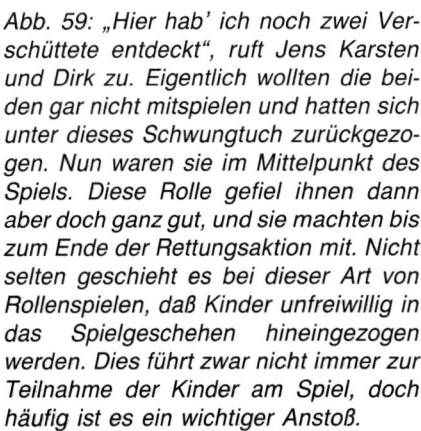

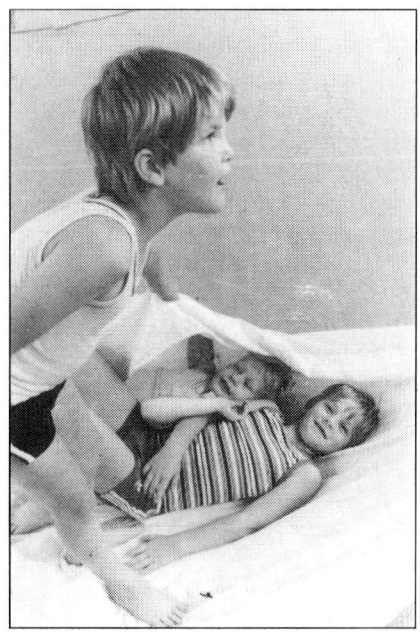

Abb. 59: „Hier hab' ich noch zwei Verschüttete entdeckt", ruft Jens Karsten und Dirk zu. Eigentlich wollten die beiden gar nicht mitspielen und hatten sich unter dieses Schwungtuch zurückgezogen. Nun waren sie im Mittelpunkt des Spiels. Diese Rolle gefiel ihnen dann aber doch ganz gut, und sie machten bis zum Ende der Rettungsaktion mit. Nicht selten geschieht es bei dieser Art von Rollenspielen, daß Kinder unfreiwillig in das Spielgeschehen hineingezogen werden. Dies führt zwar nicht immer zur Teilnahme der Kinder am Spiel, doch häufig ist es ein wichtiger Anstoß.

„Stuntmen" (Bericht)

Sechs Kinder, fünf Jungen und ein Mädchen, kommen nach und nach in die Halle und machen sich dort erst einmal Luft. Sie laufen herum, klettern auf und über Bänke und inspizieren den Geräteraum.

Es ist Ferienzeit, und dann fehlt häufig ein Teil der Gruppe. Wir warten deshalb auch nicht länger als 10 Min. und machen dann unsere Besprechung.

Gestern war „Colt Seavers-Tag", d.h.: im Vorabendprogramm gab es die Sendung „Ein Colt für alle Fälle", eine Action-Serie, die im Stuntmenmilieu spielt. Diese Sendung wird von den Kindern häufig und gerne gesehen. Deshalb geistert in ihren Köpfen mal wieder die Vorstellung von Action, Abenteuer und halsbrecherischen Jagden herum. Schnell einigen sich die Kinder auf das Spielthema; nur die Verteilung der Rollen, besonders der des Colt Seavers und seines Freundes Howie, zieht sich bis in das eigentliche Spiel(en) hinein. Auf die Frage des Gruppenleiters nach der Spielhandlung antwortet Stefan, der sich mit der Rolle des Colt identifiziert: „das ist doch klar, wir müssen gefährliche Aufträge übernehmen". Auch Karin, die die Rolle von Judy übernommen hat, bestätigt: „da müssen wir Sachen machen, die andere sich nicht trauen". Mario, der relativ starke Wahrnehmungs- und Koordinationsprobleme hat, und dem diese Vorstellung anscheinend etwas zu weit geht, wirft ein: „aber auch Räuber fangen — müssen wir". Alle wollten gleich lostoben, sie befanden sich gedanklich schon tief im Spiel, so daß der Gruppenleiter kräftig lenken bzw. bremsen mußte. Er weist darauf hin, daß es noch keine abenteuerliche Landschaft gibt, in der das Spiel stattfinden kann. Nach einigem Hin und Her einigten sich alle auf einen Mattenberg (s. Skizze auf Seite 111) und eine Höhle zum Verstecken. Diese war schnell gebaut. Ein Schwungtuch wurde über einen Korbballständer gezogen, zwei Ecken wurden an Sprossenwänden festgebunden und auf der gegenüberliegenden Seite eine Turnbank auf den Tuchrand gestellt.

Der Berg machte größere Schwierigkeiten, denn alle mußten mit anpacken, um die große Matte auf die Kästen zu heben. Die Kinder kannten aber diese Konstruktion und ihre Tücken (Stütze zwischen den Kästen und stabile Aufstiegshilfen), so daß der Berg bald stand.

Dann konnte es endlich losgehen, zunächst rauf auf den Berg und hinunter springen, die einen mit Anlauf, andere vorsichtig aus dem Stand. Mario sah sich das Ganze erst einmal von unten und dann aus sicherer Distanz von oben an. Erst die sich häufenden Aufforderungen der anderen Kinder, besonders die von seinem Freund Stefan, animierten ihn, auch endlich einen Versuch zu wagen. Vorsichtig krabbelte er bis zur Mattenkante, setzte sich darauf und rutschte langsam hinunter. „Das ist ja gar nicht schlimm" war

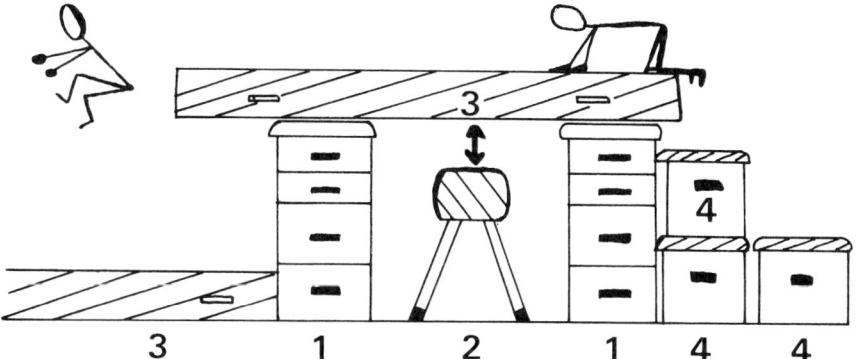

Material: 1 = großer Kasten
 2 = Bock
 3 = Weichbodenmatte
 4 = kleiner Kasten

Die langen Seiten dieser Konstruktion müssen zusätzlich mit Turnmatten abgesichert werden. Der Bock kann in der Höhe verstellt werden, so daß der Berg entweder sicherer oder wackeliger wird. Die Kinder entscheiden, wie sie es haben möchten.

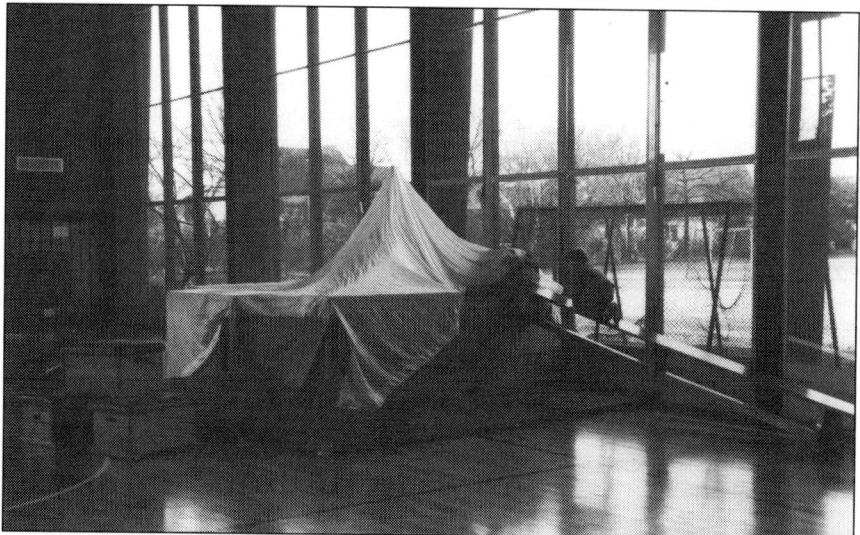

Abb. 60: „Nun mach' schon Jörn, da kommt einer von den Jägern!" Felix macht sich Sorgen, daß sein Ball, den er unter dem Sweart-Shirt versteckt hat, doch noch in die Hände der Jäger fällt. Die Schmuggler stellen bei dieser Gelegenheit fest, daß so ein enger Eingang zwar gut zu schützen ist, sie selber aber Mühe haben, schnell in ihre Höhle zu verschwinden. Beim nächsten Höhlenbau werden sie dies berücksichtigen.

sein erster Kommentar. Diese Feststellung und das Lob der anderen machten ihm mehr Mut. Beim zweiten Mal ging schon alles viel schneller, Mario hockte sich auf die Mattenkante, und mit einem kurzen Blick zu seinem Freund Stefan sowie einem lauten Gebrüll stürzte er sich in die Tiefe. Jetzt war der Bann für ihn gebrochen und er konnte die Rolle des Howie, des Freundes von Colt Seavers übernehmen. In dieser Rolle vergaß er vollkommen seine Ängste und mußte im Gegenteil vom Gruppenleiter gebremst werden, um sich und seine Mitspieler nicht in Gefahr zu bringen.

Das Spiel ging etwa 10 Minuten lang so weiter. Eines der Kinder rief: „Eh, guckt mal alle, jetzt mach' ich einen Looping", und sprang von oben, eine Luftrolle ausführend, auf die Matte. Es fanden sich sofort andere Kinder, die das nachmachten. Mario störte es nicht, daß dort einige Sachen gemacht wurden, die er nicht konnte. Er hatte trotzdem seine Erfolgserlebnisse und mit Hilfe des Gruppenleiter sogar eine Rolle von der oberen Matte aus gewagt.

Allmählich wurde das Spiel jedoch langweilig, und die Kinder erinnerten sich wieder an die Idee von Mario, Räuber zu fangen. Joachim hatte ziemlich schnell genug vom Springen gehabt und sich in die Höhle zurückgezogen. Dort hatte er angefangen, sie mit kleinen Kästen besser zu befestigen, so daß sie nicht so leicht erobert werden konnte.

Jetzt wurde sein Tun für die anderen Kinder interessant, und er mußte allen den Zweck seiner Bauten erklären. Aus diesem Gespräch entwickelte sich eine Art Schmugglerspiel mit festen Regeln. Die eine Hälfte der Gruppe mußte die andere jagen, und die Höhle wurde zum Freimal für die Gejagten. Die Schmugglerbande versuchte aus einem Depot möglichst viele Bälle zu holen und in ihre Höhle zu schleppen. Wurden sie von einem Jäger abgeschlagen, mußten sie die Bälle, die sie bei sich hatten, an die gegnerische Mannschaft abgeben.

Da die beiden Gruppen relativ klein waren und die Schmuggler aufgrund der Bälle, die sie tragen mußten, nicht so schnell laufen konnten, hatte Mario keine Probleme, die Spielübersicht zu behalten. Er schaffte es, viele Bälle für seine Mannschaft zu erjagen. Nach dieser Spielgruppenstunde ging er voller Stolz und bestens gelaunt nach Hause.

Abb. 61: Das Stuntmanspiel wird in dieser Gruppe häufiger gespielt. Hier besteigen zwei gerade ein Bergmassiv und haben dort eine Steilwand entdeckt, an der sie besonders gut trainieren können. Gleich muß Malte Platz machen, denn Stefan, als Colt Seavers, verkündet lautstark: „Achtung — ich steig' jetzt noch eine Stufe höher und springe!" Mario kuschelt sich in einer Verschnaufpause an mich und sagt: „So ein Stuntmanspiel hier bei dir in der Turnhalle ist voll geil, nur schade, daß es nur einmal in der Woche ist."

Abb. 62: Malte hat sich Sprung für Sprung weiter nach oben gewagt. Jetzt ist er an der vorletzten Sprosse angekommen. Höher dürfen die Kinder nicht, das hat der Gruppenleiter verboten. Dort kann man sich nämlich nicht mehr richtig festhalten. „Eh — Colt — zieh' doch mal den Verletzten weg!" „O. k. Howie — wird gemacht, ich sag' Bescheid, wenn alles klar ist." So geht das Gespräch hin und her. Die Jungen sind ganz in ihre Rolle vertieft und sprechen sich gar nicht mehr mit ihren richtigen Namen an.

„Pippi-Langstrumpf-Spiele"

Kinderliteratur, wie Astrid Lindgrens Abenteuer von Pippi Langstrumpf, beinhaltet eine große Zahl von Anregungen für kleine und große Rollenspiele. Pippis besondere Fähigkeiten, wie Kraft, Mut, Witz und ihre Überlegenheit gegenüber Erwachsenen machen sie zu einer beliebten Figur, die die Phantasie der Kinder stark anregt.

Eine Spielsequenz, die je nach Auslegung ein Rollen- oder Regelspiel sein kann, findet man im ersten Buch („Pippi Langstrumpf"; S. 197 f). Es ist die Geburtstagsfeier von Pippi. Die Szene spielt in der Küche, wo sie mit ihren Freunden Thomas und Anika ein Spiel erfindet, bei dem niemand den Fußboden berühren darf.

Zur Einstimmung wird diese Passage allen Kindern noch einmal in der Turnhalle vorgelesen. Dann versuchen alle die Küche von Pippi mit den Mitteln der Turnhalle und den Bildern, die sich bei ihnen im Kopf gebildet haben, nachzubauen.

Da mehr Kinder da sind als die Rollen von Pippi, Thomas und Anika, müssen zusätzliche Freunde von Pippi erfunden werden oder andere Figuren des Buches z.B. Herr Nilsson in diese Szene integriert werden. Eine Ausweitung des Spiels kann, je nach Bedarf und Möglichkeiten der Kinder, entweder durch eine vollkommen neu erdachte Handlung oder aber durch Fortführung der Geburtstagsfeier mit der Erforschung des „gespenstischen" Dachbodens geschehen.

Auch vorhergehende Kapitel, wie z.B. von Pippis Rettungstaten, dem Zirkusbesuch oder dem Kaffeetrinken auf dem hohlen Baum eignen sich für gruppenbezogene Rollenspiele.

Die Undurchführbarkeit vieler Handlungen des Buches in der Realität, fordert die Phantasie und Kreativität der Kinder in besonderem Maße heraus. Durch das eingeschränkte Rollenangebot in diesen Episoden, wird die Gruppe „gezwungen", Überlegungen anzustellen, die jedem Kind die Teilnahme in dem Rollenspiel ermöglichen.

Abb. 63: Pippi, gut erkennbar an ihren langen Zöpfen, und ihre Freunde haben gerade das Dach von Pippis Haus als Rutsche entdeckt und versuchen nun alle gleichzeitig herunterzurutschen. Axel (im Vordergrund) erschien das zu gefährlich. Er ist immer sehr bedacht und warnt auch andere Kinder vor Gefahren. Hier fand er es ungefährlicher vom Dach herunterzuspringen. Außerdem sei er so schneller unten, meint er.

Abb. 64: Maike ist die Jüngste in der Gruppe und braucht beim Klettern etwas länger. Wer aber auf der Fensterbank von Pippis Küche herumturnt, muß vorsichtig sein, auch wenn Torben schon etwas ungeduldig dahinter steht. Wer genau hinsieht wird aber merken, daß es mindestens zwei Gründe für seine Ungeduld gibt. Erstens möchte er natürlich gerne schnell weiterkommen und die zweite Ursache ist, daß er sich selber nicht so sicher dort oben fühlt.

Abb. 65: „Wen spielst du denn?", fragt Jana den neben ihr kletternden Pascal. Sie ist Anika und möchte gerne, daß Pascal ihren Bruder Thomas spielt, denn den Pascal mag sie sehr gerne. Eigentlich wollte er Herrn Nilsson, den Affen von Pippi, spielen. Aber auch er findet Jana ganz nett und willigt ein.

(Die drei Pippi-Langstrumpf-Bände, von Astrid Lindgren sind im Oetinger Verlag, Hamburg erschienen.)

115

„Vampirjagd"

Angeregt durch die Kindersendung und Buchreihe vom kleinen Vampir ergibt sich spontan ein Spiel, in dem Rüdiger, seine ganze Familie und sein Freund Anton von dem Vampirjäger — Herrn Geiermeier — gejagt werden. Der Ort der Jagd ist der Friedhof. Die Rolle des Geiermeiers ist sehr geeignet für Kinder mit großem Bewegungsdrang.

In den Geschichten vom „Kleinen Vampir" ist Herr Geiermeier zwar gar nicht so lebhaft, er schleicht eigentlich nur herum und beobachtet. Aber in diesem Spiel fordern die Kinder ihn dazu heraus sich zu bewegen, denn sie ärgern und hänseln ihn ständig.

Da es dem Geiermeier eigentlich niemals gelingt, einen Gefangenen zu machen, fällt es den Kindern im Spiel nicht so schwer, eine von allen akzeptierte Distanz einzuhalten.

Mitunter geschieht es aber auch, daß ein Herr Geiermeier die Hänseleien allzu ernst nimmt und die Distanz nicht mehr einhalten kann. Dieses muß natürlich in einem Gespräch geklärt werden. Meistens kommt dabei heraus, daß ähnliche, wenn auch versteckte Provokationen vorher schon statt gefunden haben. Diese waren dann ernst gemeint und hatten eine tiefere Bedeutung, die nicht im Spiel begründet war.

Die Rollen bei dieser Vampirjagd können noch „echter" gestaltet werden, wenn die Kinder sich mit etwas Schminke, einem Bettlaken als Vampirumhang bzw. einem Hut und Mantel (lange Jacke) für Herrn Geiermeier, verkleiden. Auch der Friedhof kann mit den Mitteln einer Turnhalle interessant improvisiert werden. Wird dieses Spiel häufiger durchgeführt, werden die Vampire bald auf die Idee kommen, sich mit Kastenteilen Särge zu bauen oder gar eine Gruft für die ganze Familie zu konstruieren.

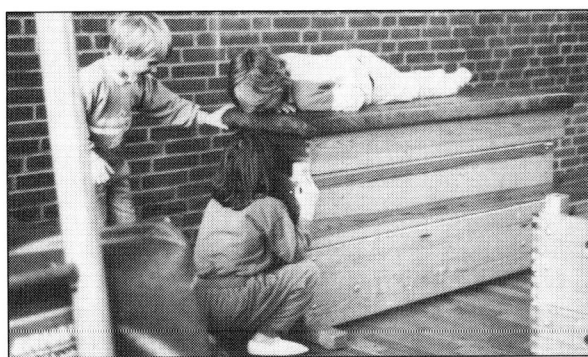

Abb. 66: „Oh, guckt mal, ein Vampir, der hat es aber gemütlich in seinem Sarg." Jana, Christian und Benjamin sind ganz schön keß, aber wenn der Vampir so in seinem Sarg sitzt und vor Angst nicht rauskommen mag, kann man ja auch mal mutige Sprüche machen oder sogar frech werden.

Abb. 67: Jana wollte ganz genau wissen, wie dieser Vampir sich verhält, wenn sie den Sargdeckel zur Seite schiebt. Anne, die den Vampir spielt, versucht zu fliehen um sich einen anderen, noch nicht bewohnten Sarg zu suchen. Sie traut ihren Entdeckern nicht. Aber auch Christian, der zunächst keine Angst zu haben schien, hat sich einige Meter zurückgezogen. So ein Vampir ist ihm doch noch etwas unheimlich.

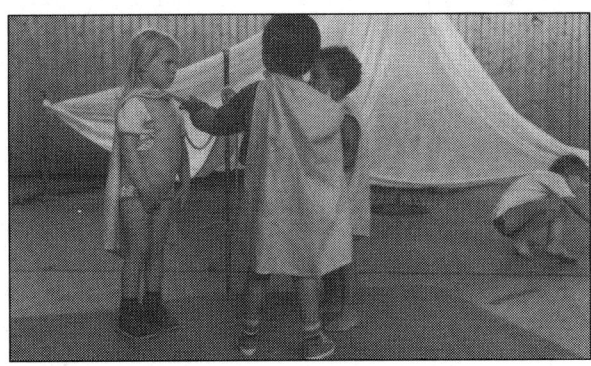

Abb. 68: Lisa, Marcel und Sally stehen vor Schloß Schreckenstein und schmieden einen Plan, wie sie Geiermeier entgehen können. Marcel erklärt: „Also Lisa, wenn der Geiermeier kommt, dann lenk' ich ihn ab. Weil ich so schnell laufen kann, fängt er mich bestimmt nicht, und du kannst dich schnell verstecken. Und du auch Sally."

(Noch mehr Anregungen bekommt man beim Lesen der Bücher vom „Kleinen Vampir", geschrieben von A. Sommer-Bodenburg, erschienen in der Reihe RoRoRo — Rotfuchs, Reinbek).

„Seenotrettung"

Abenteuerspiele mit den Elementen Gefahr und Sicherheit bzw. Unglück und Rettung kommen immer wieder in der kindlichen Phantasie vor.

Eine Schiffsreise und Wasser werden häufig mit Ertrinken und Tod in Verbindung gebracht.

In einer Spielgruppenstunde entstand als Spielidee eine Atlantiküberquerung, bei der ein Frachter mit seiner Mannschaft in Seenot gerät. Der Frachter (Weichbodenmatte auf sechs Rollbrettern) verliert im Sturm einen Teil seiner Ladung, z.B. Schaumstoffteile, Gymnastikstäbe, etc. Sie ist in Containern (kleine Kästen) untergebracht und wird von den Matrosen wieder aufgefischt. Dabei erweisen sich Kunststoffhockeyschläger als gute Hilfsmittel. Aber auch Matrosen fallen über Bord. Der Kapitän gibt mit einem Verkehrshütchen als Megaphon Alarm und leitet die Rettungsaktionen. Mit Rettungsbooten (Rollbrettern) werden die Ertrinkenden gesucht und zum Schiff geschleppt. Dort werden sie mit Seilen an Bord gezogen und später von einem Seenotkreuzer, der über Funk gerufen wurde, an Land gebracht und versorgt.

Das Spiel beinhaltet eine Menge interessanter Rollen, die je nach Phantasie und Erfahrung der Kinder unterschiedlich gestaltet werden. Auch hier tritt, wie bei dem Feuerwehrspiel, das Problem auf, daß es viel mehr Helfer als Hilfsbedürftige gibt. In diesem Spiel sind die Rollen allerdings offener definiert, denn ein Kapitän, Maschinist oder Steuermann kann ebenfalls über Bord gehen. Die Kinder können somit jederzeit selber entscheiden, ob sie sich in Gefahr begeben und von ihrer Mannschaft retten lassen wollen.

Eine phantasievolle Rolle ließen sich zwei Kinder einfallen. Sie spielten zwei Delphine, die das Schiff mal begleiteten und gefüttert wurden, die aber auch kreuz und quer durch das Meer toben und miteinander spielen konnten. Wenn jemand über Bord fiel, war es für sie selbstverständlich, daß sie beim Retten halfen. Somit nahmen sie am Spiel teil, waren jedoch weniger abhängig von den Rollen und Entscheidungen ihrer Mitspieler.

Trotz ständig neuer und spontaner Impulse von allen Kindern, haben sie ein gemeinsames Ziel, auf das sie sich konzentrieren. Das bedeutet aber auch, daß sie ihre Ideen und Handlungen ständig neu koordinieren müssen, also permanent Informationen austauschen müssen. Die große Enge auf dem Schiff fordert besondere Rücksichtnahme untereinander und kann Anlaß für Probleme sein. Die oben beschriebene Sonderrolle war z.B. eine von allen akzeptierte Lösung.

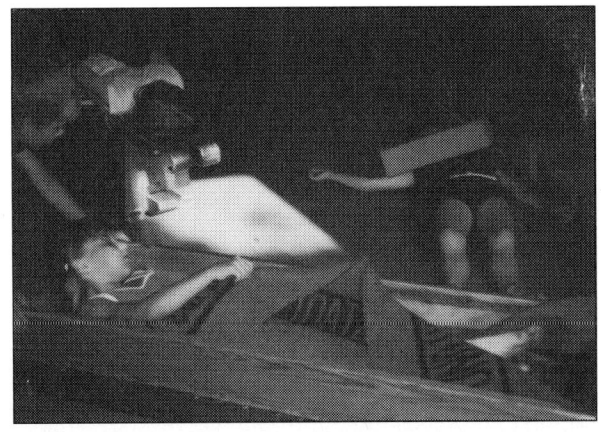

Abb. 69: Es hat eine große Schiffskatastrophe gegeben. Der Frachter ist in einen schweren Sturm geraten und gesunken. Zum Glück konnte der Kapitän noch SOS funken, bevor auch er das Schiff verließ. Joachim hat den SOS-Ruf aufgefangen und ist mit einem Seenotkreuzer herbeigeeilt. Katrin konnte er schon bergen, obwohl die sich so echt bewußtlos gestellt hat, daß er Mühe hatte, sie in sein Schiff zu heben. Mit einem prüfenden Blick auf ein weiteres, im Wasser treibendes Besatzungsmitglied wägt er ab, ob er da die gleichen Schwierigkeiten bekommen könnte. Etwas Erfahrung hat er ja nun schon. Für die/den nächste/n im Wasser Treibende/n will er sich eine/n Helfer/in suchen. Das dritte Katastrophenopfer, es ist Jan, konnte sich auf eine Schiffsplanke retten.

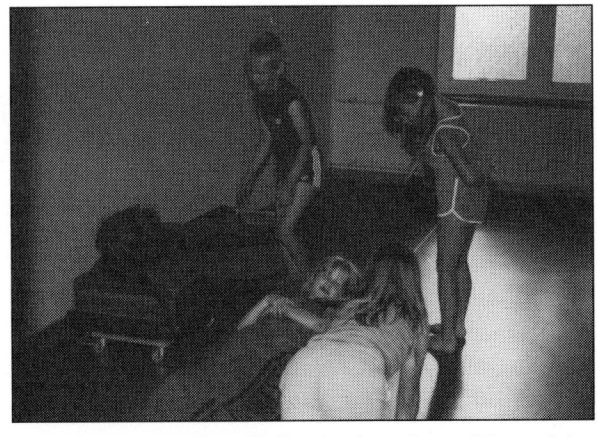

Abb. 70: Joachim hat die geborgenen Seeleute gleich in das Hafenkrankenhaus transportiert, wo sie von Arzt und Pflegepersonal versorgt werden. Katrin hat, wie man sieht, einen Rollenwechsel vorgenommen. Nachdem sie gerettet worden war, hat sie gemerkt, daß ihre Hilfe im Krankenhaus dringend benötigt wird. Sie erschien allen besonders geeignet für diese Rolle, da sie aufgrund ihrer vielen Krankheiten eine Menge Erfahrungen mit Ärzten gesammelt hat. Fachmännisch stellt sie Fragen, horchte die Herztöne ab, fühlte den Puls und überprüft Reflexe. Hier ordnet sie an: „Sabine, du mußt zwar zwei Wochen im Bett bleiben, aber wenn du Langeweile hast, erzähle ich dir Geschichten."

„Sumpfüberquerung"

Die Turnhalle wird zu einem Sumpfgebiet erklärt. In diesem leben gefährliche Tiere, z.B. giftige Schlangen und menschenfressende Alligatoren.

Man kann in diesem Sumpf auch versinken, wenn man keine helfenden Freunde hat und kein rettendes Ufer in der Nähe ist.

An den kurzen Hallenseiten gibt es je eine Insel, auf der alle Menschen sicher sind. Außerdem gibt es einige alte Baumstümpfe (Bock, kleine Kästen), auf die man sich retten kann.

Es ist die Aufgabe der Spieler, den Sumpf zu überqueren. Ein zusätzliches Ziel ist es, daß möglichst alle unversehrt die gegenüberliegende Insel erreichen. Der Gruppe steht Material zur Verfügung, mit dem sie sich ein Floß bauen kann (Weichbodenmatte, Rollbretter, Bank). Auch Stäbe und lange Seile für die Fortbewegung sind vorhanden.

Einige Kinder aus der Gruppe können die Rolle von gefährlichen Tieren übernehmen, die jede Unachtsamkeit der Floßfahrer sofort ausnutzen. Um eine höhere Motivation zu erzeugen und Regelbewußtsein bei ihnen zu steigern, kann man vereinbaren, daß jede Verletzung eines Flößers durch die Tiere mit einer Toilettenpapierbandage gekennzeichnet wird. Als eine weitere Steigerung kann man vereinbaren, daß der Verletzte nur noch die Gliedmaßen einsetzen darf, die unverletzt sind.

Das Spiel kann die unterschiedlichsten Verläufe nehmen, z.B. werden alle Floßfahrer so verletzt, daß sie sich nicht mehr vorwärtsbewegen können. Dies kann zum Ende des Spiels führen, oder ihm eine vollkommen neue Zielrichtung geben. Es könnte sich aber auch ergeben, daß alle auf dem Floß vollkommen souverän sind. Sie beschließen, die gefährlichen Tiere zu fangen, mitzunehmen, in einen Käfig auf einer der Inseln zu bringen, dort mit den Menschen vertraut zu machen und wieder in ihr Sumpfgebiet zu schikken. Vielleicht helfen diese Tiere dann sogar in Not geratenen Menschen.

Wenn man in diesem Spiel anfängt, die Einhaltung von Regeln zu fordern und diese (evtl. durch den Spielleiter) kontrolliert, beginnt das anfängliche Rollenspiel sich zu einem Regelspiel zu verändern (s. S. 214).

Die Kontrolle und Auswertung des Spieles kann nach und nach vollkommen von den Kindern übernommen werden.

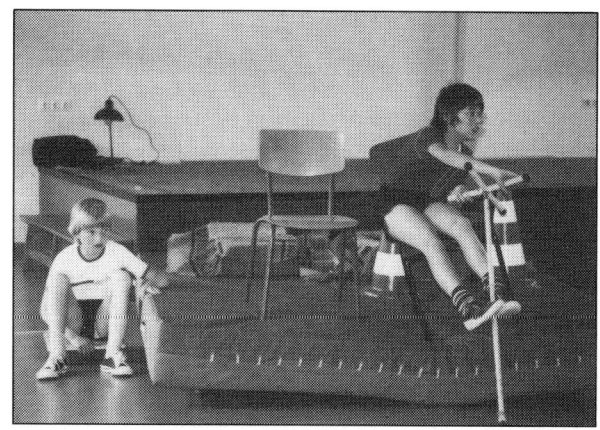

Abb. 71: Rüdiger fühlt sich ganz sicher auf dem großen Boot, hier können ihm die Sumpfbewohner nichts anhaben. Nils ist da schon viel skeptischer. — Ob das Sumpfmonster mich wohl von meinem kleinen Fahrzeug stößt? Aber das darf es ja nicht, das war vorher ausgemacht. — Trotzdem bleibt er lieber in der Nähe des großen Bootes. Notfalls ist er mit einem Sprung in Sicherheit. Es ist gar nicht leicht, große Spannungen auszuhalten, die starke Lust-, aber auch Angstgefühle auslösen können. Hier lernen die Kinder ihre Grenzen kennen, und so etwas bereitet manchmal Tränen.

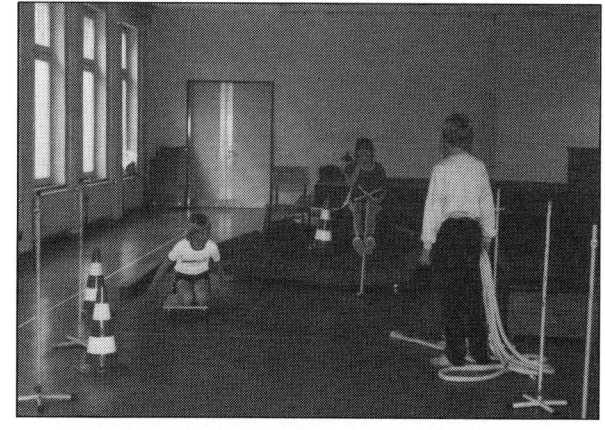

Abb. 72: „Also los jetzt — ihr müßt auch mal von euren Booten herunterkommen, sonst hab' ich keine Lust mehr", fordert Christian die beiden Mitspieler auf. Obwohl er Nils und Rüdiger keine Sekunde aus den Augen läßt, bietet sich ihm keine Möglichkeit, einen der beiden zu greifen. So verliert das Spiel seinen Reiz für ihn, und das sagt er seinen beiden Mitspielern auch. Mit einer neuen Regel, die das Verlassen der Boote vorschreibt, würde das Spiel wieder interessant werden.

„Expedition ins Tierreich"

Viele Rollenspiele, in denen Tiere vorkommen, drehen sich entweder um Pflege und Freundschaft zwischen Mensch und Tier (auch Tiere untereinander), oder aber die Themen Suchen und Fangen bestimmen die Handlung. Zu beiden Themenkreisen haben viele Kinder Informationen aus Tiergeschichten und Dokumentationen. In Kinderbüchern und im Fernsehen werden sie fast ständig damit konfrontiert. Ein Expeditionsspiel könnte z.B. folgendermaßen aussehen:

Wir alle sind Wissenschaftler und haben den Auftrag erhalten, seltene Tiere zu suchen. Für diesen Zweck wird ein Flugzeug gebaut, mit dem die Expeditionsmannschaft in verschiedene Erdteile reist.

Bevor die Maschine abhebt, wird die Rollenverteilung noch einmal geklärt, und die Mannschaft muß sich darauf einigen, welches Tier als nächstes gesucht werden soll. Die Expeditionsteilnehmer haben Filmkameras, Ferngläser und Fotoapparate dabei und auch ein Betäubungsgewehr für den Fall, daß ein Mensch angegriffen wird. Darauf bestanden Jan und Olaf. Jedes Kind, das möchte, kann im Wechsel ein Tier spielen. Auch Flugkapitän und Co-Pilot des Expeditionsflugzeuges sollen je nach Bedarf abgewechselt werden. Um die Suche nicht zu einfach zu machen, werden Kästen, Bänke, Matten und Böcke in der Halle aufgebaut, so daß sich Verstecke für die Tiere ergeben. Nach der Landung des Flugzeuges schwärmen die Wissenschaftler aus, um das Gebiet zu erforschen und nach dem vereinbarten Tier zu suchen. Während die Forscher im Flugzeug saßen, hat dieses sich natürlich gut versteckt. Als es dann aber doch entdeckt wird, kommt es sehr in Bedrängnis. Einige der Expeditionsteilnehmer wollen den Puma nicht nur filmen, sondern auch gleich fangen und mit ins Flugzeug schleppen. Dies würde evtl. eine handgreifliche Auseinandersetzung mit sich bringen, denn gerade Olaf, der den Puma spielt, läßt sich nicht gerne fangen und festhalten. Dieses erklärt auch sehr deutlich, weswegen er ein Puma sein wollte. Mitunter kann es daher wichtig werden, besondere Regeln zu vereinbaren, durch die sowohl die Tiere als auch die Expeditionsteilnehmer geschützt werden. Eine solche Lösung kann für den allergrößten Notfall das Betäubungsgewehr sein. Es kann aber auch vorkommen, daß ein Tier gar nicht darauf reagiert oder nur noch wilder wird. In diesem Fall kann die Expeditionsmannschaft froh sein, wenn sie ihr rettendes Flugzeug erreicht.

In diesem Spielverlauf war es, zum Glück für den Puma, so, daß einige der Wissenschaftler seine Verteidigung übernahmen. Hannes argumentierte, daß auch Menschen sich nicht gerne einsperren lassen und lieber bei ihrer Familie leben würden. Dieses kritische Bewußtsein wird nicht immer von den Kindern ins Spiel gebracht. Dann sollte der/die Gruppenleiter/in vorsichtig versuchen, den Kindern diese Gedanken nahezubringen. Die meisten von ihnen sind schon einmal in irgendeiner Form davon berührt worden.

Abb. 73: „Oh, guckt mal, eine Riesenschlange! Meint ihr, daß wir noch dichter an sie 'ran dürfen?" Frederike hat große Angst vor Schlangen, aber bei dieser hier in der Turnhalle wird sie etwas mutiger. Benjamin ist aber auch eine besonders liebe Schlange, die vor Spielbeginn betont hat, daß sie nicht giftig ist. Mit seinem Namen „Boa-Constrictor" hatte er einige Schwierigkeiten, aber wenn er sich verhaspelte, halfen ihm der Gruppenleiter oder Hannes, der auf diesem Gebiet sehr bewandert ist. Die Verfolgung der Schlange erforderte von einigen ganz schön viel Mut und Konzentration. Frederike und Jenny beschlossen daher, den Abgrund genauso wie die Riesenschlange zu überwinden. Das schien ihnen am sichersten zu sein.

Abb. 74: „Wo ist bloß dieser Puma?" denken Lars und Torben und blicken etwas unsicher umher. Weit trauen sie sich nicht von der Gruppe fort. Vor der Gefährlichkeit des Pumas hat der Expeditionsleiter sie gewarnt. Trotz intensiver Suche konnte die Raubkatze noch nicht entdeckt werden, und so beraten die Expeditionsteilnehmer, wie sie weiter vorgehen wollen. Jan schlägt vor, den Puma irgendwie anzulocken. Arne hingegen rät dazu, die Suche abzubrechen und weiterzufliegen. Offenbar hätte der Puma den Wunsch, in Ruhe gelassen zu werden.

„Affenkäfig"

Zoo- und Zirkusbesuche regen die Phantasie der Kinder immer wieder sehr stark an. In der Spielgruppenstunde äußert sich dies dann meistens durch eine Reihe von Rollenspielthemen aus diesem Milieu. Der Affenkäfig bietet eine sehr offene Ausgangssituation:

Die Kinder toben als Affen wild und ausgelassen durch die Turnhalle. So wird diese zum Affenkäfig, in dem es z.B. Schaukeln, Verstecke, viele Klettermöglichkeiten und eine Rutsche gibt. Auf der „Affenschaukel", einer zwischen vier Klettertauen aufgehängten Turnmatte, können gleich drei bis vier Affen gleichzeitig schaukeln. Meistens sitzen oder liegen sie, einige turnen dabei sogar herum.

Zwei Taue sind übrig, sie werden zu Lianen, mit denen man von einem kleinen Kasten zum anderen schwingen kann. An der Schwedenleiter entsteht ein Klettergerüst, das gleichzeitig als Versteck dient. Hierzu werden drei Bänke an ihr eingehängt und am anderen Ende auf zwei große Kästen aufgelegt. Dann werden die Bänke mit einer Weichbodenmatte und einer Turnmatte abgedeckt. Zur Absicherung werden um diese Plattform weitere Turnmatten gelegt. Unter diesem Bauwerk ist es schön schummrig. Wenn auch die Seiten noch zugebaut werden, kann man von niemandem gesehen werden.

Die Rutsche ist schnell am Reck angebaut. Sie läßt sich leicht in der Höhe verstellen, je nachdem, wie mutig und sicher die Affen sind. Von jeder Seite wird eine Bank an der Reckstange eingehängt, darunter wird eine Weichbodenmatte geschoben, und fertig ist die Rutsche. Um verschiedenen Ansprüchen gerecht zu werden, kann man auch eine zweite Reckstange zwischen die Pfosten montieren. So hat man die Möglichkeit zu variieren bzw. ein zusätzliches Angebot zu machen.

Die Affen toben in Horden durch den Käfig, und es bilden sich Familien mit frechen Affenbabies, sorgenden Müttern und respektablen Vätern. Eine Familie baut sich mit ein paar Tüchern und Laken in dem Versteck eine gemütliche Höhle, die zu ihrem Leidwesen häufiger zum umstrittenen Objekt wird.

In der abgeschirmten Gemütlichkeit der Affenhöhle fangen zwei Affenmädchen nach einer Weile erst leise, dann lauter an zu singen. Das Lied heißt: „Die Affen jagen durch den Wald."

Nach und nach kommen alle anderen dazu und stimmen, soweit bekannt, in das Lied mit ein. Dann entwickelt sich langsam aus dem Lied ein „Spiel im Spiel", zunächst pantomimisch, dann raumgreifend und sehr bewegungsintensiv; denn „alle suchen nach der Kokosnuß" (Schaumstoffball). Es kommt auch vor, daß die Affen Lust auf ein Regelspiel bekommen. Fang- und Versteckspiele (s. Kap. 3.4, S. 140-179) lassen sich in einem Affenkäfig voller Geräte sehr gut spielen. Aber in einem Affenkäfig ist sowieso alles möglich.

124

Abb. 75: Drei Affen wurden eingefangen. Sie hatten sich in der Großstadt verlaufen. Um sie vor Wilddieben zu schützen, werden sie erst einmal in den Zoo transportiert. Dafür eignet sich der Gitterwagen, in dem sonst die Gymnastikbälle aufbewahrt werden, hervorragend. Diese Affen stört es nicht einmal, daß der Käfig oben zugebunden wird. Sie haben Vertrauen zu den Fängern, und der Gruppenleiter ist auch in der Nähe. Mit dieser Gewißheit haben sie sich vollkommen freiwillig in diese Situation begeben.

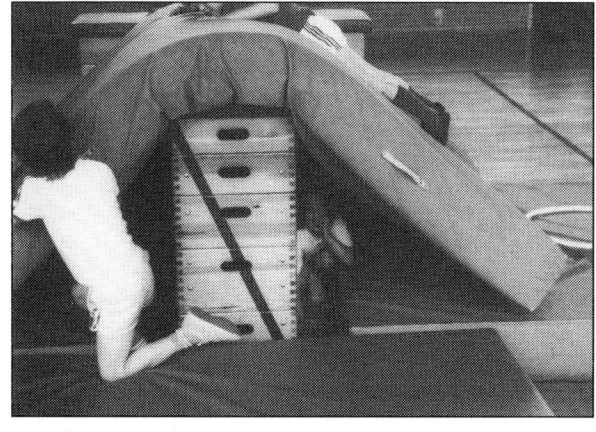

Abb. 76: Das kleine Affenmädchen Maike hat die Kokosnuß hinter sich versteckt und hofft, daß dies nicht entdeckt wird. Die Situation ist für sie so spannend, daß sie sich sogar auf die Fingernägel beißt. Sie hat zum Glück Helfer. Ihr Affenbruder Torben versucht den suchenden Affenopa abzulenken und ein anderes Versteck interessant zu machen. Die Absprache mußten Torben und Maike natürlich heimlich und ohne Worte machen. Das Gefühl, sich auf jemand anderes verlassen zu können, hilft den Kindern in der Gruppe auch schwierige Aufgaben und Rollen zu übernehmen. Mit dieser Erfahrung ist es viel leichter, sich auch außerhalb der Turnhalle auf andere einzulassen und mit ihnen gemeinsam schwierige Situationen zu bewältigen. (Das Lied zu dieser Spielidee ist zu finden in: „Die Mundorgel", Liednr. 231 Köln 1968).

„Affenschule"

In einer anderen Gruppensituation, bei der ein ähnlicher Geräteaufbau wie im „Affenkäfig" den Rahmen bildete, entstand nach einem Zirkusbesuch die Idee, „Affenschule" zu spielen. Es war für die Kinder keine Frage, daß es für diese Tiere eine Schule gibt, in der sie ihre Kunststücke lernen. Es bildeten sich verschiedene Gruppen, in denen unterschiedliche Kunststücke ersonnen und geübt wurden. Es gab natürlich auch Lehrer, die dieses beaufsichtigten und Vorführungen einzelner Gruppen, die sich spontan ergaben, leiteten.

Hierbei gab es die verschiedensten Typen von Lehrern. Da waren strenge Lehrer, die ständig mit ihren Affen schimpften und sehr auf Disziplin achteten. Dann gab es die herzlichen, „mütterlichen" Lehrer, die sehr um die Gesundheit ihrer Affen besorgt waren und schließlich noch die lustigen Lehrer, die mit den Affen herumtobten und selber Kunststücke machten. In dem abschließenden Gespräch der Spielgruppenstunde gab es eine Menge zu besprechen. Nicht nur Ideen für Kunststücke wurden ausgetauscht, sondern auch das unterschiedliche Lehrerverhalten kritisiert und Verbesserungsvorschläge gesammelt. Die Erfahrungen mit Erziehern und Berichte von älteren Geschwistern bildeten einen ausreichenden Hintergrund für die Beurteilung der Kinder.

Abb. 77: *Lenny macht seinem Affen-schüler alles vor, was dieser machen soll. Er sagt: „Ich kann ja die Affenspra-che nicht, und wenn mein Affe alles richtig machen soll, muß ich es schon vormachen." Er geht ganz konzentriert voran über den schmalen Balken und seine Affenschülerin Bianca hinterher. Er verlangt von ihr nicht mehr, als er selber kann, und da er nicht sehr sicher ist beim Balancieren, hat Bianca genau die richtige Wahl getroffen. Denn sie hat einige Probleme mit ihrer Bewe-gungskoordination. Die Affen im Hinter-grund sind schon bei der höheren Af-fenschule.*

Abb. 78: *„Aber eine Pause müssen wir auch haben, wo wir machen dürfen was wir wollen." Das war die Forderung der Affenschüler an die Lehrer, und diese bewilligen das nur zu gerne. Denn auch sie wollen zwischendurch gerne mal to-ben oder entspannen.*

„Zirkus"

Das Thema Zirkus tritt relativ häufig in Spielgruppen auf. Wenn die Kinder Minitrampolin springen, anspruchsvolle Balanciersituationen meistern oder aber in einer größeren Gruppe gemeinsam Bewegungsaufgaben lösen, entsteht oftmals spontan der Wunsch nach einem Zirkusspiel oder sogar nach einer richtigen Zirkusvorstellung vor einem Publikum. Je nachdem, in welchem institutionellen Rahmen die Gruppe integriert ist, bieten ein Sommerfest, Elternnachmittage oder Einladungen anderer Gruppen zur Spielgruppenstunde die Möglichkeit, sich vor anderen zu produzieren.

Es gibt eine Menge hilfreicher Literatur zum Thema Zirkus (siehe S. 266 ff.), in der nicht nur Kunststücke und Darbietungen beschrieben, sondern auch Anregungen für Verkleidung und Gestaltung sowie Ratschläge zur Organisation einer Zirkusvorstellung gegeben werden.

An dieser Stelle sollen nur einige Ideen und Tips für eine Zirkusvorstellung im kleinen Rahmen zusammengefaßt werden. Ein Muß für jede Zirkusvorstellung sind die Clowns. Die Clownrolle ist bei den Kindern die beliebteste, und man muß bei der Planung des Programms aufpassen, daß man nicht nur Clowns hat. Die Vorführung einer lustigen Nummer sieht zwar immer sehr leicht aus, ist aber, ohne genaue Absprache und Einübung der Handlung, selten erfolgreich.

Wichtig sind auch Schminke, Verkleidung und kleine Juxartikel, wie z.B. eine quietschende Nase, Luftballons unter der Kleidung usw. Tierdressuren gehören ebenfalls zum ständigen Repertoire eines Zirkus.

Der Dompteur von Raubkatzen genießt ein großes Ansehen bei den Kindern. Er muß sehr stark sein, da die gefährlichsten Tiere ihm gehorchen. Zum Beispiel bringt er die Raubkatzen dazu, über eine Bank zu balancieren, durch einen mit Zeitungspapier bespannten Reifen zu springen, Pyramiden zu bilden und mit ihm zu schmusen.

Auch Pferdedressuren stehen immer wieder auf dem Programm. Zur Musik bilden die Pferde Formationen und springen über Hindernisse. Für witzige Einlagen sorgt ein kleines Pony, das ab und zu aus der Reihe springt und sich allerlei einfallen läßt, um den Dompteur zu necken. Auch hier ist die Aufmachung von großer Bedeutung. Mit Kartons, Wollresten, Federn und Farbe entstehen die herrlichsten Zirkuspferde, vom Schimmel bis zum Rappen.

Eine wichtige Schaunummer, an der oft die ganze Gruppe mitwirkt, präsentieren die Akrobaten. Mit Hilfe des Minitrampolins machen sie Rollen, Flugrollen und einige sogar Salti. Dann springen sie zum Trommelwirbel über 1, 2, 3 . . . Freiwillige hinweg. In dieser Nummer kann auch ein Clown ein

Abb. 79: Zwei der Clowns bedienen den Vorhang, hinter dem die Artisten warten. Hier haben sie ein ganz ernstes Gesicht, aber der Zuschauer wird bald merken — sie haben den Schalk im Nacken.

Abb. 80: Das schwere Gewicht, daß der „starke August" liegengelassen hat, heben die Clowns mit Leichtigkeit hoch und tragen es aus der Manege. Das gibt garantiert einen Lacherfolg.

Abb. 81: Brav sitzen die Raubkatzen auf ihren Plätzen. Denn der Löwe „Leopold" zeigt gerade die schwierigste Übung — er springt durch den brennenden Reifen. Zur Belohnung bekommt er einen liebevollen Klaps und eine kleine Brezel. Zukker nimmt er nicht, denn er hat Angst um sein furchterregendes Gebiß.

gebaut werden, der Juxsprünge vollführt, aber auch einmal ängstlich ist; ein Clown darf das.

Eine weitere Darbietung sind Synchronsprünge. Hierzu braucht man zwei Sprungbahnen nebeneinander, so daß die Paare, die sich zusammengetan haben, ihre Übereinstimmung demonstrieren können.

Auch die Seiltänzer gehören zu den beliebten Akrobaten. Sie stellen jedoch etwas Besonderes dar und arbeiten in kleineren Gruppen. Als Drahtseil wird eine Bank (evtl. umgedreht) oder ein Schwebebalken benutzt. Die Höhe bestimmen die Kinder selbst, je nach Sicherheit und Risikobereitschaft. Ein Regenschirm, eine Hochsprunglatte oder ein Besenstiel können dem Seiltänzer als Hilfsmittel dienen. Höhepunkte der Darbietung können z.B. eine einbeinige Kniebeuge oder die Begegnung und der Seitenwechsel von zwei Seiltänzern sein.

Eine witzige Einzeldemonstration, die sich gut zur Überbrückung von Umbaupausen eignet, ist der „Kraftmeier". Seine Superkräfte werden schon beim Anblick deutlich. Dazu werden Schaumstoffpolster und Kisten geschickt unter dem Kostüm verteilt. Aber auch seine Vorführung z.B. mit den Elementen Gewichtheben, Stahl verbiegen und einem Wettziehen mit einigen Zirkuspferden sorgen für Eindruck. Hierfür lassen sich geeignete Gewichte leicht aus einer Gymnastikstange und schwarz angemalten Styroporklötzen basteln. Die Eisenstange für das Biegekunststück besteht aus einem Stück schwarzem Wasserschlauch, in den ein Draht eingezogen ist.

Besonders wichtig für das Gelingen des Zirkus ist die Rolle des Direktors. Er ist derjenige, der die Nummern ansagt, aufruft und z.T. selbst kommentiert. Er sammelt Informationen und gibt sie weiter. Dies ist für Kinder in diesem Alter eine sehr hohe Anforderung. Daher muß der Spielgruppenleiter ihn sehr einfühlsam unterstützen, ohne dem eigentlichen Zirkusdirektor seine Aufgabe und damit das Gefühl der Verantwortung abzunehmen.

Ein wichtiges Element zur Unterstützung einzelner Vorführungen, sowie der Kommentare und Aufrufe des Zirkusdirektors, stellt eine Musikkapelle dar. Sie muß nicht sehr groß sein, drei Musiker reichen vollkommen aus. Mit selbstgebastelten Instrumenten, wie Trommel, Blasinstrument, Rassel und Becken unterstreichen sie spannende Situationen, geben einen Tusch oder begleiten den Ein- und Ausmarsch der Künstler.

Das Gelingen eines Zirkusspiels hängt sehr stark von der Atmosphäre ab, die durch Verkleidungen, Gestaltung der Manege und der Gesamtaufmachung des Zirkus erzeugt wird.

Die Rollenübernahme fällt den Kindern in der geeigneter Kostümierung viel leichter. Ihre Kreativität wird zusätzlich angeregt und die Angst vor der ei-

Abb. 82: „Die große Menschenpyramide, meine verehrten Zuschauer. Sie ist einzigartig an diesem Ort!" So wird die Akrobatennummer angepriesen. Größere Kinder bilden das Fundament, so daß der Kleinste und Jüngste aus der Truppe keine Angst haben muß, daß die Pyramide unter ihm zusammenbricht. Außerdem steht seine Gruppenleiterin auffangbereit hinter ihm.

Abb. 83: Fatma hat ihre Wunschrolle bekommen. Als Seiltänzerin zeigt sie, wie sicher sie balancieren kann. Die Luftballons in ihren Händen sind nicht nur Dekoration. Im zweiten Teil ihres Auftritts wird sie gemeinsam mit ihrer Freundin Melanie einen Luftballontransport auf dem Balken versuchen, ohne dabei die Hände zu gebrauchen. Auf dem Hinweg versuchen sie es mit den Köpfen, auf dem Rückweg mit den Bäuchen.

Abb. 84: Hier kommen „die fliegenden Hamburger", eine Gruppe von älteren Kindern, die eine Trampolinnummer einstudiert hat. Sie und ihre Gruppenleiterin haben viel Arbeit bei der Vorbereitung dieser Zirkusvorstellung geleistet. Sie haben die Bewohner des Stadtteils mit Handzetteln eingeladen und kräftig beim Aufbau in der Turnhalle mitgeholfen.

genen Courage schnell vergessen. Der Aufbau eines Zirkuszeltes ist relativ einfach. Mit einem großen Schwungtuch von 7x7 m als Zeltdach und zwei kleineren Tüchern (3x3 m oder 4x4 m) als teilbaren Vorhang, dauert der Aufbau höchstens 15 Minuten. Am besten ist es, in der Mitte des Tuches ein kleines Seil zu befestigen, dieses wiederum an einen Turnring zu binden und das Ganze kann man dann soweit wie nötig in die Höhe zu ziehen. Die Seiten kann man dann wie bei einem Zelt aufspannen. Auf die offene Seite der Manege stellt man halbkreisförmig Turnbänke und/oder andere Sitzgelegenheiten auf. Für den Zirkus muß natürlich auch ein Name gefunden werden. Mitunter führt dies zu heißen Diskussionen. Manchmal ist man sich aber auch schon nach einer kurzen Abstimmung einig.

Die Vorbereitung einer Zirkusvorführung zieht sich erfahrungsgemäß über einen längeren Zeitraum hin. Entweder tritt das Bedürfnis in unregelmäßigen Abständen spontan immer wieder auf, so daß dann kleinere Sequenzen eines Zirkusspiels durchgeführt werden, oder es wird vereinbart, daß regelmäßig eine bestimmte Zeitspanne zum „Üben" der Zirkusvorstellung verwendet wird. Konsequent läßt sich dies jedoch selten durchführen. In beiden Fällen ist das Ergebnis eine allmähliche Füllung des Programms, und je näher die Vorstellung rückt, desto intensiver werden die Vorbereitungen. Dann ist zusätzliches Motivieren nicht mehr nötig.

Auch die Erzieher und Eltern müssen dann mit herangezogen werden, für verschiedene Bastelarbeiten und zum Aufbau des Zirkus für die Generalprobe und Vorstellung.

Nach solch einem gemeinsamen Projekt tritt häufig der Wunsch nach einer Wiederholung auf. Die Kinder sind dann auch viel leichter zu motivieren, mal ein kleines Theaterstück aus einem Märchen oder einem ihrer Kinderbücher zu spielen und anderen vorzuführen. Hierzu gibt es in den Büchern „Kinder spielen Märchen" von ZITZELSBERGER (Beltz Verlag 1980) und „Spielen und Darstellen" von G. SEIDEL und W. MEYER (Verlag Erziehung und Wissenschaft Hamburg 1982) viele interessante Ideen und Ratschläge.

Manchmal ergeben sich aus Projekten, wie dem hier beschriebenen, intensivere Beziehungen zwischen einzelnen Gruppen. Sie laden sich gegenseitig zum Spielnachmittag ein, führen am Wochenende einen gemeinsamen Ausflug durch oder besuchen zusammen Veranstaltungen, wie z.B. eine Vorstellung im Kindertheater.

Ein Projekt „Zirkus", bei dem ohnehin die Zahl der aktiv Beteiligten sehr groß ist und dadurch für eine breite Informationsstreuung sorgt, kann auch darüber hinaus sehr öffentlichkeitswirksam sein. Die Voraussetzung hierfür ist, daß im Vorwege eine möglichst umfangreiche Werbung stattfindet (Stadtteilzeitung, Plakate, Handzettel und Tageszeitung).

132

Abb. 85: Daß Markus der Direktor des Zirkusses ist, hat jeder Teilnehmer sofort erkannt. Er hat sein Sonntagsjacket, weißes Hemd und die Fliege von seinem großen Bruder mitgebracht. In der Tasche hat er einen kleinen Spickzettel, so daß er immer den Überblick behält.

Abb. 86: Aufmerksam beobachtet Nils das Geschehen in der Manege und seine Gruppenleiterin. Manchmal entscheidet er selbst, ob ein Trommelwirbel oder Paukenschlag angebracht sind, oder aber er wartet auf das Zeichen von ihr.

Abb. 87: „Das ist ja ganz schön gefährlich, so hoch oben an den Ringen zu turnen." Dies wird manch einer der jungen Zuschauer hier denken. Sie sind vollkommen gebannt, und wenn der Trommelwirbel im Hintergrund nicht wäre, dann könnte man eine Mücke husten hören. Nach soviel Anspannung muß aber wieder etwas Lustiges

kommen — möglichst zum Mitmachen. So still sitzt man ja nicht einmal in der Schule oder im Kindergarten.

133

Die Veranstaltung selbst vermittelt ein eindrucksvolles Bild von den verschiedenen Gruppen und der pädagogischen Arbeit, die in ihnen geleistet wird. Hierdurch werben Spielgruppen für sich, so daß es nach einer Aktion wie dieser immer eine große Zahl von Anfragen gibt. (s. auch Kap. 4.5, S. 265)

Abb. 88: Mit einigen Schwungtüchern und Fallschirmen läßt sich relativ leicht ein Zirkuszelt bauen. Aber auch andere große Tücher eignen sich dafür. Dazu spannt man einige lange Seile so von einer Wand zur anderen, daß man die Tücher darüberziehen kann. Diese werden dann mit Wäscheklammern und einigen Knoten an den Ecken befestigt.
Will man nur ein kleines Zirkuszelt bauen, so geht das am besten mit Turnringen und einem großen Schwungtuch (7x7 m). Zunächst wird ein kleiner Ball in die Mitte des Tuches gelegt und von der Rückseite mit einer Schlinge so festgebunden, daß er fest ist und einen Haltepunkt für das Tuch bildet. Die Seilenden der Schlinge bindet man dann an den Ringen fest, zieht dies hoch und spannt das Schwungtuch an den Seiten ab.

Abb. 89: „Beim nächsten Mal mache ich etwas noch Schwereres", erklärte Melanie in der Spielgruppenstunde nach der Zirkusvorstellung. Alle anderen nicken zustimmend, auch sie wollen sich das vornehmen. Seitdem übt Melanie häufig das Balancieren. Sogar auf einigen Mauern und Zäune, die am Heimweg stehen, traut sie sich schon — erzählt sie stolz. Vor einem halben Jahr hätte sie niemals daran gedacht, so etwas zu tun.

Abb. 90: Auch Melissa und Miriam, mit knapp vier Jahren die jüngsten in der Gruppe, werden von Melanie angesteckt und suchen sich immer schwerere Aufgaben.

3.4. Förderschwerpunkt: Regeleinhaltung und Toleranz

Auch während der vorherigen Förderschwerpunkte bzw. Phasen waren Regeln einzuhalten. Dies ist als notwendige Anforderung in jeder alltäglichen Lebenspraxis, sei es in der Familie oder im Kindergarten, auf Spielplätzen oder im Straßenverkehr fest verankert. Regeln sind aber auch zentrale Elemente von Spielen, in allen möglichen Formen und Altersgruppen.

In den Funktionsspielen des ersten Förderschwerpunktes standen das Genießen, die Erfüllung der eigenen Bewegungslust und -kompetenz im Mittelpunkt unseres Interesses. Es sollten vertrauensbildende „Regelmäßigkeiten" bzw. Erwartungen entstehen. Die Konstruktions-, Symbol- und Rollenspiele der folgenden Schwerpunkte schafften vielfältige symbolisch angereicherte und verdichtete Lern- und Kommunikations-Situationen. Auch in ihnen blieben die Regeln, nach denen gehandelt bzw. gespielt wurde, noch weitgehend „verborgen". Die eigene Aktivität, das gefühlsmäßige Aufgehen in der „eingebildeten", vorgestellten, phantasiegeladenen Situation oder der dementsprechenden übernommenen Rolle waren das Wesentliche am Spielen. (Vgl. hierzu die wichtigen Untersuchungen von D. ELKONIN, 1980, vor allem ab S. 250).

In den gruppenbezogenen Rollenspielen, in denen bereits eine Themenzentrierung stattfindet, verwirklichen die Kinder vor allem ihre eigenen Vorstellungen und Sinndeutungen. Nach PIAGET (1973; S. 38) ist für jüngere Kinder oder Menschen auf dieser Entwicklungsstufe der wirkliche Partner („Sozius") nicht der direkte „aus Fleisch und Blut, sondern der ideale, nur vorgestellte ältere, um dessen Nachahmung man sich innerlich bemüht".

Diese Ich-Bezogenheit im gemeinsamen Tun ist also bei Kindern im Vorschulalter noch völlig normal und psycho-logisch wohl begründet. Um so unverständlicher erscheint auch die immer noch weitverbreitete Tendenz in der pädagogischen wie therapeutischen Praxis, Kindern viel zu früh sogenannte Regelspiele „aufzudrücken". Es wird oft übersehen, daß für das sinnvolle und bedeutsame Spielen von Regelspielen erst die notwendigen Voraussetzungen geschaffen sein müssen. Dementsprechend setzt die erfolgreiche Bewältigung und Aneignung der zentralen Aufgaben und Kommunikationsformen dieses Förderschwerpunktes die bruchlose kontinuierliche Verarbeitung der vorangegangenen Anforderungen, der vorherigen Schwerpunkte und Phasen voraus.

Die hier folgenden „bewegungsakzentuierten" Regelspiele (auch „regelgeleitete" Bewegungsspiele oder Bewegungsspiele „mit Regeln" genannt) stellen hohe Ansprüche. Diese sind erfahrungsgemäß ansatzweise erst von 5jährigen, häufiger von 6- bis 8jährigen zu erfüllen. Aber auch ältere, in der Kommunikationsentwicklung rückständige Menschen finden mit und in den „Regelspielen" schwierige, wenn auch interessante Aufgaben vor.

Das „Spielen mit Regeln" sieht PIAGET als reifstes Spielstadium an. Es ist „die spielerische Aktivität des sozialisierten Wesens. Wie das Symbol die einfache Übung ersetzt, sobald das Denken aufgetaucht ist, so ersetzt in der Tat die Regel das Symbol und ordnet sich die Übung ein, sobald gewisse soziale Beziehungen aufgebaut sind". (PIAGET, 1969, S. 183).

Im Vergleich mit den sogenannten sensomotorischen Funktions- und Übungsspielen reizen zum Beispiel Laufen, Springen, Balancieren, Werfen nicht mehr an sich. In Absprache und im Vergleich mit anderen Kindern wird nunmehr festgelegt, **wie** gelaufen, gesprungen . . ., d.h. gehandelt werden soll. Es werden viele verschiedene Aktivitäten miteinander verbunden, nacheinander und zeitgleich ausgeführt. Z.B. werden bei Fangspielen räumliche und zeitliche Grenzen gesetzt.

Anfangs besteht eine starke Autoritäts- bzw. Regelgläubigkeit. Auf die Einhaltung der Regeln — meistens von außen gesetzt oder übernommen — wird genau geachtet. Die meisten Kinder wissen sich im Vollbesitz der Regelkenntnis oder im Einklang mit den Regelanforderungen, vor allem, wenn diese sie selbst einschränken. Der Verständigungsbedarf wird immer größer. Ebenso nimmt das Interesse aneinander, an den wechselseitigen Handlungen und Beziehungen zu. In diesem Entwicklungsstadium, d.h. im ersten Teil dieses Förderschwerpunktes gilt es für Pädagogen und Therapeuten, auf die Regeleinhaltung genau zu achten, Fehler bzw. Regelverletzungen unmittelbar zu registrieren und zu melden. Die Kinder wollen zunehmend öfter bereits vor den Spielen oder während häufiger Spielunterbrechungen die Einhaltung oder Verletzung von Regeln klären, diskutieren und sie neu formulieren. Es entstehen öfter Streitigkeiten, Spielunterbrechungen und Spielwiederholungen. Regeln stehen also im Brennpunkt des Interesses und formulieren ziemlich genau, welche Erwartungen oder Aufgaben zu erfüllen sind. Es entsteht bei den Kindern das Bewußtsein der Verpflichtung, ohne das eine länger dauernde befriedigende zusammenhängende Kooperation mit anderen nicht möglich ist. Soziale Themen und Rollen treten im Verhältnis zu den Regeln in den Hintergrund. Sie dienen jetzt vielmehr als situative Anlässe, Phantasierohstoffe und durchaus wichtige, wohl aber untergeordnete Bausteine für das Spielen komplexerer Regelspiele. Nach Elkonin entwickelt sich hier das Spielen mit einem Spiel in entfalteter Spielsituation und darin verborgenen Regeln zum Spielen mit offenen Regeln und gedrängter Spielsituation (ELKONIN, 1980, S. 395).

Es ist übergangsweise in methodischer Hinsicht wichtig und notwendig, die Spielregeln mit klaren Rollenbeschreibungen zu verknüpfen. Nicht wenige Kinder sind durch abstrakte Regeln mit vielen Einzelanforderungen sowohl kognitiv als auch emotional noch überfordert. So verstehen sie die einzelnen in sich geschlossene Spiele wesentlich leichter, wenn man sie spannend, phantasievoll einführt und die einzelnen Spielerrollen wie Zauberer, Fee usw. beibehält. Insbesondere werden die gefühlsmäßigen Anforderungen durch die bekannten Rollen leichter zu bewältigen sein. Getickt zu werden, eine gewisse Zeit stillstehen zu müssen (z.B. bei Fangspielen), gefunden zu werden und eine gewisse Zeit warten zu müssen, abzuwarten bis man an der Reihe ist, sind nur wenige Beispiele dafür, daß viel „Frustrationstoleranz" nötig wird. In Regelspielen kann das einzelne Kind nicht mehr einfach die Rolle wechseln bzw. erweitern, wie es noch bei den vorherigen gruppenbezogenen Rollenspielen möglich war. Es ist jetzt noch stärker als vorher verantwortungsvoller Mitträger eines differenzierten empfindlichen, auf Verständigung angewiesenen sozialen Gebildes. Selbstkontrollen, Einschränkungen und Konventionen sind also bestimmende Elemente für das Regelspiel.

So wichtig auch die Fähigkeit zur Regeleinhaltung für die Entwicklung der Kommunikationsfähigkeit sein mag, so ist sie doch nur ein Übergangsstadium. Irgendwann muß bzw. soll das Beharren auf der genauen Befolgung von Regeln abgelöst werden durch eine erweiterte Toleranz gegenüber den Mitspielern und sich selbst. Es muß die möglichst frühzeitig angelegte Fähigkeit jetzt im stärkeren Maße fortentwickelt werden, Fehler bzw. Abweichungen, Unsicherheiten und Widersprüche zuzulassen, einzugestehen und mit ihnen konstruktiv bzw. aktiv umzugehen. Konkret bedeutet dies z.B. Kompromisse und Konzessionen einzugehen gegenüber solchen Kindern, die offensichtlich sonst nicht mitspielen könnten, mit ihnen zusammen solche Regeln zu finden, die ein gemeinsames Tun ermöglichen. Besonders schwierig wird es regelmäßig dann für Kinder, Toleranz zu praktizieren, wenn sie sogenannte Wettkampf- oder Konkurrenzspiele durchführen. Die starke Ich-Bezogenheit von Kindern und der hohe gesellschaftliche Stellenwert dieser Spielformen stellen für den vernünftigen Umgang mit diesem Problem im Rahmen einer psychomotorischen Entwicklungsförderung an Pädagogen und Therapeuten besonders hohe Anforderungen. Wegen der Bedeutung dieses Themas sollen hier einige detaillierte pragmatische Hinweise für den Umgang mit diesem Problem gegeben werden:

a) Konkurrenzspiele werden ohnehin von Kindern in die Gruppe eingebracht, wenn es für sie akut wird. Gruppenleiter brauchen sie also nicht von sich aus vorzuschlagen.

b) Gruppenleiter/innen sollten solche Spielformen „in petto" haben, die möglichst lange möglichst viele Kinder möglichst intensiv aktiv werden lassen: kein Ausscheiden für längere Zeit, keine längerandauernde Rollenspezialisierung.

c) Sie sollten solche Wettkampfspiele bereithalten, die ganz unterschiedliche Fähigkeiten und Fertigkeiten abfordern. Nicht nur die knackigen, schnellen, kräftigen Sportler, sondern auch die zurückhaltenden ruhigen nachdenklichen Kinder sollten zur Geltung kommen.

d) Sie sollten nicht ein Spiel nach dem anderen mit hohem Unterhaltungswert durchziehen, sondern prinzipiell eine bestimmte Spielform, eine Spielidee soweit verändern, daß sie von allen Mitspieler/innen akzeptiert wird.

e) Sie sollten hierbei durchaus häufiger mitspielen, um zum einen ein positives Modell für Toleranz und Kritikfähigkeit abgeben zu können, zum anderen, um die Schiedsrichterrolle, in die Erwachsene leicht gedrängt werden, möglichst bald abzulegen. Dabei kann es auch zu längeren Spielunterbrechungen kommen, die aber als „lerneffektiv" anzusehen sind und später durchaus leicht wieder ausgeglichen werden können.

f) Für einige Kinder könnte der psychische Druck zu groß werden. Sie sollten ohne jede Diskriminierung zusehen, aussteigen und (wieder) einsteigen können.

Neben dem zu frühen Einsatz von Regelspielen überhaupt, der zu starken Berücksichtigung von Wettkampf- und Konkurrenzspielen bestehen im Zusammenhang mit unserem Förderschwerpunkt zwei weitere gravierende Probleme: Die stark Vereinnahmung von Regelspielen für bestimmte didaktisch-methodische Zwecke („didaktische Spiele") und die Vermischung zwischen Spielen und Übungsformen. Uninteressante, zu bestimmten Zwecken (z.B. der Förderung von Wahrnehmungsfunktionen) eingebrachte Spielvorschläge sind sofort zurückzuziehen, wenn sie von den Kindern nicht mehr als eigene mögliche Spiele akzeptiert werden bzw. nicht mehr interessiert und selbstbestimmt gestaltet werden können. Pädagogen und Therapeuten sollten sich dessen bewußt sein, daß die meisten Kinder, die als lerngestört, unkonzentriert oder verhaltensauffällig einer besonderen psychomotorischen Entwicklungsförderung zugeführt werden, früher ganz einfach in ihrer Spielfähigkeit gehemmt oder in ihrer Spielentwicklung unterbrochen worden sind. Spiel, Arbeit und Kommunikation stehen in einem sehr engen entwicklungsmäßigen Zusammenhang. Bei diesen Kindern hieße es auch, den Teufel mit dem „Belzebub" auszutreiben, würde man ihnen gleich wieder mit vor-bestimmten Körpererfahrungsübungen oder einzuübenden Bewegungsfertigkeiten zu nahe treten.

Fürsorgliches Eingehen auf andere, tiefgehende Sensibilität für die Befindlichkeit anderer, sich gehen lassen können, albern sein in Gegenwart von anderen: dies alles kann nur vor dem Hintergrund längerer, gemeinsamer, vertrauensvoller („Konflikt-") Erfahrungen gedeihen.

Gerade die im letzten Abschnitt unter der Themenstellung „Verwöhnen und Sich-Anvertrauen" vorgeschlagenen und erprobten Spielformen erfordern ein hohes Niveau von individueller und Gruppenentwicklung bei 6- bis 8jährigen Kindern. Es wäre zu schön, wenn wir wenigstens ansatzweise mit den meisten Kindern dieses Alters einmal soweit kommen könnten. Wahrscheinlich könnten wir dann alle friedlicher zusammenleben.

„Verstecken und Suchen"

„Verstecken in der Halle"

In der Mitte der Halle liegt eine Matte. Die Spielgruppe setzt sich um sie herum hin. Die Erwachsenen haben vorher bereits in einer Ecke ein Versteck aufgebaut, z.B. steht eine Matte, an einen Kasten gelehnt. Alle können oder sollen jetzt in der ganzen Halle viele verschiedene Verstecke aufbauen. Die Erwachsenen helfen dabei. Nach dem Geräteaufbau erklärt die Spielgruppenleiterin die Regeln für das Versteckspiel. Die Matte ist das Mal. Ein Kind legt sich darauf und zählt, unter Umständen mit Hilfe eines Erwachsenen, laut und langsam bis 30, abschließend ruft es: „Achtung, ich komme!" Inzwischen haben sich die anderen versteckt. Der Sucher/die Sucherin soll jetzt ein Kind nach dem anderen mit einem Zauberstab (Papprolle) oder einem Zauberball (kleiner Weichball) aufstöbern und anticken. Wer getickt worden ist, geht ins Mal. Die anderen können sich aber dadurch erlösen, daß sie ihr Versteck verlassen, sich auf die Matte werfen und laut rufen: „1, 2, 3, ich bin frei!"

Der Sucher wird wahrscheinlich wenige ticken können. Ebenso wahrscheinlich ist auch, daß nicht alle während der ersten Spielversuche sofort, wenn sie getickt worden sind, auf die Matte gehen wollen. Wer zuerst getickt worden ist kann, darf, soll der nächste Sucher sein. Auch Freiwillige könnten dran sein. Vielleicht ist es auch für ein Kind allein zu schwierig, Sucher zu sein. Dann könnte ihm jemand, eventuell ein Erwachsener, helfen.

Orte/Mat.: Halle, Bewegungsraum; viele große Geräte, Matten, Decken, Tücher, Zauberstab oder Schaumstoffball.

Abb. 91: „Verstecken in der Halle"

Meth.: Nur wenige Regeln nennen und diese in kurzen Besprechungen wiederholen. Hinweisen auf ein möglichst langes Versteckthalten. Zuerst sollten ältere und weiterentwickelte Kinder die Fängerrolle übernehmen.

Meth.: Genügend Zeit lassen zum Aufbauen der Verstecke. Gemeinsames Begutachten der Verstecke nach dem Aufbau. Erwachsene sollten vor allem beim Hochkantstellen der Matten behilflich sein. Barren nur mit Aufsicht und Hilfe von Erwachsenen transportieren lassen.

Abb. 91 a: „Verstecken in der Halle": Wir bauen unser Spielgelände selber auf

„Maulwurfshügel"

Aus einem „Spielplatz im Raum" heraus oder im Gefolge eines Rollenspieles fällt einer Gruppenleiterin ein spannendes Spiel ein. So ganz genau weiß sie aber nicht, wie es laufen wird. Alle sollen es mit ihr zusammen ausprobieren. Auf jeden Fall soll eine große Höhle (aus Kästen, Tüchern, Matten u.a.) gebaut werden. Sie soll drei Ein- bzw. Ausgänge haben, vielleicht später mehr oder auch weniger.

In die Höhle gehen alle Spieler bis auf zwei hinein. Diese beiden sind die Bauern bzw. die Bäuerinnen. Die Maulwürfe wollen aus ihrem Maulwurfshügel herauskommen, die Bauern wollen dies aber verhindern und ticken sie an, wenn sie sich zeigen. Wer getickt ist, muß wieder in die Höhle zurück. In angemessener Entfernung von den Ausgängen befinden sich drei kleinere Matten. Die Maulwürfe sind frei, wenn sie diese, ohne getickt zu werden, erreicht haben. Das Spiel kann manchmal schnell zu Ende gehen. Es muß mit wechselnden Bedingungen erprobt werden (zwei, drei oder vier Ausgänge, bzw. eins, zwei, drei Bauern). Spannender wird es, wenn sich die Bauern oder die Maulwürfe jeweils gut absprechen. Beendet sein kann das Spiel, wenn fünf oder eine andere bestimmte Zahl von Kindern entweder getickt worden ist oder auch die Rettungsmatten erreicht hat.

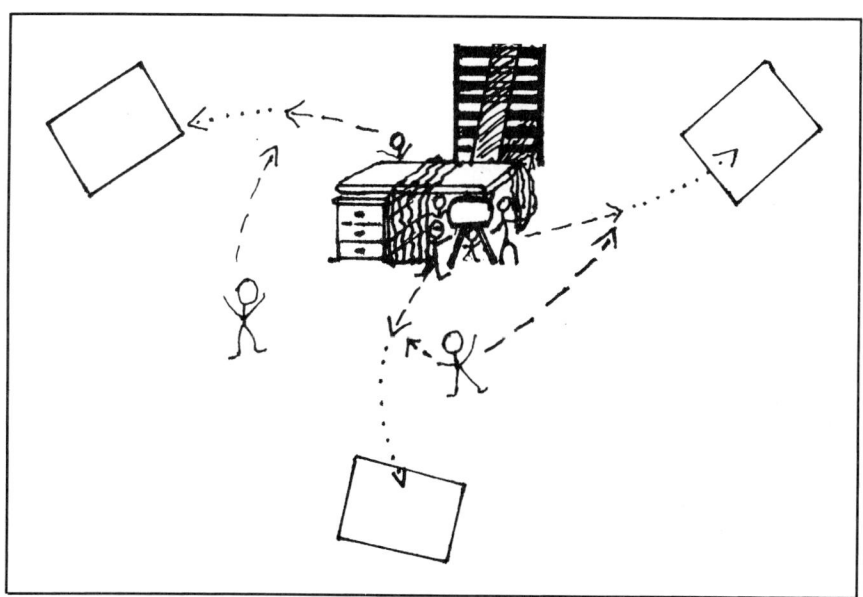

„Maulwurfshügel"

Komm.: Versteckspiele eignen sich besonders gut für die Einführung von Regelspielen, für die Gestaltung eines zwanglosen Überganges von Rollen und Regelspielen. Das Versteckspiel älterer Kinder verläuft dabei ganz anders als bei jüngeren. Kleinkinder wollen geradezu immer wieder entdeckt werden. Der Spielreiz liegt besonders in der Wiederholung und im Aufeinanderzukommen. Aus dem Spielbericht gehen deutlich die Entwicklungsunterschiede zwischen Ulf und den anderen Kindern hervor. Ältere, weiterentwickelte Kinder handeln zielbewußter über einen längeren Zeitraum, für sie macht die längere Ungewißheit schon den Reiz des Spiels aus.

Lit.: L. E. PELLER: „Modelle des Kinderspiels." In: A. Flitner (Hg): „Das Kinderspiel", München (Piper), S. 72/73.

Lit.: L. S. BARRETT u.a. versuchen in einem 92seitigen Artikel eine differenzierte Beschreibung und Analyse zur Bedeutung von Versteckspielen im Alltag von Kindern, auch aus der Sicht von älteren Heranwachsenden. Deutlich kommt hier die sozialintegrative Funktion dieser Spielformen unter Gleichaltrigen heraus. Auch Erwachsene zeigen sich noch sehr beeindruckt von ihren früheren Spielerfahrungen.

Lit.: L. S. BARRETT u.a.: „Das Versteck-Dich-Spiel." In: W. LIPPITZ/K. MEYERDRAWE: „Lernen und seine Horizonte.", 3. Aufl., Frankfurt/Main (Scriptor) 1986.

„Alles muß versteckt sein!" (Bericht)

Wir sind nach draußen gegangen, um Verstecken zu spielen. Die Gruppe, eine erste Integrationsklasse aus einer Hamburger Grundschule besteht aus 16 Kindern, 12 sogenannten nicht behinderten und vier sogenannten behinderten. Sie wird von zwei Lehrkräften und einer Erzieherin betreut. Lehrer A zieht draußen einen Halbkreis um eine Wand herum. „Wollen wir Handball spielen?" flachst ein Junge.

Die Spielregeln sind bereits vorher im Klassenraum besprochen worden.

1. Nina sucht. Sie zählt langsam und ganz laut bis dreißig. Anschließend ruft sie aus: „1, 2, 3, 4 Eckstein, alles muß versteckt sein; hinter, vor und neben mir, das gilt jetzt nicht; 1, 2, 3, ich komme!"
2. Sie geht aus dem Mal-Raum (Halbkreis) heraus.
3. Während sie sucht, können die anderen in den Raum laufen und sich befreien. Dazu berühren sie eine gekennzeichnete Stelle (ein Mal) an der Wand und rufen: „1, 2, 3, ich bin frei!"
4. Wenn Nina jemanden sieht, versucht sie vor dem Mitspieler am Mal zu sein. Sie ruft dann: „1, 2, 3, für Marcus!"
5. Wer zuerst gefangen worden ist, muß als Nächster suchen.
6. Keiner darf während des Spieles andere „verraten", indem er/sie der suchenden Nina oder den Versteckten Hinweise gibt.
7. Wenn zehn Spieler/innen gefunden sind oder sich freigeschlagen haben, ist das Spiel zu Ende.

Der leicht körperbehinderte Karl hat noch große Probleme mit der Orientierung auf dem Schulhof. Er läuft mit dem Lehrer A weg. Der geistig behinderte Ulf schnappt sich die Erzieherin. Alle sind schnell weg und gut versteckt, bevor die Zahl ausgerufen wird. Nina wagt sich ziemlich schnell weit weg vom Mal. Schon nach kurzer Zeit haben sich vier Jungen „befreit". Sie haben vorher ein Gebäude umrundet, sich von hinten angeschlichen. Ulf kann es gar nicht mehr aushalten, als Nina in die Nähe seines Versteckes kommt. Am liebsten würde er sich ihr freudestrahlend zeigen. Annette und Katrin zischen ihm aber unmißverständlich zu: „Leise, Ulf!" Er sieht leicht verunsichert auf die Erzieherin. Die nickt ihm zu und hält einen Finger vor ihren Mund. Jetzt hat Ulf wohl begriffen, was er tun soll bzw. nicht tun darf. Trotzdem: Gerade Ulf und die Erzieherin werden von Nina entdeckt, dazu ein weiteres Kind in der Nähe. Nur kurze Zeit noch, dann sind zehn Spieler/innen im Mal-Kreis versammelt. Gemeinsam rufen sie: „Alles rauskommen!" Immerhin hat das Spiel eine Viertelstunde gedauert. Die Kinder freuen sich, daß es Frau G. (die Erzieherin) erwischt hat. Frau G freut sich auch, weil dadurch Ulf auch einmal gleich die andere Rolle kennenlernen kann. Zum anderen kann die Variante mit zwei Suchern erprobt werden.

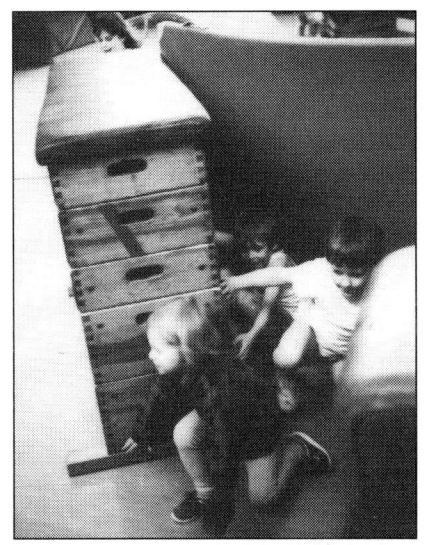

Abb. 92: „Verstecken in der Halle": Gemeinsame Angstlust oder gleich muß sie kommen.

Abb. 93: „Verstecken in der Halle": Was können wir besser machen!

Meth.:   Die Gruppe sollte sich immer wieder kurz versammeln. Die Kinder ausdrücklich ermuntern, ihre Erlebnisse kurz und knapp zu erzählen und Vorschläge zu machen.

Meth.:   Wer frei oder gefangen ist, sollte bei den ersten Spielversuchen im „Malraum" oder „Malbereich" bleiben (Regel!)

145

Beim nächsten Spiel bleiben die beiden Suchenden ziemlich eng beisammen. Ulf soll sofort Bescheid sagen, wenn er jemanden sieht. Zwei Jungen haben sich zu früh hervorgewagt und sind gleich gefangen. Auch Ulf sieht einmal ein Mädchen. Sie wird von ihm laus ausgerufen: „1, 2, 3, Sabine!" Dieses Spiel geht etwas schneller zu Ende. Die beiden gefangenen Jungen maulen, sie wollen nicht gerne suchen. Es sei gemein, Frau G. sei nicht weit genug weg gewesen. Nach dem erzieherischen Motto: „Störungen haben Vorfahrt!", stellt sich nun die Gruppe im Kreis zusammen. „Was tun?" Verschiedene Vorschläge kommen: „Die beiden können ja zusammen sein; Dirk muß es sein, weil er als erster gefangen worden ist, so lautet die Regel; vielleicht möchte es jemand anders sein; ich möchte es gerne sein!" Die meisten sind aber unzufrieden mit Dirk. Er merkt es auch. Trotzdem gehen alle schnell auf Annegrets Angebot ein, Sucherin zu sein. Sie nimmt sich noch Thorsten als Freund dazu. Zwei Kinder weisen aber noch darauf hin, daß die Sucher auf jeden Fall aus dem Mal-Kreis herausgehen müssen und dann erst hineingehen dürfen, wenn sie jemanden ausrufen wollen. Ein letztes Spiel beginnt. Es läuft etwas über das Ende der Schulstunde hinaus. Diesmal sind die beiden Jungen vorsichtiger. Erst nach ca. 5 Minuten dringen drei von ihnen erfolgreich in den Mal-Raum ein und befreien sich. Aber auch die Sucher/innen haben ihr Erfolgserlebnis. Sie können drei Kinder fangen.

Komm.:   Die beiden Jungen deuten das Spiel sehr wahrscheinlich als Wettbewerb: „Wer gefangen wird, hat verloren!" Dieses „Sport-Modell" wird frühzeitig von Eltern, älteren Geschwistern und Fernsehen an jüngere Kinder herangetragen. Dies trifft zusammen mit einer wahrscheinlich entwicklungsabhängigen egozentrischen Grundeinstellung bei der Auslegung von Sozialnormen und Regeln.

Komm.:   Das Motto „Störungen haben Vorfahrt", stammt aus der „Themenzentrierten Interaktion" nach R. COHN: „Von der Psychoanalyse zur themenzentrierten Interaktion", Stuttgart (Klett) 1976.

„Verstecken und Gefangene befreien"

Wer gefunden und dadurch gefangen ist, kann wieder erlöst werden. Dies geschieht dadurch, daß ein Spieler unbemerkt in den Mal-Raum kommt und einen gefangenen Mitspieler dreimal berührt: „1, 2, 3, Du bist frei!" Beide können dann ungehindert wieder weglaufen und sich verstecken.

„Partner verstecken und Partner suchen"

Die Spieler bilden Paare; sie müssen ständig zusammenbleiben. Die Sucher (ein oder zwei Paare) sollen angefaßt bleiben. Ansonsten gelten dieselben Spielregeln wie vorher.

„Suche in Ketten"

Wer gefunden und ausgerufen worden ist, faßt den/die Sucher an. Daraus bildet sich nach und nach eine Kette, für die es immer schwieriger wird, andere Kinder zu finden und ans Mal zurückzulaufen. Für den Anfang ist es günstiger, jeweils zwei kleinere Ketten bilden zu lassen.

„Alle suchen zwei (Hänsel und Gretel)"

Zwei Kinder halten sich versteckt. Vermutlich haben sie Angst. Wovor eigentlich? Vor Strafe? Oder wollen sie anderen einen Streich spielen? Sie verstecken sich möglichst gut in einem abgegrenzten Bereich. Die Mitspieler/innen gehen auch paarweise auf die Suche. Wer sie gefangen hat, ruft die anderen herbei. Vielleicht haben die Gesuchten auch vorher einen Gegenstand (Tuch) verloren, der einen Hinweis auf ihr Versteck gibt.

Meth.: Partnerverstecken und Partnersuche in Ketten sollten evtl. erst nach der erfolgreichen Anwendung von entsprechenden Fang- und Weglaufspielen vorgeschlagen werden!

Abb. 94: „Partnerverstecken . . .": Gleich bin ich im Mal.

Abb. 95: „Suche in Ketten": Zu dritt ist's schwieriger. Es macht aber Spaß.

„Zauberbohnen"

Alle Kinder legen sich in der Mitte der Halle auf die Matte und halten sich die Augen zu. Inzwischen verstecken zwei Zauber/innen zahlreiche Zauberbohnen. Anschließend wird die Kindergruppe in Tiere verwandelt, z.B. Katzen, Hunde, Kühe oder Hühner. Drei oder vier von ihnen bekommen kleine Plastikbeutel zum Einsammeln der versteckten Zauberbohnen. Die anderen müssen die Bohnen suchen und die Einsammler mit ihren Tierlauten, z.B. „miau, miau" herbeirufen. Die Regelabsprache besagt: Die Sucher suchen und rufen, nur die Einsammler heben die Bohnen auf. Wenn die Gruppenleiterin bemerkt, daß kaum noch Rufe ertönen, kommen alle zusammen und zählen die Bohnen aus. Wenn für jedes Kind z.B. mindestens sechs von zehn Bohnen gefunden worden sind, erhalten alle die menschliche Stimme zurück. Wenn nicht? Dann muß noch ein wenig weitergesucht werden.

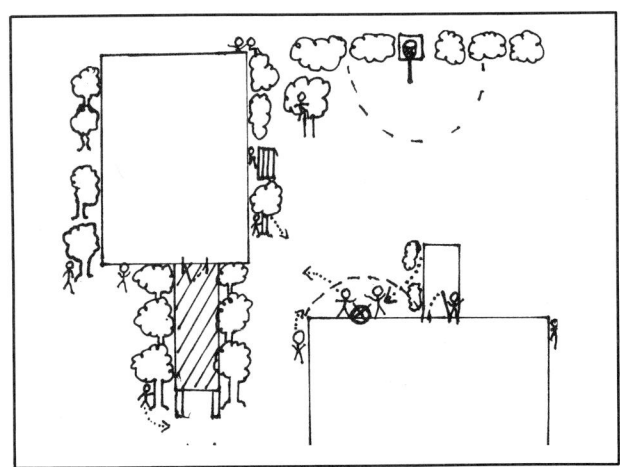

Abb. 96: Verstecken
draußen

Meth.:   Räumliche Grenzen vereinbaren! Ebenso wichtig: Akustisches Signal
            für die Beendigung des Spiels und das Zusammenkommen!

Orte/Mat.: Halle oder Bewegungsraum, aber auch Rasenplatz, Schulhof oder an-
            deres möglich; kleine Plastik- oder Stoffbeutel, getrocknete Hülsen-
            früchte wie Bohnen, Erbsen; in der Halle zahlreiche Großgeräte und
            Matten.

Abb. 97: „Zauberbohnen": Die Gruppenleiterin spielt mit! Wie schwer soll ich's
machen?

151

„Pilzsetzer und Pilzsammler"

Je nach Größe der Gruppe legen drei, vier oder fünf Kinder farbige Plättchen überall in der Halle auf dem Fußboden, neben Geräten und Matten, aus. Jeweils eine bestimmte Farbe (sie symbolisiert eine Pilzsorte) wird von einer Pilzsammler-Gruppe gesucht und eingesammelt. Eine Sammlergruppe besteht aus zwei Spielern, von denen einer mit einer Tüte in der Hand auf einem Rollbrett/Skateboard sitzt sowie einem anderen, der schiebt und steuert. Zwanzig Pilze sind für jede Zweiergruppe ausgelegt. Wenn zehn gefunden worden sind, kann gewechselt werden (Steuermann wird Sammler).

„Puzzle-Suche"

Zwei Spieler verstecken Puzzleteile von drei oder vier zerschnittenen Postkarten bzw. Bildern oder von einem großen Bild. Die anderen sollen sie auffinden und gemeinsam zusammensetzen. Zur Erleichterung können die Verstecker ihren Gruppenmitgliedern von einem erhöhten Standpunkt aus (z.B. kleiner Kasten) über körpersprachliche Gesten (keine Laute, kein Sprechen) Hilfen geben. Während des Suchens und Sammelns können einzelne Spieler bereits an einem vorher gekennzeichneten Platz die Teile zusammenlegen.

 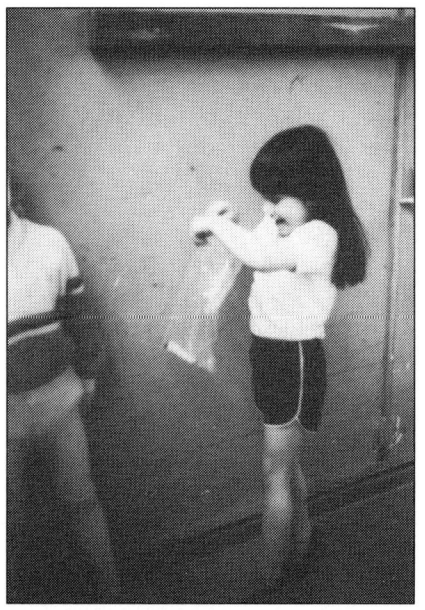

Abb. 98: „Zauberbohnen": Ganz schön schlau!

Abb. 99: „Zauberbohnen": Wir haben schon viel geschafft!

Orte/Mat.:	Drinnen und draußen, Postkarten oder Bilder. Evtl. Puzzle vorher selbst fertigen lassen!
Komm.:	Für die Teilnahme an den Such- und Sammelspielen sind keine besonderen Fähigkeiten erforderlich. Der Zufall und eine entwickelte sinnliche Wahrnehmungsfähigkeit spielen eine größere Rolle als Gewandtheit und Geschicklichkeit. Deshalb können hier gerade auch geistig und körperlich beeinträchtigte Kinder ohne besondere Regelungen mitspielen.
Lit.:	Gute Anregungen zu Such- und Versteckspielen bieten u.a. H. MAYR-HOFER/W. ZACHARIAS: „Spiel mit!", Ravensburg (Maier) 1977 und 1982.
Meth.:	Eventuell eine spannende Einführung geben (Zeitbombe o.ä.)! Entwarnung bzw. Erlösung ist dann gegeben, wenn sieben Spieler die Zeitbombe entdeckt haben. Peinlichkeiten für die Letzten vermeiden! Eventuell auch paarweises Suchen anbieten!
Meth.:	Variante der „Weckersuche": Gruppe in 2 Hälften teilen lassen! Ein Mitspieler der ersten Teilgruppe trägt einen Wecker. Die andere Gruppe soll herausfinden, wo sich der Wecker befindet.

153

„Wecker-Suche"

Es muß im Raum ganz ruhig sein. In der Nähe ist ein Kurzzeitwecker versteckt, der ziemlich laut tickt. Die Spieler gehen leise umher und versuchen, das Versteck ausfindig zu machen. Wer es gefunden hat, soll sich anschließend unauffällig und leise am Treffpunkt hinsetzen. Dort soll dem Verstecker ins Ohr geflüstert werden, wo der Wecker sich befindet.

„Schatzsuche"

In einem unübersichtlichen, aber begrenzten Gelände ist ein Schatz bzw. sind zwei Schätze versteckt. Der Schatz besteht aus Süßigkeiten, Getränken, Luftballons oder anderen attraktiven Dingen. Die Gegenstände sollen zum Treffpunkt gebracht und gerecht verteilt werden.

„Spurensuche"

Eine Gruppe legt Spuren, die andere folgt der Fährte. Wesentlicher Bestandteil des Spiels ist das Ausdenken und Besprechen von

— Materialien zum Markieren: kleine Klebepunkte, Kreide, umweltfreundliches Klopapier und anderes.
— Abständen und markanten Punkten für das Anbringen von Zeichen.
— Höchstabständen zwischen den Zeichen und ungefährer Länge der Gesamtstrecke.
— Regeln für Beginn, Verlauf und Ende des Spieles, z.B. 10 Minuten warten, gemeinsames gehen oder laufen, auffälliges Zeichen und ungefährer Zeitpunkt für den Schluß der Markierung.

Abschließend sollen sich die Fährtenleger verstecken; evtl. eine kleine Belohnung für die Sucher bereithalten.

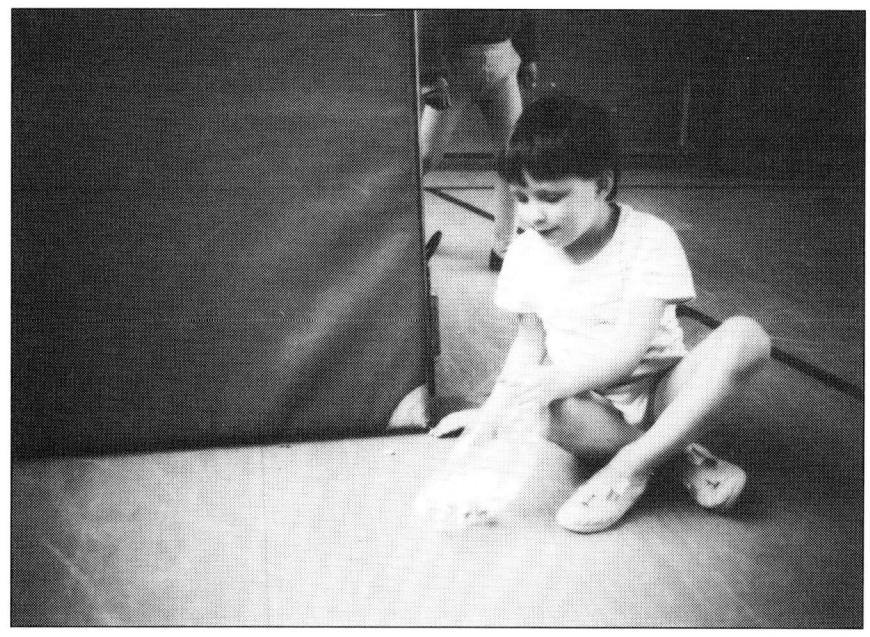

Abb. 100: „Zauberbohnen": Ich laß mir Zeit!

Orte/Mat.: Draußen großes unübersichtliches Gelände; Hilfsmittel zum Markieren von Spuren wie Toilettenpapier, Kreide, Schnitzel o.a.

Meth.: Bewußt das gemeinsame Finden als Gesamtleistung herausstellen, auf Vergleiche nicht eingehen!

Meth.: Räumliche und zeitliche Grenzen vereinbaren! In Gruppen möglichst nahe beisammenbleiben! Zu Beginn besonders vorsichtige Beachtung der Mitspieler! Evtl. für Zusammenstöße als Regelverletzungen Auszeiten vereinbaren (1 Minute Pause)!

„Häuptling Groß-Adlerauge"

Mit dem Rücken an eine Wand gelehnt sitzt der Häuptling Groß-Adlerauge. Er hat eine Maske mit relativ kleinen Augenschlitzen auf dem Kopf. Er behauptet auch, daß er alle Kinder, die sich an ihn heranschleichen wollen, rechtzeitig sehen und ausrufen kann. Wer ausgerufen wird, muß zum Ausgangspunkt, zum Lager, zurück und kann es noch einmal versuchen. Wer allerdings Groß-Adlerauge berührt, ohne daß sein Name vorher ausgerufen worden ist, kann die Rolle übernehmen. Schwierig für Groß-Adlerauge ist es deshalb, weil überall in der Nähe größere und kleinere Hindernisse stehen, hinter denen sich die Anschleichenden verstecken können. Die nächsten Geräte sollten ungefähr 2 bis 3 Meter von der Wand entfernt stehen. Je nach Spielverlauf sind die Abstände zu variieren.

Abb. 101: „Häuptling Groß-Adlerauge": Jetzt wage ich es!

Orte/Mat.: Halle, Bewegungsraum, auch draußen möglich; ein oder zwei Masken, zahlreiche Großgeräte, Matten, Tücher u.a.m.

Komm.: Es erfordert von Kindern ein hohes Ausmaß an Regeleinhaltung (Regelbewußtsein) und Frustrationstoleranz, nach Aufruf des eigenen Namens auch wirklich bis zum Ausgangspunkt zurückzukehren!

Abb. 102: „Häuptling Groß-Adlerauge": „Er" kann uns nicht entdecken.

„Mein Freund, der Baum"

Die Spielgruppe bildet Paare. Einem Spieler werden jeweils die Augen verbunden, der andere faßt ihn an und führt ihn kreuz und quer durch das Waldstück hindurch. An einem bestimmten Baum machen beide Halt. Der führende Spieler hat ihn zu „seinem Baum", zu seinem „Freund" auserwählt. Der andere Spieler kann ihn nicht sehen, soll ihn aber möglichst intensiv betasten und sich ihn genau merken. Anschließend geht das Paar auf verschlungenen Wegen zum Ausgangspunkt zurück. Von dort aus soll der geführte Spieler, nun aber sehend, den Baum-Freund seines Partners wiederfinden. In den meisten Fällen gelingt dies auch.

Abb. 103: „Häuptling Groß-Adlerauge": Mit Hilfe bin ich stark!

Lit.: Diese und weitere Spielanregungen sind zu finden in: J. B. COR-
NELL: „Mit Kindern die Natur erleben", Soyen (Ahorn) 1979.

Komm.: Es ist erstaunlich, wie oft es Kindern und Erwachsenen gelingt, die
Bäume wiederzufinden. Dabei gibt es die unterschiedlichsten
Merkhilfen, Anhaltspunkte und Vorgehensweisen.

159

„Weglaufen und Fangen"

„Bär, Bär komm heraus!" (Bericht)

Die Spielgruppe, 12 Kinder von 5 bis 7 Jahren, hat den Spielplatz im Raum abgebaut, bis auf die Höhle in der Ecke der Halle. Diese hat zwei Ein- bzw. Ausgänge, einen an der linken und einen an der rechten Seite. Gruppenleiter H. kündigt an, dies sei eine Bärenhöhle. Dort werde ein Bär drin sein, und zwar jemand von ihnen, der gerne und schnell läuft. Viele melden sich.

Deshalb gehen alle noch einmal gemeinsam hinein und setzen sich eine Weile zusammen. Da es ziemlich schnell still wird, erklärt H. das Spiel. Einer wird der Bär sein, der in der Höhle lauert. „Wer möchte das sein?" H. schreibt eine Zahl zwischen 1 und Zwanzig auf einen kleinen Zettel. Martine kommt ihr beim Raten am nächsten und wird die erste Bärin. Die anderen verlassen die Höhle und gehen zu ihrem Mal auf der anderen Seite der Halle, hinter eine deutlich sichtbare Linie (Tesakrepp- oder Kreidestrich). Vom Mal aus schleichen sie auf die Bärenhöhle zu. Auf ein Zeichen von H. hin rufen sie alle: „Bär, Bär, komm heraus!" Gerade einmal haben sie gerufen, schon kommt Martina lachend aus ihrer Höhle. Sie kann schnell laufen, fängt aber niemanden. Noch ein Durchgang. Aber auch jetzt wird niemand gefangen. H. ruft die Gruppe zusammen zu einer Besprechung. Die wichtigsten Gesichtspunkte werden gleich benannt: „Martina, du kommst zu früh heraus; ihr seid viel zu weit weg." H. fragt: „Was müssen wir tun?" Es wird vereinbart, daß Martina sich mindestens dreimal rufen läßt. H. zieht zwei Halbkreise um die Höhle herum. Erst wenn alle in diesem Zwischenraum versammelt sind, können sie anfangen zu rufen. Wichtig ist auch, daß sich vorher alle möglichst leise anschleichen.

Tatsächlich fängt jetzt Martina zwei Mitspieler, indem sie sie antickt. Mathias hat — anders als vorher — keine Chance, schnell genug wegzukommen, da er leicht körperbehindert ist. Der andere gefangene Junge protestiert: „Martina hat mir weh getan!" Die Gruppe muß jetzt in einem Gespräch entscheiden: Soll jeder in den Raum hinein oder kann man weiter hinten bleiben? Vier Kinder haben sich ohnehin nicht weiter getraut als an den weiter hinten gezogenen Strich. Weil Petra nicht so schnell laufen kann wird sie gefragt: „Ist es schlimm, wenn du gefangen wirst?" „Nein!" Ob das stimmt? Wir werden es sehen. Eine wichtige Regel betont noch der Gruppenleiter A: „Nicht weh tun! Nur vorsichtig ticken. Das gilt für alle Fänger bei jedem Kriegen-Spiel!" Er fragt außerdem: „Sollen die gefangenen Kinder in der Höhle warten?" „Ja!" „Nein!" Felix, ein schneller und gewandter Läufer, hat einen großen Einfluß auf andere. Er meint, das sei langweilig. Er kennt das Kriegenspielen von seinem Bruder. Wer gefangen ist, soll helfen!

160

Orte/Mat.: Halle, Bewegungsraum, aber auch draußen möglich; großer Kasten, Matte, Decke oder Tuch sowie Tesakrepp oder Kreide.

Abb. 104: „Bär, Bär, komm heraus!": Ein bißchen unheimlich ist's doch!

Abb. 105: „Bär, Bär, komm heraus!": Die laß ich noch zappeln!

Nun sind es noch drei Durchgänge, bis sieben Kinder in der Bärenhöhle sind. Gruppenleiter H. sagt: „Die verflixte 7. Ich finde, jetzt sind genug Bären drin. Ich schlage vor, bei sieben sollten wir wechseln." Die Kinder lächeln offensichtlich über „die verflixte 7" und sind einverstanden.

Matthias möchte gerne in der Höhle bleiben und wieder mitfangen. „Gut, wer will mit ihm zusammen Bär sein?" Es melden sich noch drei Kinder. Wir würfeln. Patrick hat die höchste Zahl und ist diesmal dran. Die anderen können ja, wenn wir Zeit haben, auch noch drankommen.

H. erinnert noch einmal an die wichtigsten Regeln:

— Sich in der Höhle gut verstecken.
— Möglichst dicht an die Höhle herangehen, mindestens in den markierten Raum.
— Erst dreimal rufen lassen und dann herauskommen.
— Vorsichtig ticken (antippen).
— Wer gefangen ist, wird Bär.
— Wer hinter der Linie im Mal ist, kann nicht getickt werden.

Meth.:   Dieses Spiel kann auch in einer Hälfte eines Raumes oder einer Fläche mit einer Teilgruppe gespielt werden. Erfahrungsgemäß wollen
später einige mehr mitspielen. Es ist durchaus zu akzeptieren, manchmal sogar wichtig und richtig, wenn Kinder erst einmal von außen bei
einem Spiel zusehen wollen.

Abb. 106: „Bär, Bär, komm heraus!" Jetzt bin ich stark!

Komm.:   Die „Verflixte 7" ermöglicht einen schnelleren Rollenwechsel und ver-
meidet in diesem Stadium der Spiel- und Sozialentwicklung das Herausstellen von Gewinnern oder Siegern.

Komm.:   Dieses Spiel ermöglicht in besonderem Maße die realistische Selbsteinschätzung.

Komm.:   Der leicht körperbehinderte Mathias ist hier sinnvoll in das Spielgeschehen integriert. Er hat die Spielidee und die Spielregeln begriffen,
verfügt aber nicht über die „werkzeugmotorischen" Mittel, um erfolgreich zu handeln. Trotzdem möchte er lieber Bär sein, also die aktive
Verfolgerrolle innehaben. Das flexible Eingehen auf die Wünsche der
Kinder innerhalb des gesteckten Spielrahmens ist das eigentliche Anliegen einer zwanglosen sozialen Integrationsarbeit.

Komm.:   In fast jeder Gruppe gibt es Kinder, die aus unterschiedlichen Gründen Angst davor haben, getickt zu werden. Einige haben schlechte

163

Petra möchte nicht mehr mitmachen. „Du kannst ja immer das Zeichen geben, wenn gerufen werden soll!" Sie freut sich offensichtlich, und diese
Aufgabe gelingt ihr anschließend zu aller Zufriedenheit. Nach zwei weiteren Spielen bleiben noch 5 Minuten übrig. Vor dem Abräumen findet noch
ein kurzes Gespräch statt. „Ich habe mich immer weiter vorgetraut!" „Zuerst hatte ich Angst, gefangen zu werden!" „Das Ticken hat mir nicht mehr
weh getan!" „Das war spannend, als Patrick einmal ganz lange gewartet
hat. Ich dachte wirklich, der ist eingeschlafen!" „Beim nächsten Mal können wir ruhig etwas dichter herangehen." Auch Matthias strahlt. Er hat die
von Patrick gefangenen Kinder immer an die Hand genommen und in die
Bärenhöhle geführt. H. schlägt vor: „Wenn wir noch einmal spielen, können wir die Regeln etwas verändern. Wer getickt ist, muß gleich stehen
bleiben und wird von Matthias an die Hand genommen und in die Höhle
geführt."

Erfahrungen mit solchen Spielen, weil ihnen schon wehgetan wurde. Berührungsängste langsam abzubauen, Kontakte in der Widersprüchlichkeit von Zuwendungen und Abwehr zwanglos herzustellen, ist aber eine besonders wichtige Aufgabe und Möglichkeit von sogenannten Fang- und Kriegenspielen.

Abb. 107: „Bär, Bär, komm heraus!" Peter hat sich zu weit vorgewagt.

Meth.:   Variante von „Bär, Bär . . .": Die rufenden Kinder ziehen von einer Seite der Halle ausgehend an der Bärenhöhle vorbei. Dabei könnte auch der Umkleideraum einmal Bärenhöhle sein.

Komm.:   Integrationswidrig und geradezu zwanghaft ist das ständige Mitschleifen eines behinderten oder beeinträchtigten Kindes seitens eines Erwachsenen. Matthias und Petra könnten, wenn sie wollten, ihre eigenen Male haben und/oder sie mit anderen teilen. Z.B. braucht für sie die Regel nicht zu gelten, daß in einem Freimal nur ein Spieler sein darf! Helfende, orientierende, möglichst unauffällige Hinweise seitens der Gruppenleiter dürften oftmals mehr bewirken als direkte Eingriffe.

„Fuchs, aus dem Loch!"

Gegenüber dem Spiel „Bär, Bär komm heraus!" steht nur ein kleiner Raum zur Verfügung. An der einen Seite befindet sich eine kleine Höhle bzw. ein kleines Mal. Im Feld hüpfen oder hopsen junge Entenküken umher. Plötzlich ruft jemand laut: „Fuchs, aus dem Loch!" Der Fuchs-Spieler kommt nun aus dem Mal heraus, auf einem Bein hüpfend (hinkend) und versucht mit einem weichen Ball in der Hand die jetzt ebenfalls hüpfenden oder hinkenden Enten zu berühren. Ist eine Ente berührt, kommt sie mit ins Loch (wird aber noch nicht gefressen). Hat im nächsten Durchgang der Fuchs eine zweite Ente gefangen, darf er sich eventuell verschnaufen und eine Gefangene hinausschicken. Bei sieben Gefangenen (verflixte 7) ist das Loch voll, der Fuchs hat genug zu fressen. Beim nächsten Spiel kann eventuell die Fortbewegungsart gewechselt werden (z.B. auf allen Vieren laufen). Sinnvoll kann es auch sein, Frei-Male (Schutzräume) für die Enten zum Verschnaufen einzurichten. Auch bei diesem Spiel sollte ähnlich den vorherigen immer wieder überlegt werden, wie schwächere und langsamere Spieler sinnvoll ins Spielgeschehen einbezogen werden können. Dabei ist das Anfassen und Mitziehen durch Erwachsene nicht gefragt!

„Wer fürchtet sich vorm Tussy-Bär?"

Viele kennen das Spiel als „Schwarzer Mann". Uns gefiel dieser Ausdruck überhaupt nicht (unterschwellige Diskriminierung von Schwarzen). Tussy-Bär klingt locker, etwas tapsig. Er muß auch nicht der Stärkste und Schnellste oder zum Fürchten sein.

Tussy-Bär steht in der Mitte eines abgegrenzten Feldes und ruft den anderen Spielern an der Stirnseite zu: „Wer fürchtet sich vorm Tussy-Bär?" Diese antworten: „Niemand!" „Und wenn er kommt?" „Dann laufen wir!" Alle versuchen auf die andere Seite des Feldes hinter eine bestimmte Linie zu gelangen. Wer aber getickt ist, wird mit zum Tussy-Bär. Bei sieben Tussy-Bären kann gewechselt werden. Es soll kein Ausscheidungs- oder Konkurrenzspiel entstehen.

„Alle meine Entchen!"

Die Spielidee ähnlt der vorherigen. Auf der einen Seite des Feldes steht die Entenmutter und ruft: „Alle meine Entchen, kommt zu mir!" Diese antworten: „Wir können nicht!" „Warum denn nicht?" „Der Fuchs ist da!" Zum letzten Mal: „Alle meine Entchen, kommt zu mir!"

Die Enten laufen nun zur Mutter hin. Wer gefangen ist, wird Fuchs.

In diese Spielform könnten auch andere Motive und Gestalten eingebaut werden, z.B. die kleinen Vampire und Geiermeier.

Abb. 108: „Wer fürchtet sich . . .?":
Wie schnell bin ich, wie schnell bist Du? Was tust Du, was soll ich tun?

Abb. 109: „Alle meine Entchen . . .!": Warten wir's ab, laufen wir gleich los?

Meth.: Variationen der Fortbewegungen bei „Tussybär" oder „Alle meine . . ." durch Krabbeln oder Rollbretter.

Meth.: Eventuell bekommen die Helfer auch Bälle, mit denen sie aus dem Stand oder Sitzen werfen dürfen.

„Tintenfisch"

Eine zusätzliche Schwierigkeit kommt, im Vergleich mit den vorherigen Spielformen, jetzt hinzu. Die Spieler sollen vermeiden, von einem Ball (aus Schaumstoff) getroffen zu werden. Dabei ist es für jüngere Kinder auch schwieriger, jemanden zu treffen.

Ein Spieler ist der Tintenfisch. Die anderen Fische stehen ihm gegenüber an einer Seite des Feldes. Der Tintenfisch ruft laut: „1, 2, 3." Die Antwort von den anderen: „Tintenfisch." Alle Fische laufen los und versuchen, dem „Tintenfisch-Giftballon" auszuweichen. Wer getroffen wird, bleibt nicht untätig. Er hockt sich auf der Stelle hin, an der er getroffen wurde und macht dort mit den Armen krakenförmige Bewegungen. Die vorbeikommenden Fische dürfen diese Hilfstintenfische nicht berühren, sonst sind sie vergiftet, müssen sich ebenfalls hinknien und kreisende Bewegungen mit den Armen machen. Ist eine vorher vereinbarte Zahl von Kindern gefangen (verflixte 7), findet ein Wechsel statt.

„Brückenwächter"

Dieselbe Spielform wie bei Tussy-Bär. In der Mitte eines Feldes stehen durchgehend Bänke. Darauf befindet sich ein Brückenwächter. „Wer fürchtet sich vorm Brückenwächter?" „Niemand!" „Dann lauft doch los!" Wer getickt wird, geht ebenfalls als Brückenwächter auf die Bänke. Zweifellos wird dieses Spiel durch das Überwinden der Bänke auch für die Läufer schwieriger. Zwei oder mehr Brückenwächter müssen sich aufeinander abstimmen, dürfen nach der Regel nicht von der Brücke gehen, um andere zu fangen. Zwischenzeitlich ist auch einmal eine kurze Besprechungspause vorzusehen, um den Brückenwächtern eine gemeinsame Vorgehensweise zu ermöglichen. Wechsel nach sieben Gefangenen?

Orte/Mat.:	Drinnen und draußen; Schaumstoffbälle.
Meth.:	Die Brückenwächter sollten jeweils — falls nötig — kurze Beratungszeiten bekommen. Auch die Läufergruppe könnte sich abstimmen, einen Plan aushecken, um besser am Brückenwächter vorbeizukommen. Auf genaue Regeleinhaltung achten! Nur Brückenwächter auf der Brücke dürfen/können ticken!
Meth.:	Oftmals merken es laufende Spieler gar nicht, wenn sie von den kriechenden „Kraken" berührt werden. Hier kann jemand, der nicht so gerne mitspielen möchte, als Regelwächter eine Hilfe sein. Auf genaue Regeleinhaltung ist hier besonders zu achten als Vorbereitung und Grundlage für spätere, komplexere Spielformen.

Abb. 110:
„Brückenwächter": Auf der Brücke zu sein, erfordert eine große Sicherheit.

Orte/Mat.:	Langbänke.
Komm.:	Das Spiel erfordert eine realtiv große Laufgewandheit, Steuerungs- und Raumorientierungsfähigkeit. Es läuft sehr schnell ab. Es sollte deshalb nicht eingesetzt werden, wenn Kinder besonders schnell dadurch frustriert werden könnten.

Abb. 111:
„Brückenwächter": Kleiner „Zweikampf unter Freunden".

Meth.:	Bei großen Gleichgewichtsproblemen: als Brücken Turnmatten (evtl. mit Zwischenräumen oder abwechselnd mit Langbänken aufbauen (lassen)!

„Zauberkriegen" (Bericht)

Zwanzig Kinder von 5 bis 7 Jahren in der Eingangsstufe einer Grundschule, Sportlehrer B. und die Klassenlehrerin M. versammeln sich nach dem
Abbau des Spielplatzes im Mittelkreis. „Wer kennt das Kriegen-Spiel?"
Fast alle Kinder melden sich. „Na, dann spielt mal Kriegen oder Ticken!"
Die meisten laufen los, rennen weg, einzelne versuchen bald andere zu
fangen. Zwei Kinder stehen irritiert in der Mitte. Dem Mädchen Bettina ist
es zu wild. Udo empört sich: „So spielt man das nicht, seid ihr blöd?" Bald
werden alle ruhiger und kehren in den Kreis zurück. Udo meint, sie hätten
gar nicht richtig Kriegen gespielt. Er sagt: „Einer ist der Ticker, die anderen
laufen weg!" Einige Kinder nicken zustimmend. „Was ist mit den Gefangenen?" fragt der Lehrer. „Die müssen sich hinsetzen. Oder die sind auch
Ticker!" Der Sportlehrer holt seine Überraschungstasche her, greift hinein
und befördert eine große aufblasbare Hand heraus: Die eiskalte Zauberhand. „Udo, würdest du der Zauberer sein? Was passiert, wenn der Zauberer tickt? Man ist verzaubert, kann sich nicht mehr rühren!" „Wer also getickt wird, ist verzaubert, bleibt ganz still auf der Stelle stehen!"

Udo ist ein schneller Läufer. Einige können offenbar gar nicht so schnell
denken, wie sie getickt sind. Die Klassenlehrerin ruft sie an und zeigt ihnen, daß sie sich regungslos hinstellen sollen. Zwei Kinder stolpern, fallen
hin. Ein Junge, Tobias, weint. Die Klassenlehrerin tröstet ihn. Offenbar
fühlt er sich überfordert und bedroht. Er setzt sich erst einmal hin und
schaut zu. Das Spiel dauert an. Udo kann nicht mehr so schnell laufen. Die
Gegenspieler verstecken sich teilweise hinter den Verzauberten. Der
Sportlehrer spricht kurz mit Udo und hebt die Hand. Dies ist das Zeichen
dafür, sich im Kreis zu versammeln mit beiden Pobacken auf der Kreislinie.
Renate sagt gleich: „Ich finde es nicht so gut, daß ich so lange stillstehen
mußte!" „Was können wir denn tun?" „Mit Erlösen!" sagt Udo. „Aber Udo,
dann wird es doch noch schwieriger für dich, die anderen zu fangen!" Der
Sportlehrer greift wieder in seine Tasche und holt eine vergoldete Krone
aus Pappe heraus. „Ich schlage vor, wir nehmen uns ganz einfach eine gute Fee, die die Gefangenen erlösen kann. Sie streicht den Gefangenen
langsam und sanft über den Rücken und sagt: „Du bist erlöst!" Die Fee ist
aber ganz sanft und ruhig, sie läuft nicht von einem zum anderen, sondern
geht ganz ruhig!" „Ja, aber . . .", beginnt Udo. „Weißt du, Udo, wenn ein
Zauberer nicht mehr kann, kommt er in die Mitte und ruft ganz laut: „Stop!",
dann darf er sich von denen jemanden aussuchen, die gerne für ihn Zauberer sein möchten. Wer also nicht Zauberer sein möchte, braucht es auch
nicht zu sein!"

Ein Mädchen, Katja, wird Zauberin. „Wer möchte nun die gute, sanfte Fee
sein, die die Verzauberten wieder erlöst? Mehrere Mädchen möchten es
gerne. Wieder ist die große Tasche dran. „Würfeln wir doch ganz einfach!"

Orte/Mat.: Drinnen und draußen auf freier Fläche; große Tasche, Zauberstäbe aus Papprollen oder aufblasbare Figuren bzw. Weichbälle, Schaumstoffwürfel, Krone aus Pappe und Goldpapier.

Abb. 112:
„Zauberkriegen" mit „eiskalter Hand".

Komm.: Es handelt sich hier um eine „schulische", stärker gelenkte Einführung in das Fangen-Spielen für die ganze Gruppe. Es sollten verschiedene Regeln und Rollen herausgearbeitet werden.

Komm.: Eine große Zauberhand, ein großer Zauberstab o.ä. regen in starkem Maße die Phantasie an, stärken die Motivation zum Spielen und heben die Rollen optisch und anschaulich deutlicher heraus. Sie können aber bei einigen Kindern angstauslösend wirken. Deshalb sollte man von vornherein die Rolle des Zuschauens mit anbieten. Es muß durch die Beteiligung oder Nichtbeteiligung an Spielen auf jeden Fall von vornherein die Verfestigung von Außenseiterrollen vermieden werden (Prinzip der Unversehrtheit). Das Spiel „Zauberkriegen" ist schon ein äußerst komplexes Geschehen mit verschiedenen Rollen und schnell wechselnden Ereignissen. Unerfahrene oder etwas langsam denkende bzw. handelnde Kinder werden leicht überfordert.

171

Der Sportlehrer holt einen großen Schaumstoffwürfel heraus. Anita wird Zauberin, weil sie eine 6 gewürfelt hat.

„Vielleicht haben wir ja auch noch mehr Zeit, und dann kommt Doris ran mit ihrer 5!" Die Zauberin soll jetzt warten, bis die anderen weg sind. Tobias möchte noch weiterhin zusehen. Die Klassenlehrerin setzt sich zu ihm hin. Katja tickt einige Kinder, aber nach kurzer Zeit geht sie in den Kreis, stellt sich auf den Kasten und ruft: „Stop!". Sie ist böse, weil zwei der getickten Gegenspieler immer noch weitergelaufen sind. Die Klasse kommt zusammen. Es entsteht ein kleiner Streit. Katja sagt: „Peter und Klaus haben geschummelt." Diese streiten es ab. Es scheint aber doch so, als ob diese beiden Jungen möglichst spät getickt werden wollen, um zu den „Siegern" zu gehören. Sie orientieren sich sehr stark an Udo. „Ich sage noch einmal die Regeln für das Spiel:

— Wer getickt ist, muß sich sofort hinstellen.

— Wer von der Fee gestreichelt ist, kann wieder weglaufen."

Tobias und Frau M. wollen Schiedsrichter sein. Tobias nickt und stellt sich gleich auf die Bank. Durch kurze Fragen findet die Klassenlehrerin während des folgenden Spielgeschehens heraus, daß er die Spielidee und die Spielregeln sehr wohl erfaßt hat. Offensichtlich weiß er aber auch um seine etwas langsamen Bewegungen. Katja läuft schnell und tickt viele Spieler.

Die Zauberfee genießt ihre Rolle. Sie und die von ihr Befreiten lächeln sich jedesmal freundlich an. Einmal tickt Katja auch die Zauberfee. Udo ruft aber gleich: „Die kannst du nicht ticken. Die hat Klippo (das heißt soviel wie: sie ist immun). Katja schafft noch zwei Verzauberungen, dann ist sie erschöpft und ruft: „Stop!". Im abschließenden Mittelkreis sagen einige deutlich, wie gern sie gespielt haben. Der Sportlehrer und die Klassenlehrerin loben alle dafür, daß sie sich so gut an die Spielregeln gehalten haben. Wichtig war auch, daß die Zauberin so lange gelaufen ist und die gute Fee ihre Rolle so gut gespielt habe. Tobias brauchte als Schiedsrichter gar nicht erst einzugreifen.

Komm.: Es sieht so aus, als ob der Sportlehrer zunächst Udos Idee verwirft. In Wirklichkeit geht er aber auf sie ein.

Abb. 113: „Zauberkriegen"

Meth.: Befinden sich wesentlich langsamere oder bewegungsbeeinträchtigte Kinder in der Gruppe und stehen genügend Rollbretter (Flizzis) zur Verfügung, so empfiehlt es sich, zur Einführung dieses Spieles oder auch als Rückblende (methodische Schleife) das Spielgeschehen auf Rollbretter zu verlagern. Die Kinder haben dann mehr Zeit zur Verfügung.

Komm.: In der Rolle „Zauberer" sollten zu Beginn die Kinder spielen, welche viel, gerne und gewandt laufen. Bewegungsbeeinträchtigte Kinder erfahren oft durch die Übernahme der „Fee-Rolle" Anerkennung und Zuwendung. Das Würfeln macht die erwachsene Bezugsperson ein wenig entbehrlich. Sie kann sich aus ihrer dominierenden Stellung herausziehen und die Regelung der Reihenfolge stärker den Kindern überlassen. Dies könnte gleichermaßen Modell für die Kinder stehen, in späteren Situationen ähnliche Regelungen selbständig zu praktizieren.

Komm.: Die Regel des „Tickens" läßt keinen Ermessensspielraum. Nur durch die strikte Achtung dieser Regel läßt sich auch später ein verläßliches Zusammenspiel über einen längeren Zeitraum erreichen.

„Zauberkriegen auf Teppichfliesen"

Jedes Kind erhält zwei Teppichfliesen. Alle laufen darauf wie auf Skiern. Das Laufen wird kurz gezeigt, ausprobiert und gelingt recht schnell. Auch Tobias macht mit, kann frei entscheiden, ob und wann er mitspielt. Dies gilt übrigens für alle: Wer sich nicht fühlt oder erst einmal zusehen möchte, kann sich hinsetzen und selbst entscheiden, wann er wieder möchte.

Peter (das ist der Junge, der immer so gerne gewinnen möchte) will Zauberer sein. Er bekommt die eiskalte Zauberhand. Es geht aber alles sehr viel langsamer als im Laufen. Wer von den Fliesen fällt, soll wieder hinaufsteigen. Der Zauberer selbst kann nur ticken, wenn er auch auf den Fliesen steht. Tobias möchte gerne die Fee sein und erhält die Krone aufgesetzt.

Es geht sehr ruhig zu. Alle haben Zeit, sich auf den Fänger einzustellen und genug damit zu tun, gut mit den Fliesen zu rutschen. Der Sportlehrer fragt Peter: „Brauchst du noch einen Helfer?" Peter ist dankbar. Die kleine Anne hilft ihm. Jetzt wird viel öfter getickt. Es macht offensichtlich gleich mehr Spaß. Die Klassenlehrerin beobachtet ganz deutlich, wie gut es einigen Kindern tut, daß das Spielgeschehen verlangsamt abläuft.

Orte/Mat.:	Halle, Bewegungsraum mit glattem Fußboden; Teppichfliesen, Zauberstab o.ä., Krone aus Pappe und Goldpapier.
Meth.:	Die Gruppenleiter sollten gerade in den Anfangsphasen auf offensichtliche Regelverstöße genau achten und sogar das Spielgeschehen kurz unterbrechen, auch wenn es einige Kinder nun besonders stark fordert, Regeln einzuhalten.
Meth.:	Das Gelingen eines Spieles sollte durchaus immer wieder als eine gemeinsame Leistung gewürdigt und offen anerkannt werden.
Komm.:	Zu Beginn dieser Phase mit dem „Medium des Regelspiels" kann die Abordnung von Schiedsrichtern durchaus sinnvoll sein (Wechsel der Rolle wichtig!). Dies sollte aber später entfallen, um der Diskussion von Regeln Platz zu machen. Die Fähigkeit zur Regeleinhaltung kommt zeitlich und entwicklungsmäßig vor der Regelflexibilität. Sehr wichtige, ausführliche und fundierte Beispiele sowie Kommentare, gerade was die Vermittlung von regelgleitenden Bewegungsspielen oder „bewegungsakzentuierten" Regelspielen betrifft, gibt:
Lit.:	M. SCHIERZ: „Bewegungsspiele unterrichten", Frankfurt/Main (H. Deutsch) 1986.

Abb. 114: „Zauberkriegen auf Teppichfliesen": Ich muß auf die Fliesen und gleichzeitig auf die anderen achten!

175

„Jeder kann erlösen!"

Zwei der Spieler sind die Fänger. Wer gefangen wird, stellt sich mit ausgebreiteten Beinen hin. Wenn ein Mitspieler hindurchgekrochen ist, ist der Gefangene wieder erlöst. Vielleicht schaffen es sogar drei Spieler, die ganze Gruppe nach und nach zu verzaubern, oder?

„Zwei macht high, drei macht frei."

Wie bei „Bruder hilf". Wenn zwei Kinder sich anfassen oder umarmen, dürfen sie nicht getickt werden. Sie müssen dann aber solange zusammenbleiben, bis ein dritter Mitspieler sie zusätzlich umarmt oder anfaßt, dann können alle drei wieder frei weglaufen.

„Erlösen durch Würfeln"

Eins, zwei oder drei Spieler sind Fänger. Wer getickt ist, geht zu einer Bank und würfelt. Bei 1 oder 6 ist man wieder frei. Bei 2, 3, 4 oder 5 soll man sich hinsetzen und warten. Würfelt der nächste Gefangene eine 1 oder 6, sind die vorher Sitzenden alle mitbefreit.

„Einfaches Kriegenspiel"

Wer von einem Fänger getickt wird, übernimmt dessen Rolle. Dabei ist es wichtig, für deutliche Symbole zu sorgen. Zum Beispiel durch Mütze, Tuch, Ball oder ähnliches.

„Linienfangen"

Die Kinder dürfen jetzt nicht mehr überall hinlaufen. Als Regel gilt: Wir dürfen uns nur auf den Linien in der Halle bewegen. Diese Regel einzuhalten ist schwierig. wenn man verfolgt wird. Mehr als zwei Fänger sorgen für einen schnelleren Wechsel und dafür interessanteres Spiel.

„Insel-Fangen"

In einer eingegrenzten Fläche werden zahlreiche Fliesen ausgelegt. Sie sind die Inseln, zwischen denen alle hin und her hüpfen sollen. Niemand darf den übrigen Fußboden berühren. Ein Fänger versucht, einen Mitspieler zu ticken, um abgelöst zu werden. Als Zusatzregel kann gelten: Wenn sich zwei Spieler auf einer Fliese umarmen, sind sie erst einmal frei, können dann aber nach ihrem Belieben weitermachen.

Komm.:	Das rechtzeitige Heraustreten der Gruppen-Spielleiterin aus der dominierenden Funktion ist wichtig für den Aufbau selbständiger sozialer Handlungsfähigkeit in der Gruppe.
Komm.:	Hier sind die Kinder weniger oft dran mit Wechseln, müssen also länger abwarten können (Frustrationstoleranz!).
Meth.:	Vergleiche hierzu die Spielformen Fangen und Erlösen unter dem Thema „Sich vergleichen und Zusammenspielen".
Meth.:	Erläuterung des Begriffes „High", eventuell als Frage vorweg: Was heißt high sein? Als Sprachspiel wird der Spruch auch von 4- bis 6jährigen akzeptiert.
Orte/Mat.:	Drinnen und draußen; ein bis zwei Schaumstoffwürfel.
Komm.:	Ich habe es erlebt, daß ein Mädchen, welches während des Spieles wenig beachtet worden war und spät getickt wurde, mehrfach später zum Würfeln kam und regelmäßig das Glück hatte, die Pechvögel, d.h. diejenigen, die warten mußten, zu befreien. Einige Kinder sind ihr um den Hals gefallen.
Meth.:	Beim „einfachen Kriegenspielen" kann es leicht geschehen, daß langsam laufende Spieler niemanden fangen können. Deshalb sollte hier, wie bei anderen Spielformen, das Recht eines jeden herausgestellt werden, ein Spiel kurzfristig zu stoppen (Stop rufen o.ä.) und diese Rolle abzugeben. Dies erfordert auch immer wieder ein gewisses Maß an Toleranz seitens der Mitspieler, jeder soll sich aber bei unseren Spielen wohlfühlen!
Meth.:	Beim „Linienfangen" ist es äußerst schwierig, die Regeln immer genau einzuhalten. Deshalb sollten dieses und das folgende Spiel nicht zu früh eingesetzt werden.
Meth.:	Bewährt haben sich (Verkehrs-)Hütchen als Begrenzungsmarkierungen und Orientierungshilfen bei Kreuzungen! Irgendwo könnte auch ein Freimal (Matte) aufgebaut sein. Die Kinder an der Findung solcher Veränderungen beteiligen!

„Ausreißer"

Ein Kind bekommt ein Geldstück, einen Ring oder eine kleine Murmel in die Hände. Ähnlich wie bei „Ringlein, Ringlein, du mußt wandern" geht der kleine Gegenstand von einem Mitspieler zum anderen über — im Kreis herum. Sobald der Verteiler bei allen gewesen ist, beginnt der zweite Teil des Spiels. Ein anderes Kind hat jetzt das Geldstück in der Hand. Außer ihm und dem Verteiler weiß es aber niemand. Es soll jetzt bei günstiger Gelegenheit auszureißen versuchen, und ein ca. 10 bis 15 Meter entferntes Mal erreichen. Dies sollen die anderen Spieler verhindern, indem sie den Ausreißer vor dem Mal einholen und ticken. Schafft es der Ausreißer, darf er danach Verteiler sein. Wer ihn aber abfängt, übernimmt die Rolle des Verteilers.

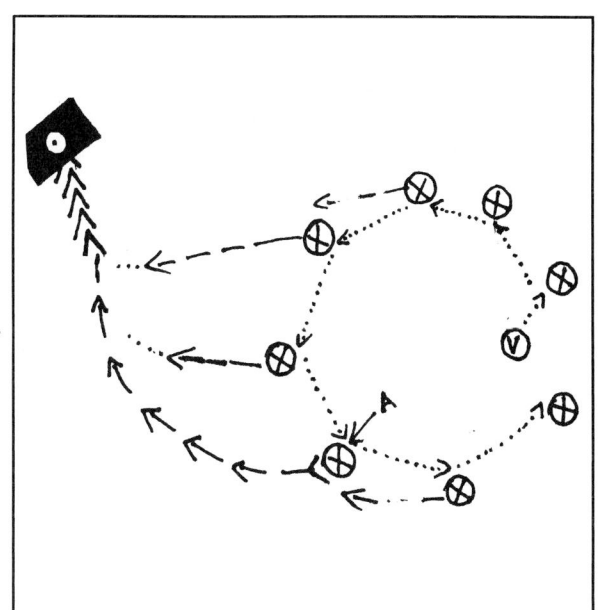

Abb. 115: „Ausreißer" →

Orte/Mat.: Drinnen und draußen; Geldstück, Ring oder Murmel.

Meth.: Eventuell vorher die Weitergabe von kleinen Gegenständen partnerweise oder in kleinen Gruppen üben. Einigen fällt sicher auch ein passendes Lied dazu ein (Ringlein, Ringlein, Du mußt wandern o.ä.).

„Drankommen und Abwechseln"

„Platzwechsel" (Kurzbericht)

Für dieses Spiel brauchen wir einen Fallschirm (rund) oder ein Schwungtuch (quadratisch), möglichst groß, je nach Anzahl der Mitspieler.

Die Kinder sind mit dem Tuch vertraut. Sie haben es schon als Dach, als Rutsche kennengelernt, mit ihm Wellenschlagen und anderes mehr ausprobiert. Die Gruppenleiterin regt an, auf ihr Zeichen hin (Achtung, fertig, los) das Tuch ganz hoch zu schwingen, so daß es möglichst lange oben bleibt. Dann schlägt sie vor, daß jeder seinen Platz tauschen solle, wenn der Ballon steht. Kurze Einwände seitens der Kinder gehen unter; alle versuchen zunächst zu wechseln, lassen das Tuch los; es fliegt ungleichmäßig zur Seite. Noch einmal. Einigen macht es Spaß wie beim Toben. Andere finden es nicht so gut. „Es dürfen nicht alle auf einmal loslassen!" Die Gruppenleiterin läßt sich Lieblingstiere nennen. Vier Tiere werden ausgewählt: Bären, Löwen, Tiger, Affen. Ein Kind geht im Kreis herum, zählt ab und ordnet jeweils zu: „Du bis Bär, du Löwe usw." Jetzt heißt es aufpassen. Frau G. ruft, wenn der Ballon hochgeht: „Alle Bären!" Nach kurzem hin und her am Rande des Tuches finden alle ihren neuen Platz. Jetzt ruft ein Kind, das gerade dran war, die Tiere aus. Nach vier Durchgängen klappt es wie geschmiert, und alle haben sichtlich Spaß an dem reibungslosen, selbst organisierten Wechsel.

Orte/Mat.: Drinnen und draußen, nicht zu windig (!); großes Tuch (viereckig) oder Fallschirm (rund).

Abb. 116: „Platzwech-
sel": Gleich geht's los!

Meth.: Wichtig ist die Wahl der angemessenen Größe des Tuches! Auf Vorschläge der Kinder eingehen, was die Wahl der Bezeichnungen angeht: z.B. Comic-Figuren, Fernsehhelden, welche gerade aktuell sind.

Abb. 117: „Platzwech-
sel": Jetzt bin ich dran.

„Namenswechsel"

Spielgegenstand ist der Fallschirm (das Schwungtuch). Eine Spielerin ruft zwei Namen aus. Diese sollen möglichst schnell unter dem Tuch hindurchlaufen, ihre Plätze tauschen. Abschließend nennen diese beiden je eine Person beim Namen, die anschließend miteinander wechseln sollen.

„Nummernwechsel"

Alle Spieler um das Tuch herum erhalten eine Nummer von 1 an aufwärts. Ein Mitspieler oder die Gruppenleiterin ruft zwei Zahlen auf. Die Spieler mit den jeweiligen Nummern sollen ihre Plätze wechseln.

„Spaß-Wechsel"

Alle Spieler halten das Tuch fest und schwingen es gemeinsam hoch. Die Gruppenleiterin beginnt mit dem Spiel und ruft: „Alle mit blauen Schuhen!" Alle Spieler mit blauen Schuhen sollen die Plätze wechseln. Wer eine Idee hat, kommt gleich dran und soll ausrufen. „Alle mit grünen Augen; alle, die Pommes-frites mögen; die eine lange Hose anhaben; alle, die im Mai geboren sind etc!"

„Umarmung"

Vorher bestimmte Spieler/innen wechseln jetzt nicht mehr die Plätze, sondern treffen sich kurz in der Mitte unter dem Tuch, umarmen sich, geben oder schütteln sich die Hand und laufen dann wieder auf ihre Plätze zurück.

„Namensballon"

Die Gruppe bildet einen Kreis. In der Mitte steht ein Kind mit einem großen Luftballon in der Hand. Es schlägt den Ballon möglichst geradehoch in die Luft und ruft einen Namen von den Mitspielern auf. Der/die Aufgerufene soll in den Kreis laufen und den Ballon auffangen, bevor er zu Boden kommt. Daraufhin ruft er/sie einen weiteren Namen aus usw.

Meth.: Nach einiger Zeit fragen, wer noch nicht dran war! Insbesonders bei geistig behinderten Kindern kann die Reihenfolge der Zahlen wichtig sein. Solch ein Kind bekommt eventuell die Nummer eins oder auch seine Lieblingszahl, damit es sie sich gut merken kann.

Meth.: Variante: Farbenwechsel. Jedes Kind hat ein farbiges Tuch umgebunden.

Abb. 118:
„Nummernwechsel"

Meth.: Beim Spaßwechsel gibt es leicht Unordnung und Durcheinander. Nach dem Prinzip der „Situationsorientierung" ist der Zeitpunkt für den Einsatz dieses Spieles besonders sorgfältig auszuwählen (entspannte Atmosphäre, Regeleinhaltung muß im wesentlichen gewährleistet sein).

Komm.: Bei „Umarmung" berühren sich erfahrungsgemäß auch Kinder, die sich sonst nicht so sehr mögen.

Abb. 119:
„Namensballon"
Ich muß überlegen und
mich bewegen!

„Ballon-Zuspiel"

Alle Spieler stehen im Kreis. Einer von ihnen hält einen Ballon, wirft ihn hoch, ruft einen Namen auf und spielt den Ballon möglichst genau dem aufgerufenen Spieler zu. Dieser spielt den Ballon dann einem Dritten zu usw.

„Stop-Ball"

Dieses Spiel ist dem Brennball ähnlich. Es geht aber nicht um Punkte oder ums Abwerfen. Die eine Hälfte der Spielgruppe steht in einem Feld verteilt. Die anderen stehen hintereinander aufgestellt an einer Seite. Von diesen hält der erste Spieler einen kleinen Ball, wirft ihn ins Feld und läuft um die Markierungen des Feldes außen herum. Wenn die Spieler in der Mitte es geschafft haben, den Ball in den Kasten/die Kiste zu tun, rufen sie laut. „Stop!". Der laufende Außenspieler muß sofort stoppen. Er kann aber sofort weiterlaufen, wenn der nächste Außenspieler den Ball geworfen hat. Aber bei Stop muß er wieder anhalten. Wenn alle Spieler einmal außen herumgelaufen sind, findet der Wechsel statt. Die Innenspieler werden zu Werfern und Läufern.

Orte/Mat.: Drinnen, draußen, möglichst nur bei Windstille und glatter Fläche; große Spezial-Rundballons (Reserveballons!).

Abb. 120: „Namens-Ballon": Die anderen warten, ich muß nachdenken!

Orte/Mat.: Drinnen und draußen; kleiner bzw. mittelgroßer Ball, kleiner Kasten, Kiste oder Korb, Verkehrskegel oder Ständer.

Komm.: Bei dieser Spielform wird in einfacher Weise die Regeleinhaltung ständig geübt. Es bestehen einfach zu kontrollierende und einzuhaltende Verpflichtungen. Gewinnen und Verlieren erhalten von der Spielidee her keine Bedeutung. Gefordert wird eine Rücksichtnahme beim Überholen anderer Kinder.

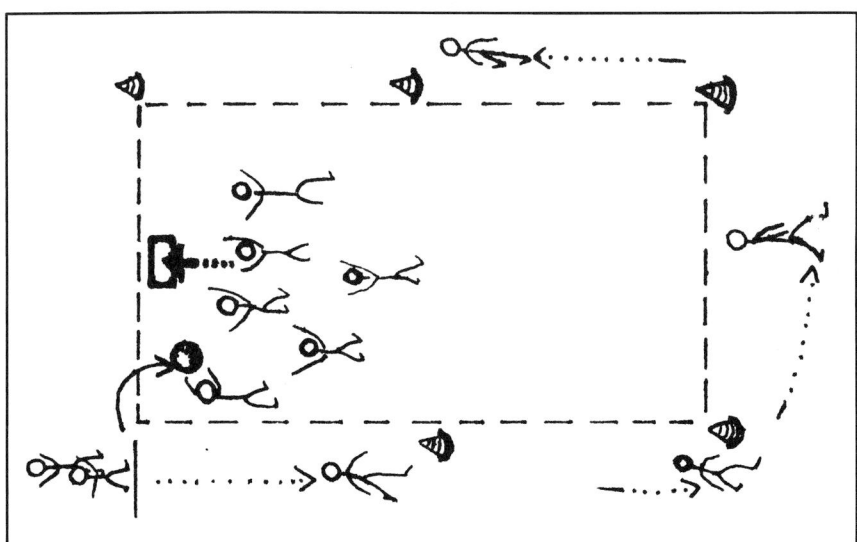

Abb. 121: „Stop-Ball"

185

Der bewegungsbeeinträchtigte Markus will zuerst nicht mitlaufen. Er fragt die Gruppenleiterin: „Läufst du mit mir?" „Ja, aber ohne Anfassen." Beide laufen zusammen. Wenn Frau M. stoppt, paßt Markus auf und hält auch an. Später, beim zweiten Spieldurchgang kommt er beim Stop-Laufen schon vor Frau M. zu stehen und zeigt damit an, daß er die Regel verstanden hat.

„Straßenverkehr — Wer hat Vorfahrt?"

Die Spieler bauen in der Halle mit allen möglichen Geräten ein Straßennetz auf. Immer zwei Spieler gehören zusammen. Ein Spieler ist der Motor und schiebt jeweils den anderen, der auf einem Rollbrett sitzt. Als Regeln gelten:

— Nicht die Straßen verlassen oder beschädigen
— Rechts hat Vorfahrt vor links

Nach einiger Zeit wird es schwieriger. Die schiebenden Spieler erhalten die Augen verbunden, d.h. die Fahrer müssen ihren Antriebspersonen deutliche Hinweise geben. Es können auch längere Fahrzeuge (Lastwagen) gebildet werden. Breitere Straßen braucht man für längere und breitere Fahrzeuge, z.B. wenn man Bänke auf die Rollbretter stellt. Dann können mehrere Spieler darauf sitzen und einige zusätzliche Geschicklichkeitsaufgaben erledigen (Führerscheinprüfung für Lastwagen).

Abb. 122: „Stop-Ball"
Jetzt geht's auf die
Reise

Abb. 123: „Stop-Ball"

Abb. 124: „Stop-Ball"
Gleich ist der Ball drin!

187

„Mitteilen und Wahrnehmen"

„Erkennen und Fangen"

Die Spielgruppe teilt sich in zwei Teilgruppen. Eine von ihnen (die Schau-spieler) zieht sich mit einer Gruppenleiterin in eine Ecke zurück und berät, welches Tier von ihnen dargestellt werden soll. Die andere Gruppe, die Fänger, bespricht mit der anderen Gruppenleiterin die Regeln:

— Beide Gruppen stellen sich gegenüber jeweils auf einer Linie auf.
— Wer glaubt, das Tier herausgefunden zu haben, welches dargestellt werden sollte, ruft es laut beim Namen.
— Wenn es das richtige Tier ist, hält ein Schauspieler aus der Darsteller-gruppe eine grüne Karte hoch.
— Erst dann dürfen die Fänger loslaufen und versuchen, die Schauspieler zu fangen (durch leichtes Berühren!).
— Wenn die Schauspieler ihre Grenze erreicht haben, sind sie frei.
— Wer gefangen ist, wechselt in die andere Gruppe hinüber.
— Nach jedem Durchgang wird gewechselt, die Fänger werden Schau-spieler und umgekehrt.
— Es wird solange gespielt, wie Lust oder Zeit da sind.

Ebenso wie Tiere können selbstverständlich auch z.B. verschiedene Beru-fe dargestellt und herausgefunden werden. Ist die Gruppe gut in der Lage, die Regeln einzuhalten, so kann auch auf die Hilfe mit der grünen Karte verzichtet werden.

Orte/Mat.: Drinnen und draußen; grüne Karte.

Abb. 125: „Erkennen und Fangen":
Sicher werden die gleich rauskriegen,
welches Tier wir spielen. Wir bringen
uns schon früh in Sicherheit!

Meth.: Zu Beginn des Spieles und beim ersten Mal auf genaue Regeleinhaltung achten. Bei Regelverletzung eventuell neues Tier ausdenken und vorspielen lassen! Später auf grüne Karte verzichten!

Komm.: Diese und die weiteren Spielformen erfordern und fördern die grundlegende Kommunikationsfähigkeit, die körpersprachliche Ausdrucksfähigkeit und ansatzweise pantomimische Fertigkeiten. Weiterführende Übungsformen und Beispiele für die Arbeit mit Kindern sind zu finden bei:

Lit.: P. KEYSELL: „Pantomime mit Kindern", Ravensburg (Maier) 1985

Eher für die eigene Fortbildung zu nutzen:

Lit.: K. HAMBLIN: „Mime. Spiel mit Deiner Phantasie", Soyen (Ahorn) 1979.

„Lock-Rufen"

Es werden wieder zwei Gruppen eingeteilt. Eine Gruppe denkt sich aus, wie sie die andere zu sich herüberlocken kann. Sie macht ihnen eine Bewegungsform vor und ruft: „Kommt rüber!" Die andere Gruppe kommt tatsächlich hinüber und soll aber anschließend sagen, als was sie sich wohl zu bewegen hatte, z.B. als Katze, Löwe, Känguruh usw. oder als alte Frau, weinendes Kind, als Hausmeister XYZ, als Auto, Reiter, Flugzeug usw. Nach jedem Durchgang wird wieder gewechselt.

„Paarsuche"

Die Spielleiterin hat eine angemessene Anzahl von Tierbildern oder entsprechenden Wortkarten verteilt. Jeder Spieler hat nun ein Tier zu spielen und das andere Tier zu finden, welches genau zu ihm paßt. Also: Löwe soll Löwe finden, Huhn zu Huhn kommen usw. Später sind eventuell Handwerker dran, oder es sollen bestimmte Rollen, die zusammengehören, zueinander finden, wie Mutter und Vater, Großvater und Großmutter, Polizist und Einbrecher usw.

„Wer ist Anführer/in?"

Zwei Kinder werden kurz hinausgebeten, nachdem das Spiel erklärt worden ist. Sie kommen wieder herein und sollen nun herausfinden, wer von den Gruppenmitgliedern immer wieder bei verschiedenen, wechselnden Bewegungen den Anfang macht bzw. die Gruppe anführt. Sie sollen ruhig hinsehen und dürfen auch zweimal falsch raten.

„Eisbeutel"

Ein Vor-Spieler ruft den anderen zu oder macht ihnen eventuell auch vor, welche Bewegungen sie durchführen sollen. Dies ist deshalb nicht so einfach für die anderen, weil sie nämlich währenddessen einen Eisbeutel (Bohnensäckchen) auf dem Kopf zu balancieren haben. Sollte jemandem der Eisbeutel vom Kopf gefallen sein, muß er/sie solange warten, bis ein Mitspieler kommt und diesen wieder auf den Kopf legt. Dann erst kehrt neue Kraft ein zur weiteren Bewegung. Zu Beginn des Spiels kann derjenige, der einem anderen hilft, auch einmal mit einer Hand den Eisbeutel auf dem Kopf festhalten. Statt eines Ansagens von Bewegungen kann selbstverständlich auch eine passende Musik angestellt werden, zu der dann wiederum entsprechende Bewegungen gefunden werden.

Orte/Mat.: Drinnen und draußen auf eingegrenzter Fläche; Wortkarten oder Bild-
karton.

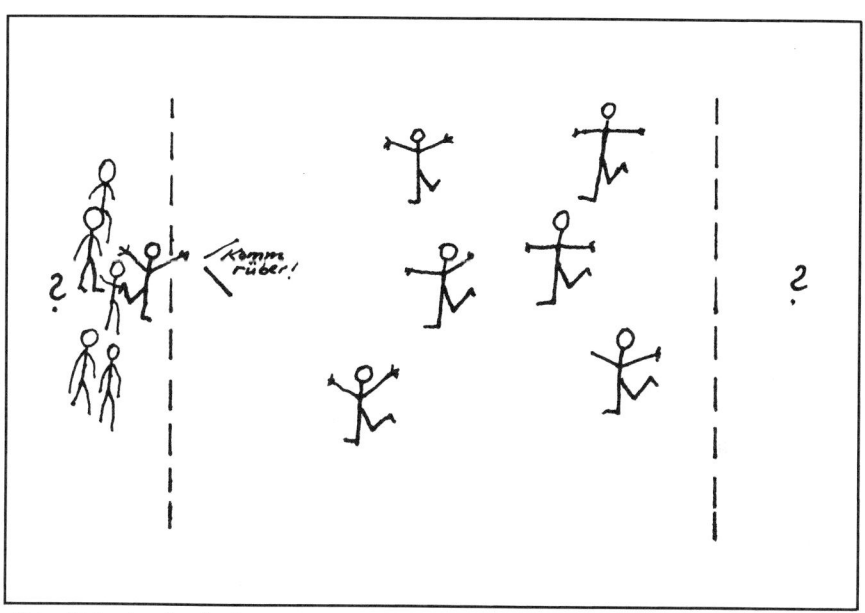

Abb. 126: „Lockrufen"

Komm.: Gefordert ist hier ein genaues Beobachten anderer Menschen trotz
vielfältiger Ablenkungen. Wichtig ist der ständige Wechsel von sozialer Wahrnehmung und eigenen, möglichst sitationsgemäßen Reaktionen.

Abb. 127: „Eisbeutel"
Ich brauche gar nicht lange zu warten.

Orte/Mat.: Drinnen und draußen auf eingegrenzter Fläche; Bohnensäckchen.

„Zahlen-Schlangen"

Jeder soll sich für eine Zahl von 1 bis 3 entscheiden und diese aber für sich behalten. Es beginnt dann, eine nette, relativ ruhige Musik zu spielen, zu der sich alle bewegen können. Wer einem Mitspieler begegnet, kann diesem die Hand geben und sie dann einmal, zweimal oder dreimal kurz drücken. Finden beide ihre Übereinstimmung, so fassen sie sich an und bleiben zusammen. Sie suchen dann gemeinsam weitere zugehörige Partner mit ihrer Wunschzahl. Nach und nach finden sich die Einser, Zweier und Dreier in Schlangen zusammen.

„Mein rechter (linker) Platz ist frei . . .

Alle sitzen im Kreis. Ein Kind hat eine Lücke neben sich und sagt: „Mein rechter, rechter Platz ist frei, ich wünsche mir . . . den Daniel herbei!" Daraufhin springt der Angesprochene auf und setzt sich auf den freien Platz. Nun nennt derjenige Spieler, dessen rechter Platz freigeworden ist, einen anderen usw. Eine Schwierigkeitssteigerung bedeutet es, wenn einer auf den rechten Platz z.B. mit einer blauen Hose, mit roten Socken usw. gerufen wird.

„Flirten (Blinzeln)"

Die Spielgruppe bildet Paare, die sich so im Kreis aufstellen, daß ein Partner sich im Innenkreis hinsetzt, während der andere hinter ihm steht. Nur ein Spieler steht allein ohne Partner vor sich. Er fängt nun an, mit einem/einer Sitzenden zu flirten, indem er ihm/ihr möglichst unauffällig zublinzelt. Der angeblinzelte Spieler versucht nun möglichst schnell hinüberzukommen, ohne von seinem Hintermann/seiner Hinterfrau daran gehindert bzw. an den Schultern festgehalten zu werden. Die Hinterspieler haben vorher selbstverständlich die Hände auf den Rücken getan. Gelingt der Wechsel, so flirtet der Verlassene mit einem neuen Partner, um ihn zu sich zu holen. Nach einiger Zeit ist ein Wechsel der Innen- und Außenspieler angezeigt.

Abb. 128:
„Zahlenschlangen"
Hallo, Kumpel!

Abb. 129:
„Zahlenschlangen"
Wir gehören zusammen

Abb. 130: „Flirten"
Gespannte Ruhe!

„Hast du meine Katze gesehen?"

Die Spieler bilden einen Kreis mit ca. 50 bis 100 cm Abstand voneinander. Ein Spieler tritt vor einen anderen, der im Kreis steht und fragt ihn: „Hast du meine Katze gesehen?" Rückfrage: „Wie sieht sie denn aus?" Das fragende Kind beschreibt nun ein anderes Kind aus dem Kreis. Wenn dieses aber merkt, daß es gemeint ist, läuft es los und versucht den Frager einzufangen. Der Fragende seinerseits soll am befragten Spieler vorbei außen um den Kreis herumlaufen, um so schnell wie möglich zum freien Platz seines Verfolgers zu kommen, bevor er abgeschlagen wird.

„Nachtwanderung"

Die Spieler bilden Zweiergruppen. Ein Spieler bekommt mit einem Tuch die Augen verbunden, der andere kann sehen, weil er z.B. eine Infrarot- oder Nachtsicht-Brille auf hat. Der sehende Spieler führt den anderen über eine Reihe von Hindernissen hinweg oder durch einen Tunnel hindurch usw.

Abb. 131: „Flirten":
Das war zu deutlich!

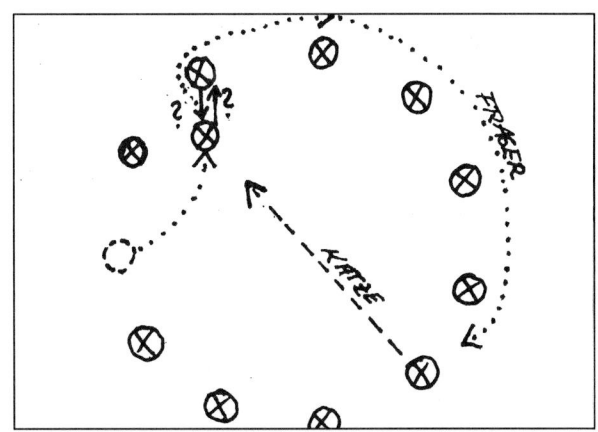

Abb. 132: „Hast Du
meine Katze gesehen?"

Abb. 133:
„Nachtwanderung"
Das macht auch im
Hellen Spaß. Wir ha-
ben es geschafft!

„Tastführung"

Ein nicht-sehender Spieler wird der Reihe nach zu verschieden im Raum ausgelegten Gegenständen geführt. Er soll sie ertasten sowie entweder sofort oder auch später alle zusammen benennen. Beim nächsten Durchgang werden andere Gegenstände ausgelegt und die Rollen gewechselt.

„Fühlmäuse"

Die Fühlmäuse bilden zwei Gruppen. Jede Gruppe schickt abwechselnd eine Fühlmaus mit verbundenen Augen zur anderen Gruppe hinüber, um dort eine Person zu erfühlen und sie beim Namen zu nennen. Gelingt dies, kann sie die erfühlte Person mitnehmen.

„Nahrungssuche bei Nacht"

Allen sind die Augen verbunden bis auf zwei oder mehr Personen, die aufpassen sollen, daß sich niemand weh tut bzw. stößt. Im ganzen Raum liegen verstreut auf dem Fußboden getrocknete Bohnen oder Erbsen, die mit den Füßen, und zwar barfuß, aufgespürt und anschließend in einen Beutel eingesammelt werden sollen. Zum Einsammeln können die Hände benutzt werden.

„Blindschlange"

Es werden Dreier — oder später auch Vierergruppen gebildet. Die drei Spieler stellen sich hintereinander auf und legen vorsichtig die Hände auf die Schultern des jeweiligen Vorderspielers. Die beiden Vorderen können nichts sehen, sie schließen die Augen oder es werden ihnen die Augen verbunden. Der letzte Teil der Schlange versucht sie zu dirigieren, indem er ihnen mit den Händen über die Schultern Steuerimpulse gibt, die selbstverständlich jeweils nach vorne übertragen werden sollen zum Kopf hin. Gelingt dies nach mehrfachen Wechseln untereinander, so kann auch ein kleiner Parcours aus Ständern, Hüten, Matten usw. aufgebaut werden, um die Schwierigkeiten zu erhöhen.

196

Orte/Mat.:	Drinnen und draußen; Baumwolltücher, Ständer, Verkehrskegel, Keulen oder Stühle, Matte o.ä.
Komm.:	Ruhigere, zurückhaltende und feinfühlige Kinder können bei diesen folgenden Spielformen, auch „Kim-Spiele" genannt, oftmals besser als sonst zur Geltung kommen. Ausführlichere Begründungen und über diesen hier vorgegebenen Rahmen weit hinausgehende Anregungen zum Thema Mitteilen und Wahrnehmen bieten:
Lit.:	H. KÜKELHAUS / R. Z. LIPPE: „Entfaltung der Sinne. Ein Erfahrungsfeld zur Bewegung und Besinnung", Frankfurt/Main (Fischer Tb.) 1987.
Komm.:	Im Zusammenhang mit dem Anliegen dieses Buches ist die zwischenmenschliche Erfahrung, die von Gemeinsamkeit und gelingendem Zusammenwirken ausgeht, wichtig. Ein untergeordneter Bestandteil der möglichen Wirkungen dieser Spielformen ist für uns die sogenannte „Dingwahrnehmung". Praktische Spiel- und Übungsvorschläge in bezug auf „sinnliche Spiele" vermittelt:
Lit.:	H. BÜCKEN: „Kim-Spiele. Spiele zum Sehen, Schmecken, Riechen, Tasten, Hören und Denken", München (Hugendubel) 1984.
Meth.:	Die Fühlmäuse könnten durch bestimmte Töne angelockt werden (Orientierungshilfe!).
Meth.:	Die Fläche zum Einsammeln könnte durch ein ausgebreitetes Sprungtuch begrenzt sein.

Abb. 134:
„Blindschlange":
Langsam und sicher
geht's voran.

Meth.:	Immer wieder Erfahrungen austauschen und Erlebnisse besprechen lassen! Experimentieren mit Gruppengrößen, Personen, Gruppenzusammenstellung, Jungen und/oder Mädchen, mit verschiedenen Impulsen oder Zeichen!

„Wetteifern und Zusammenspielen"

„Fangen und Erlösen"

Die Kindergruppe, 5 bis 7 Jahre alt, kennt das „Zauberfangen". Ob es wohl zwei Zauberer schaffen, die ganze Gruppe zu verzaubern? Die Regeln:

— Wer berührt wird, bleibt still stehen, einen Arm in die Höhe gestreckt.
— Wer noch nicht berührt ist, kann befreien.

Dann legt er/sie dreimal kurz die Hand auf den Rücken des/der Gefangenen und ruft: „1, 2, 3, du bist frei." Wenn die zwei Zauberer merken, daß sie es nicht mehr schaffen können, rufen sie laut: „Stop!"

Die Gruppe überlegt dann gemeinsam, welche Regeln einzuführen wären: Es soll möglichst gerecht sein, gleich schwierig für die Fänger und die Wegläufer. Sollen wir drei Zauberer nehmen? Wen als Zauberer? Das Befreien schwieriger machen, z.B. hinstellen und Beine breit machen, befreien durch Unterkriechen oder Unterwinden einer Bankstellung? Wie können sich die Spieler gegenseitig am besten helfen, damit das Spiel noch spannender wird und länger andauert?

„Volleyball mit Luftballons"

Es wird über Reichhöhe hinaus ein Volleyball — oder ein anderes Netz gespannt. Zunächst stehen sich immer zwei Partner gegenüber und versuchen jeweils einen Luftballon hin und zurück über das Netz zu spielen, möglichst lange, ohne daß er auf den Boden fällt. Danach spielen die Gruppen beider Seiten gegeneinander. Für jeden Luftballon, der auf den Boden fällt, gibt es einen Punkt für die gegenüberstehende Mannschaft. Der Ballon wird dann wieder aufgehoben und weitergespielt. Bald merken sie, daß die Luftballons zu oft und zu schnell auf den Boden gelangen. Es wird schneller und härter geschlagen. Wie kann ein längeres Spiel entstehen, bevor ein Luftballon auf den Boden fällt? Sollen wir einen oder mehrere Luftballons herausnehmen? Sollen bestimmte Spielerpaare die Seiten tauschen? Wann? Eventuell nach jedem Punkt? Wielange dauert es, bis ein Ballon zu Boden fällt? Kommen die Ballons ungefähr gleich oft in jedem Feld auf? Berühren einige weniger oft als andere den Ballon?

Orte/Mat.: Drinnen und draußen; Zauberstäbe, Bälle, Mützen und oder Bänder als Kennzeichnung.

Komm.: Besonders gefördert werden soll hier das Interesse möglichst vieler Kinder an einem langandauernden, ambivalenten Geschehen, einem Hin und Her der Kräfte und Gegenkräfte. Das Auftreten von Spielern und Gegenspielern bietet eine große Komplexität und Dynamik des Spielgeschehens. Das sonst so oft dominante Motiv des Gewinnens soll und kann hier zurücktreten zugunsten des gemeinsamen Spielgenusses, der Spannung.

Meth.: Zeit für Besprechungen nötig! Es werden sich Rollen- bzw. Aufgabenverteilungen ergeben, z.B. zwischen solchen, die fangen und solchen, die lieber bewachen. Wie kann ein Bewacher abgelenkt werden? Auswertungsgespräche!

Abb. 135: „Volleyball mit Luftballons"

Ich hab's geschafft, mit der ganzen Hand!

Orte/Mat.: Drinnen und draußen (bei Windstille); Volleyballständer, Volleyballnetz und Luftballons.

Komm.: Auch hier soll langsam das Interesse an einem langandauernden Hin und Her geweckt werden. Wenn viele Punkte erreicht werden können, dann für beide Seiten.

Meth.: Auf die angemessene Höhe des Netzes achten (Reichhöhe auf Zehenspitzen). Eine gespannte Leine ist nur dann günstig, wenn Decken oder Tücher darauf hängen. Da die Spielaufgabe lautet, keinen Ballon auf den Boden kommen zu lassen, sollte ein Bodenkontakt deutlich herausgehoben werden (Pfiff, Trommelschlag o.ä.).

„Ball treiben"

Es wird mit Bänken ein Feld gebildet. In der Mitte zwischen den Bänken liegt ein großer Ball (Wasserball oder ähnliches). Jeder Spieler hat zwei kleine Schaumstoffbälle oder Tennisbälle zum Werfen. Hinter den Bänken stehen die beiden Gruppen. Sie versuchen, von ihrer Seite hinter der Bank aus, den Ball durch ihre Würfe an die gegenüberliegende Seite zu treiben. Die geworfenen Bälle können jeweils aus dem Mittelfeld wieder hinter die Bänke zurückgeholt werden. Wenn eine Gruppe es dreimal hintereinander schafft, den Ball auf die anderen Seite zu treiben, werden Änderungen besprochen. Gute Werfer wechseln, es werden die Rollen anders verteilt zwischen Ballholern und Werfern.

Orte/Mat.:	Drinnen und draußen auf abgegrenztem Feld; evtl. Langbänke, großer Ball, kleine Bälle zum Werfen.
Meth.:	Variante: Balltreiben als Poolbillard. An jeder Ecke des Quadrats befindet sich eine Öffnung, in die die Bälle getrieben werden sollen.
Meth.:	Es besteht die „Gefahr", daß immer nur bestimmte Kinder die Bälle holen. Die Einführung einer Regel: „Jeder holt seinen Ball selber!" könnte diese Rollenzuschreibung auflösen.
Meth.:	Eventuell ist es günstiger, mit den Bänken ein Viereck zu bilden.

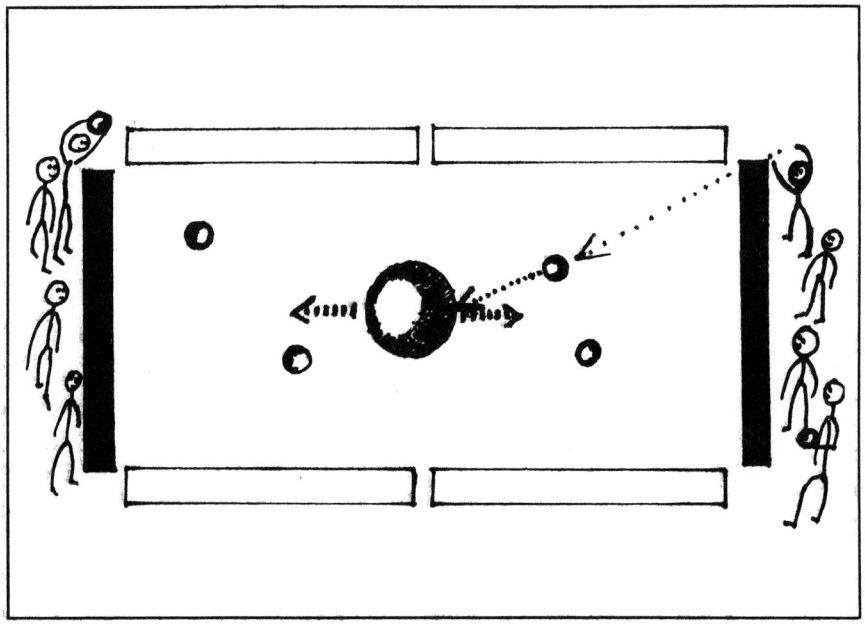

Abb. 136

„Ballons auf dem Tuch halten!"

Auf jeder Seite eines Schwungtuches steht eine annähernd gleiche Anzahl von Spielern. Auf dem Tuch befinden sich zwei oder mehr Luftballons mittlerer Größe. Das Tuch wird kräftig wellenförmig geschwungen. Jede Seite versucht nun zu verhindern, daß ein Ballon auf ihrer Seite vom Tuch herunterfällt. Es kann leicht vorkommen, daß auf einer bestimmten Seite mehrfach hintereinander die Ballons das Tuch verlassen oder sie insgesamt zu früh vom Tuch fallen.

Folgende Regelungen sind möglich:

— Eine Hand jeweils vom Tuch nehmen und mit der anderen den Ballon zurückstoßen können.

— Ein Spieler bleibt im Rücken der Tuchschwinger und kann die Ballons jeweils auffangen und zurückstoßen.

Schwieriger wird das Spiel mit zwei oder mehr Schaumstoffbällen. Weiterhin ist es möglich, daß einer oder mehrere Balltreter unter das Tuch kriechen und von dort aus versuchen, die Ballons oder die Bälle hochzustoßen. Auch hier ist mit der Gruppe zusammen zu überlegen, wie das Spiel über eine längere Zeit hinweg ausgeglichen und spannend gestaltet werden kann.

Orte/Mat.:	Drinnen und draußen (wenig Wind!); Luftballons und/oder Schaum-stoffbälle, Schwungtuch oder Fallschirm.
Meth.:	Die Spielleiter/innen sollten/könnten unauffällig neben den etwas langsameren und schwächeren Spielern stehen oder auch sitzen. Rollstuhlfahrer können hier ohne Einschränkung mitspielen.
Meth.:	Zunächst nur Ballons auf das Tuch tun. Erst später Schaumstoffbälle verwenden! Diese stellen erheblich größere Anforderungen an Reaktionsfähigkeit und Gewandtheit.

Abb. 137: „Ballons auf dem Tuch halten":
Mit dem Ball geht es schneller! Wir müssen uns besser abstimmen.

„Tauziehen mit Jokern" (Eingreifer, Helfer)

Zwei Mannschaften mit je vier bis sechs Kindern stehen sich an einem langen Tau gegenüber. Jede Mannschaft hat eine Vorder- und eine Hinterzone, die deutlich gekennzeichnet sind (Kreide, Tesakrepp) vor sich. Wenn das Startzeichen gegeben wird, ziehen aber nicht alle Mannschaftsmitglieder. Jeweils zwei oder bei größeren Gruppen auch mehr, von ihnen stehen als „Joker", daneben bereit zum Anpacken, wenn ihr vorderster Zieher in die Vorderzone gezogen worden ist. Die andere Mannschaft setzt ebenfalls ihren Joker ein, wenn es bei ihr geschieht. So kann es vor der Entscheidung ein längeres Hin und Her geben, wenn die Mannschaften relativ gerecht zusammengesetzt sind. Wichtig ist auch die Vorüberlegung, wer zu Beginn zieht und wer als Joker bereitsteht. Wer nicht mitziehen möchte, kann übrigens auch als Fan die Tauzieher anfeuern.

„Puzzle holen"

Für jede Mannschaft liegen auf einer Seite des Raumes Puzzleteile durcheinander gemischt bereit. Von der anderen Seite her läuft immer ein Spieler auf ein Zeichen los und holt ein Puzzleteil zu sich herüber. Der nächste Spieler kann laufen, wenn das Teil auf einem Stück Karton abgelegt worden ist. Die Wartenden sollen währenddessen schon anfangen, das Puzzle zusammenzulegen. Vielleicht stellen einige fest, daß, wer nicht so gut laufen kann, beim Puzzlezusammenlegen besser ist als andere.

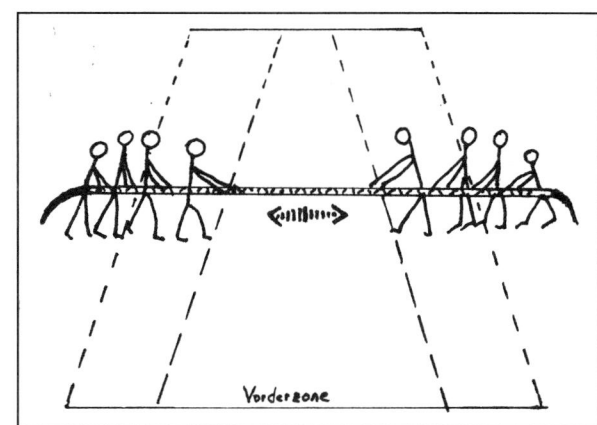

Abb. 138: „Tauziehen mit Jokern"

Orte/Mat.:   Drinnen und draußen; langes Ziehtau, evtl. Tesakrepp für die Linien.

Abb. 139: „Tauziehen mit Jokern": Jetzt ziehen wir sie rüber

Abb. 140: „Tauziehen mit Jokern" Nun geht's wieder andersrum

Orte/Mat.:   Drinnen und draußen; Puzzletaile, große Kartonblätter.

„Stromausfall"

Jede Mannschaft oder Teilgruppe erhält eine Kerze. Sie wird von Seite zu Seite getragen und jeweils an den nächsten Spieler weitergegeben. Sollte sie einmal verlöschen, muß der Kerzenträger um Hilfe rufen und warten, bis ein Mitspieler mit der Streichholzschachtel kommt, um sie wieder anzuzünden. Vor- und umsichtiges Tragen sowie Weitergeben wird begünstigt. Möglich ist auch der Einbau von Hindernissen, Slalom-Ständern oder ähnliches in die Laufbahn.

Orte/Mat.:	Drinnen und draußen (nur bei Windstille); Zündhölzer, Kerzen, große und kleine Geräte, Ständer u.ä.
Komm.:	Aus der Erfahrung mit diesen Spielen, aber auch mit ähnlich strukturierten Spielformen sollen möglichst folgende Grunderfahrungen oder Einsichten deutlich werden: 1. Menschen haben unterschiedlich entwickelte Fähigkeiten. Der eine kann dieses, der andere kann jenes besser. 2. Diese Fähigkeiten lassen sich wechselseitig ergänzen, um eine gemeinsame Aufgabe besser bewältigen zu können. 3. Nicht nur sportliches, d.h. schnelles, kraftvolles Tun, sondern auch umsichtiges, vorsichtiges situationsangemessenes und abwägendes Handeln ist beim Spielen wichtig und verdient genauso großes soziales Ansehen. 4. Bei Wettbewerben gibt es nicht immer wieder dieselben Sieger und Verlierer. 5. Gute Zusammenarbeit ist nicht nur erfolgreich, sondern macht auch Spaß und ist spannend.
Meth.:	Es ist bei Spielen dieser Art nicht nötig, daß verschiedene Gruppen zum Wettbewerb gegeneinander antreten. Es kann auch die ganze Gruppe versuchen, „gegen die Zeit" zu kämpfen, d.h. die jeweilige Aufgabe gezielt mit jedem Durchgang schneller zu bewältigen.

Abb. 141: „Stromausfall": Besser langsam und vorsichtig!

„Fliesen-Wandern"

Die Spieler aus zwei Gruppen stehen jeweils nebeneinander hinter einer Linie. Jeder von ihnen steht auf einer Teppichfliese. Der vorderste Spieler hat eine zweite Teppichfliese in der Hand, die er auf ein Zeichen hin zur Seite legt. Dann verläßt er seine Fliese, seine Mitspieler rücken auf, bis die letzte Fliese frei wird. Diese wird dann nach vorne gereicht usw. Nach Abschluß eines Durchganges werden die günstigsten Arten des Fortkommens und etwaige Fehler besprochen.

„Blase-Ball"

Ein Spieler liegt mit dem Bauch auf einer Wolldecke oder einer leichten Matte. Die anderen stehen um ihn herum (vier bis fünf Mitspieler), ziehen, schleifen, tragen ihn so, daß er vor sich her einen Tischtennisball von einer Seite des Raumes auf die andere gut dosiert und kontrolliert blasen kann. Hinter einer Linie angekommen, wird ein anderer zum Bläser und von der Gruppe wieder zurückgebracht usw.

Orte/Mat.:   Halle, Bewegungsraum mit glattem Boden; Teppichfliesen.

Meth.:   Interessanter kann es mit 2, 3 oder 4 freien Fliesen werden!

Abb. 142: „Fliesen wandern": Aufpassen und abwarten können!

Orte/Mat.:   Halle, Bewegungsraum mit glattem Boden; Wolldecken oder leichte Matten, Tischtennisbälle.

„Wildschweinjagd"

Die Spielgruppe hat vorher (jeder für sich zu Hause oder die Gruppe insgesamt beim Basteln) eine größere Menge Wildschweine und Pilze auf Karton gemalt und ausgeschnitten. Diese Wildschweine und/oder Pilze werden jetzt im Gelände eventuell sogar in der Halle versteckt. Die eine Gruppe stellt die Römer, die andere die Gallier dar. Für jedes Schweinchen oder für jeden Pilz, die zum Lager zurückgebracht werden sollen, gibt es abschließend einen Punkt.

„Schneeballschlacht"

Der Raum ist durch Bänke oder Seile in zwei Hälften geteilt. In jeder Hälfte stehen gleich viele Spieler mit zahlreichen Schaumstoffkegeln oder -bällen. Die Spieler können jeweils bis zur Mitte vorgehen und sich gegenseitig bewerfen. Wenn sie wollen, können sie ihre Treffer zählen. Viele werden bald aufhören mit dem Zählen.

„Burgball"

In der Mitte der Halle wird eine große Burg gebaut (mit Kästen, Bänken, hochgestellten Matten usw.). In sie kommen alle verfügbaren Schaumstoffteile oder -bälle hinein. Dieses wollen aber drei, vier oder fünf Burgwächter verhindern, indem sie die Teile immer wieder hinauswerfen. Wieviele Burgwächter braucht das Spiel, damit es einigermaßen ausgeglichen verläuft?

Orte/Mat.:	Draußen in einem unübersichtlichen Gelände, evtl. auch drinnen; viele kleine Wildschwein- oder Pilzfiguren.
Komm.:	Bei diesen Spielen können bzw. sollen sich die Spieler fragen: Wer hat eigentlich gewonnen? Die Frage nach den Gewinnern und Verlierern soll paradox klingen. Viele bezeichnen diese Spiele als die eigentlichen und reinen Spiele. Es geht in ihnen darum, daß sie Spaß machen und zur gehörigen Anstrengung verleiten. Die Kinder müssen allerdings über eine große Portion „Lust" zum Toben, zum Spaß-Spielen verfügen.

Abb. 143:
„Burgball"

Abb. 144: „Burgball"

Abb. 145: „Burgball"

211

„Treffer-Ball mit Würfeln"

Zwei Mannschaften stehen sich gegenüber, durch eine Linie bzw. ein Seil getrennt. Insgesamt befinden sich je nach Gruppengröße drei bis fünf Schaumstoffbälle im Spiel. Jeder versucht nun, einen Gegenspieler auf der anderen Seite abzuwerfen (nur Treffer direkt aus der Luft sind gültig). Wer abgeworfen ist, geht auf die Seite zu seinem Schaumstoffwürfel und versucht eine 1 oder eine 6 zu würfeln. Wer es geschafft hat, kann gleich wieder ins Spiel zurückgehen. Bei 2, 3, 4 oder 5 muß gewartet werden, bis der nächste eine 1 oder 6 würfelt. Hierbei kommt es selten zur frühen Entscheidung, dagegen oft zu einem langen Hin und Her.

„Treffer-Ball mit Seitenwechsel"

Die Spielregeln sind ähnlich wie vorher. Unterschied: Wer getroffen ist, wechselt auf die andere Seite und spielt dort mit.

„Fangen und Schmücken"

Eine kleine Guppe steht einer größeren gegenüber. Von der größeren Gruppe hat jeder eine farbige Wäscheklammer hinten am Hemd oder an der Hose befestigt. Die Spieler der Fängergruppe versuchen nun möglichst schnell, einen der weglaufenden Klammerträger (Schmuckträger) zu berühren. Die Abgeschlagenen müssen stehenbleiben und sich den Schmuck abnehmen lassen. Sie können sich aber von ihrem Depot (Lager) eine weitere Klammer holen und sich anhängen lassen. Die Fänger wiederum laufen zu ihrer Königin/ihrem König und behängen sie/ihn mit dem Schmuck (nicht weh tun!), um dann weiterzufangen. Das Spiel ist beendet, wenn der Klammerbeutel leer geworden ist. Vielleicht steht der Fängergruppe auch eine Dekorateurin zur Verfügung bzw. sie beratschlagen den Schmückvorgang.

Orte/Mat.:	Drinnen und draußen; Schaumstoffbälle mittlerer Größe, zwei Schaumstoffwürfel.
Meth.:	Speziell bei diesen Wurfspielen ist darauf hinzuweisen, daß nicht auf die Köpfe geworfen werden soll. Absichtliches Wehtun kurzfristig untersagen! Für ängstliche Kinder eventuell folgende Hinweise vorwegschicken: 1. Es sind nur weiche Bälle im Spiel, die nicht wehtun (ausprobieren lassen!); 2. Wer nicht mehr möchte, kann zusehen und später wieder mitspielen; 3. Es gibt kein Ausscheiden!
Komm.:	Hier und in den folgenden Spielen sollen die Kinder lernen können, kurzfristig persönliche Verluste zu ertragen (Frustrationstoleranz und Fehlertoleranz gegenüber anderen wie auch gegenüber sich selbst). Trotz momentaner Blockierungen sollen sie in der Lage sein, weiterzuspielen. Wichtig bei allen Spielen mit einem potentiellen Wettkampf-

charakter sind nicht so sehr die erreichten Punkte oder Tore, sondern die sozialen Konsequenzen für Verluste oder Niederlagen. Diese sind so gering wie möglich zu halten. Was verliere ich schon, wenn ich ein Spiel verloren habe? Was habe ich gewonnen, wenn ich gewonnen habe?

Komm.:   Eine wichtige Arbeitshilfe zu diesem oftmals schon früh auftretenden brennenden Thema für die „Erziehung zur Bewegung und durch Bewegung" liefert:

Lit.:   R. ERNST: „Zinnober-TZT Nr. 5. Was verliere ich, wenn ich nicht gewinne?" Hrg. v. der Schweizerischen Informationsstelle für themenzentriertes Theater, Männedorf/Schweiz 1985.

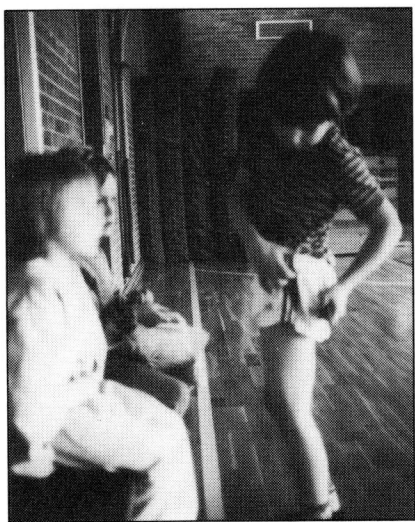 

Abb. 146: „Fangen und Schmücken": Wir wollen noch nicht mitspielen. Wir teilen die Klammern aus!

Abb. 147: „Fangen und Schmücken": Auch wenn ich viele Klammern habe: verloren habe ich nicht. Sehe ich nicht gut aus?

„Hütchen- oder Kegel-Fußball"

Jeder Spieler/jede Spielerin erhält eine Keule/ein Hütchen oder einen Kegel und stellt diesen Gegenstand irgendwo in der Halle auf. Im Spiel sind weiterhin (je nach Gruppengröße) vier bis fünf Schaumstoffbälle. Mit diesen Bällen können die Kegel umgestoßen werden, aber nur von den Bällen. Jede Person bewacht ihren eigenen Kegel. Sollte dieser umgefallen sein, ist er sofort wieder aufzustellen. Jeder kann mit jedem Ball spielen.

„Hausbau im Sumpfgebiet nach Punkten"

Die gesamte Gruppe erhält die Aufgabe, in einem Sumpfgebiet mit allen verfügbaren Materialien — in einer Ecke der Halle — ein Haus/ein Hauszelt aufzubauen, in da sich anschließend alle hineinsetzen können. Es darf aber niemand während des Spielvorganges den Hallenboden mit den Füßen berühren. Es erfolgt eine Punktwertung von zwei oder drei „unabhängigen" Schiedsrichtern: 1. Regeleinhaltung (Punktabzug für jedes Berühren des Fußboden); 2. Zusammenarbeit/Arbeitsteiluhng (gegenseitige Hilfen, Aufteilung von Transportbautätigkeiten, keine Zusammenstöße, gute Absprachen usw.); 3. Arbeitsergebnis (Größe, Festigkeit, Aussehen des Hauses usw.). Jeder Beobachter (Erwachsene und Kinder) kann für jeden Bereich bis zehn Punkte vergeben. Gelungene und mißlungene Situationen werden abschließend im Hause besprochen. Ein Foto (eventuell von der Sofortbild-Kamera) zum Schluß des Spieles kann für alle Beteiligten einen freudigen Höhepunkt bilden.

Orte/Mat.: Halle und Bewegungsraum; zahlreiche Groß- und Kleingeräte, vor allem aber Rollbretter (Flizzies), Skateboards, Pedalos und evtl. Teppichfliesen.

Abb. 148: „Hausbau im Sumpfgebiet"

Komm.: Dieses ist ein kooperatives Regelspiel mit Rollenspielcharakter (siehe hierzu auch das Kapitel vorher). Die Unterschiede bestehen in der besonderen Anforderung, ganz bestimmte definierte Regeln einzuhalten und Sanktionen bei Regelverletzung durch Punktabzug auszuhalten. Hier, wie bei den folgenden Spielformen, kommt es vor allem auf das deutlich sichtbare und leicht nachvollziehbare Gelingen oder auch Mißlingen einer kooperativ zu bewältigenden Spielaufgabe an.

Meth.: Für dieses Spiel sollten im Prinzip nach einer freieren Bewegungsphase 70 bis 80 Minuten zur Verfügung stehen. Die Punktrichter sollten sich vorher absprechen und dann auch deutlich Punktentscheidungen bekanntgeben. Eventuell läßt sich organisatorisch einrichten, daß das Haus für eine später folgende Gruppe in der Halle stehenbleiben kann.

Abb. 149: „Hausbau im Sumpfgebiet"

215

„Von Baum zu Baum"

Dieses Spiel kann auch als Regelspiel mit Rollenspielcharakter angelegt sein. Oben auf einer Gitterleiter hängt ein Korb bzw. ein Netz mit vielen Bällen (Kokosnüssen). Diese sollen auf die andere Seite transportiert werden. Das ist aber nicht so einfach. 1. Weil die Nüsse schwer sind, kann immer nur eine von einer Person transportiert werden (erste Regel). 2. Der Weg führt über ein schwieriges Gelände. Niemand darf den Hallenboden betreten. Die Gruppe hat eine schwierig zu überwindende Hinderniskette aufgebaut (zweite Regel). 3. Wer auf der anderen Seite seine Nuß in den Baum (in einen weiteren Korb) gebracht hat, klettert, springt oder balanciert wieder zurück. Dabei begegnen sich Spieler. Sie müssen einander ausweichen, behilflich sein usw. (dritte Regel).

Noch mehr Abstimmung erfordert der Transport, wenn zwei Spieler gemeinsam zwei Bälle in einem Handtuch oder mit Hilfe von zwei Stäben hinüberschaffen sollen, ohne eine Nuß zu verlieren.

216

Orte/Mat.:   Halle und Bewegungsraum; Ballnetz oder Ballsack, viele kleine
               Bälle bzw. Gymnastikbälle, zahlreiche Großgeräte, evtl. Handtü-
               cher, Stäbe oder Seile.

Meth.:   Zwei Spieler/innen können sich auch anseilen (zusammenbinden).

Abb. 150: „Von Baum zu Baum"

„Rettungsinsel"

Die Halle wird in vier Felder aufgeteilt: Norden, Osten, Westen, Süden. Eine andere Aufteilung ist nach Kontinenten möglich wie Amerika, Australien, Afrika, Eurasien. In jedem Feld steht ein Kasten. Während alle umherlaufen, hopsen, Auto fahren usw., je nach Vorgabe einer Ausruferin, ruft diese plötzlich: „Land unter, alle nach Norden!" Alle Mitspieler versuchen nun, sich auf den im Norden befindlichen Kasten zu retten. Alle sollen auch darauf Platz finden; wichtig ist dabei die gegenseitige Hilfe. Die Ausruferin zählt die Sekunden mit, die die ganze Gruppe benötigt, um Platz zu finden. Ist die Gruppe recht groß, so können auch zugleich zwei Himmelsrichtungen oder Erdteile ausgerufen werden. Wer möchte, kann als Nächster ausrufen.

Orte/Mat.:   Drinnen und draußen; 4 kleine oder große Kästen je nach Gruppengröße, evtl. Musikbegleitung.

Abb. 151:
Wir haben's geschafft! „Rettungsinsel"

Abb. 151 a:
Das Spiel gewinnen wir! „Rettungsinsel"

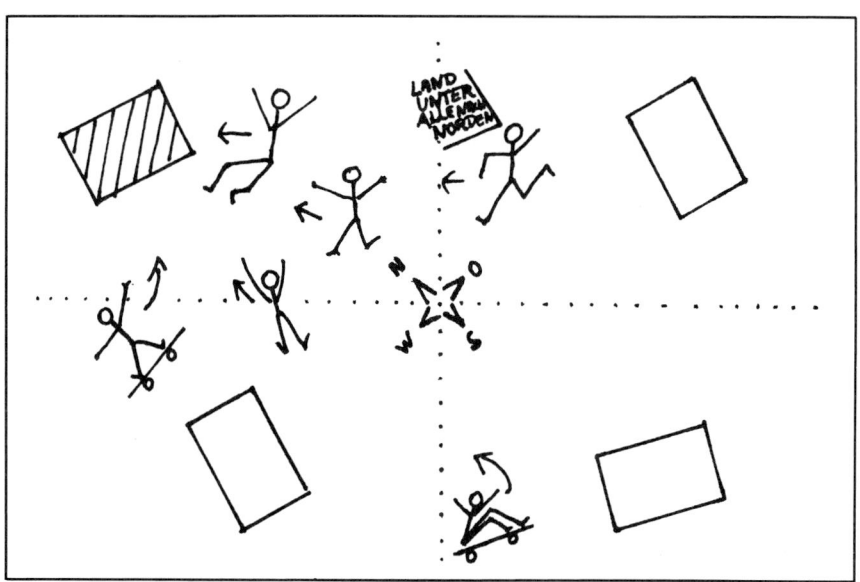

Abb. 152: „Rettungsinsel"

„Knall-Ballon"

Jeder Spieler hat einen kleinen oder mittelgroßen Ball. Ein großer Luftballon wird inmitten der Spieler hochgeschlagen. Nun sollen die Kinder verhindern, daß der Ballon auf den Boden fällt. Dies geschieht durch ständiges, regelmäßiges Bewerfen des Ballons von unten. Dabei kann es auch schon manchmal zum Knallen kommen. Ist die Gruppe zu groß, sollten zwei Kreise mit je einem Ballon eingerichtet werden. Sollte die Aufgabe zu schwierig sein, hat eine Beratung zwischen den Kindern stattzufinden, um zu einem gemeinsamen Plan zu gelangen. Der Ballon darf nicht von einem Körperteil der Spieler berührt werden.

„Ballon treiben"

Ein großer Ballon soll mit Ballwürfen durch die Gruppe von einer Seite der Halle auf die andere Seite getrieben werden. Er darf dabei nicht auf den Boden kommen.

„Rinder retten"

Rinder sind hier kleinere Medizinbälle oder andere Bälle, die mit vorsichtigen Würfen von einer Seite des Raumes in den Stall getrieben werden (vielleicht gibt es bald Hochwasser). Wenn ein Rind im Stall ist (mit Kästen gebildet), beginnt die nächste Gruppe oder auch dieselbe beim nächsten Rind. Es kann eventuell die Zeit gestoppt werden, bis alle Rinder im Stall sind. Niemand darf ein Rind direkt berühren oder anschieben, die Würfe erfolgen der Reihe nach (Regeln!).

„Erdball-Spiel"

Ein recht großer Spastiker- oder Pushball (Größe je nach Alter der Kinder) wird am Anfang einer Reihe auf die hochgereckten Arme gelegt. Langsam wandert dieser Erdball nach hinten. Währenddessen laufen die freigewordenen Spieler ebenfalls nach hinten, um sich wieder anzuschließen und

Komm./ Meth.:	Die gemeinsame Leistung der Gruppe steht eindeutig im Zentrum der folgenden Spielformen. Aber auch hier wird es sicher Kinder geben, die genau zählen, wie viele Treffer sie hatten, wie viele Nüsse sie transportierten usw. Das Beste wird es hier sein, darauf nicht einzugehen oder nur kurz darauf zu verweisen, daß es darauf gar nicht ankomme.
Komm.:	In seinen Untersuchungen zur moralischen Entwicklung des Kindes geht J. Piaget auf das Murmelspiel ein. Er belegt die intensive und umfassende Sozialisationsfunktion der Teilnahme an bewegungsbestimmten Regelspielen.
Lit.:	J. PIAGET: „Das moralische Urteil beim Kinde", Frankfurt/Main (stw) 1973. Siehe hier besonders das erste Kapitel: „Die Spielregeln", Seite 7 bis Seite 118.

Spezielle Spielregeln und Murmelideen sind zu finden in:

Lit.:	R. HOLLER: „Murmel", 2. Auflage, München (Hugendubel) 1987.
Komm.:	Äußerst brauchbare und vielseitige Anregungen und Erläuterungen zu Bewegungsspielen mit kleinen Kindern sowie zur Verfremdung konkurrenzorientierter Spiele sind zu finden in:
Lit.:	T. ORLICK: „Kooperative Spiele", Weinheim (Beltz), 1982.
Meth.:	Keine Hektik aufkommen lassen! Bei den letzten Spielen kommt es besonders auf die gegenseitige Abstimmung und Hilfe an.
Meth.:	Ein „Joker" könnte in „höchster Not" per Hand dafür sorgen, daß der Ballon oben bleibt. Der Erfolg der Gruppe besteht dann darin, daß der Joker immer seltener einzugreifen braucht.

Abb. 153: Katrin hat aufgepaßt!   *Abb. 154: Jetzt läuft es wieder!*

„Erdballspiel"

den Ball weiterzureichen. Wenn dies am Anfang relativ langsam geschieht, wobei links und rechts Kinder die Erde absichern, gelingt es bald, den Ball von einer Seite der Halle zur anderen zu transportieren bzw. eine Kurve zu bilden und die Halle zu umrunden.

„Gemeinschaftliches Kegeln"

In angemessener Entfernung von einem Kegel wird eine Wurflinie gezogen. Ein Kind rollt einen besonders gekennzeichneten (bunten, farbigen) Zielball möglichst dicht in die Nähe des Kegels. Der nächste Spieler versucht mit einem kleinen weichen Ball diesen Zielball so zu treffen, daß er ein Stück näher an den Kegel herankommt. Ebenso versuchen es die weiteren Kinder. Wenn der Zielball den Kegel berührt hat, ohne ihn umzuwerfen, hat die Gruppe gewonnen. Wer als Letzter dran war, beginnt ein neues Spiel.

Abb. 155: „Erdball-spiel": Hier kommt's auf jeden an!

Meth.: Eventuell Bälle verschiedener Größen bereithalten und ausprobieren lassen. Für das gemeinsame Gelingen des Spieles ist die richtige Grö-ße besonders wichtig. Eventuell Murmeln und Spielideen für das Mur-melspiel draußen bereithalten.

Komm.: Eine grundlegende, für unser Thema äußerst wichtige theoretische wie praxisbezogene Auseinandersetzung bietet:

Lit.: T. ORLICK: „Zusammen gewinnen und lernen. Alternativen zum Kon-kurrenzwahn", Ettlingen (Ettlinger Verlag) o. J.

Komm.: Praktische Anregungen zur stärker bewußtseinsmäßigen und sprachli-chen Bearbeitung von Problemen sozialer Verhaltensweisen, von Konkurrenz und Kooperation vermittelt:

Lit.: B. J. CRATTY: „Aktive Spiele und soziales Lernen" (Maier, Ravens-burg) 1977. Dieses Buch ist allerdings besonders für den Umgang mit älteren Kindern und Jugendlichen geeignet.

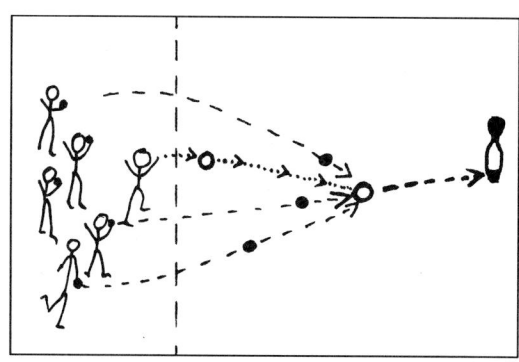

Abb. 156: „Gemeinschaftli-ches Kegeln"

„Verwöhnen und Sich-Anvertrauen"

„Riesensack"

Einige Kinder kriechen auf ein großes Schwungtuch (Nesseltuch, Sackleinentuch). Die anderen decken sie jetzt ab und binden den Sack zu. Die Kinder im Riesensack sollen sich jetzt fortbewegen, ohne das Tuch aufzudecken oder herauszurollen. Dabei helfen ihnen die Außenstehenden. Eine andere Möglichkeit besteht darin, in einen aus mehreren Sackleinentüchern genähten großen Sack hineinzukriechen und sich darin fortzubewegen.

„Fischfresser"

Ein „Fischfresser" steht als Ausrufer in der Mitte des Raumes. Ruft er: „Schiff", dann laufen alle zu einer Wand. Bei „Küste" laufen sie auf die andere Seite. Beim Aufruf „Fischfresser" sollen sich alle so auf den Boden legen, daß sie irgendwie körperlich miteinander verbunden sind. Während dieses Vorganges (der Verbindung) läuft der „Fischfresser" mit den Armen schlagend wie ein großer Vogel auf sie zu, berührt aber niemanden von ihnen. Sind alle miteinander verbunden, ruft er: „Alle in Sicherheit!". Beim nächsten Durchgang übernimmt jemand anders die Rolle des „Fischfressers".

Orte/Mat.:	Drinnen und draußen auf relativ weichem Untergrund; großes Tuch aus Nesselstoff oder Sackleinen.
Meth.:	Sorgfältig darauf achten, daß keine Kinder mit „Platzängsten" in den Sack kriechen. Vor dem Zubinden mit einem Seil das „Abdecken" der Gruppe ein paar Mal spielerisch proben lassen. Die Außenstehenden sollen helfen, stoppen, sortieren, Richtungshinweise geben usw. Ein weicher Untergrund (Matten, Rasen) wäre günstig.
Komm.:	Sinn und Aufgabe der erzieherischen wie auch therapeutisch orientierten Arbeit mit den folgenden Spielformen ist es, die Kinder einander noch näherkommen zu lassen. Dies soll absichtlicher, häufiger, direkter und intensiver geschehen als bisher. Sie sollten lernen können, bei Berührung keine Angst zu empfinden, gegenseitige Nähe als angenehm zu empfinden, sich aber auch rücksichtsvoll und feinfühlig einem anderen Menschen zu nähern. In ganz konkreten praktischen Situationen ist immer wieder das richtige Verhältnis von Nähe und Distanz herzustellen. Diese Erfahrungen sind wiederum Grundlage für sprachlichen Austausch und Selbst-Reflektion.

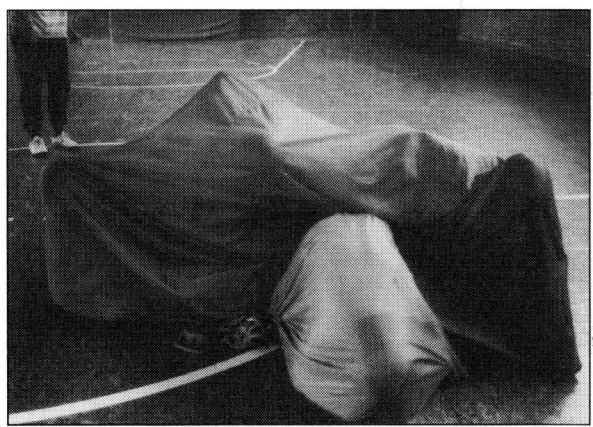

Abb. 157: „Riesensack": Ohne Platz- und Berührungs-Ängste!

Komm.:	Der Einsatz dieser Spielformen eignet sich auf keinen Fall für ein kurzfristiges Unterhaltungsangebot. Die zu Beginn dieses Themas beschriebenen Spielformen fordern von Kindern schon ein hohes Maß an Lockerheit, Selbstvertrauen, Spielfreude und Selbstdistanz ab. Dementsprechend gelingen sie nur in einer Gruppenatmosphäre, in der sich alle frei und ausgelassen, ohne Angst vor Blamage und Spott bewegen können.

225

„Waschanlage"

Die Spieler knien in einer Gasse, also in zwei Reihen nebeneinander mit dem Gesicht zueinander. Der Abstand beträgt ca. 1 m. Ein Spieler (am Anfang eventuell eine erwachsene Person) stellt sich an den Beginn der Waschanlage und sagt: „Ich bin ein altes Auto, ich bin sehr schmutzig!" Er kriecht dann durch die Gasse hindurch, wird dabei von den Mitspielern mit Wasser eingesprüht (Lautmalerei!) eingeseift, gebürstet (massiert) und wieder getrocknet (pusten) usw. Jeder weitere Spieler, der die Waschanlage betritt, kann sich vorher aussuchen, was für ein Modell er/sie ist und wie er/sie gewaschen werden möchte.

„Roboter-Spiel"

Die Spieler bilden Dreier- oder Viergruppen. Jede Gruppe besteht aus einem Ingenieur und zwei/drei Robotern. Mit Spielbeginn setzt eine entsprechende Roboter- oder Computermusik ein, zu der sich die Roboter immer geradeaus bewegen sollen. Die Ingenieure haben aufzupassen, daß die Roboter, wenn sie auf einen anderen treffen oder an die Wand gelangen, anschließend weitermarschieren können. Dies geschieht durch eine vorsichtige Kopfdrehung in die gewünschte neue Bewegungsrichtung und einen leichten Klaps auf den Hintern. Nach angemessener Zeit werden die Rollen getauscht. Roboter können auch einmal verrückt spielen, indem sie z.B. stehen bleiben, ihr Tempo wechseln oder gegen eine Wand angehen, bis der Ingenieur kommt.

Abb. 158: „Waschanlage"

Orte/Mat.:   Halle, Bewegungsraum; Musikapparat, Musik.

Meth.:   Das Musikstück von der Gruppe Kraftwerk: „The Roboter" von der LP „The Man-Machine, Capital Records 1978, Nr. 3 C064-85444" paßt genau zu diesem Spiel („Wir sind die Roboter"). Aber auch andere computermäßig aufbereitete Musikstücke eignen sich.

„Quaak, quaak!"

Alle Spieler stellen sich mit gegrätschten Beinen hin, bewegen sich nun nach vorne unten, so daß sie rückwärts durch die Beine sehen können. Sie fassen nun mit den Händen die Knie oder Knöchel an und bewegen sich vorsichtig rückwärts. Wenn zwei sich begegnen, sehen sie sich durch die Beine hindurch in die Augen und begrüßen sich mit „Quaak, quaak!". Dann suchen sie die nächste Begegnung.

„Raumgleiter"

Auf vier bis sechs Rollbretter werden zwei Matten gelegt, so daß ein Raumgleiter entsteht. Mit dem Rücken legen sich zwei oder drei Kinder auf die Matten und werden von den anderen quer durch den Raum gefahren, langsam oder schneller bzw. im Kreis gedreht, je nach Wunsch. Nach ca. 3 Minuten wird gewechselt. Auf dem Rücken liegend, stellt das Gefahrenwerden einen großen Lustgewinn dar.

„Karussell"

Ein Kind sitzt auf einem Rollbrett, durch ein Seil mit einem zweiten verbunden. Das stehende Kind zieht das sitzende in einem engen oder weiteren Kreis um sich herum, so daß eine Karussellbewegung entsteht. Irgendwann einmal kann auch das Seil kontrolliert ausgeklinkt werden, so daß eine gut dosierte Schleuderbewegung entsteht, am besten auf eine an der Wand stehende Matte zu.

Meth.:   Eine enge Begrenzung des Raumes ist hier sinnvoll. Bei der Begegnung können sich die Spieler auch an den Händen fassen und dabei „Quak, Quak" ausrufen.

Abb. 159: „Quak, quak": Die ganze Welt, auf den Kopf gestellt.

Orte/Mat.:   Möglichst drinnen, aber auch draußen möglich, glatter Unterboden nötig; 4 bis 6 Rollbretter, 2 Matten.

Meth./   Auf rechtzeitiges und richtiges Bremsen achten! Relativ großer Platz-
Komm.:   bedarf! Eventuell Begrenzungen durch Matten, dicke Seile oder Verkehrskegel einrichten. Diese kommunikativen Interaktionsformen sind nur zum Teil wirklich „Spiele". Es sind „Experimente", kleine Versuche für den bewußten, sensiblen Umgang miteinander. Das gelingende Experimentieren oder auch Spielen hierbei setzt einiges bei den Teilnehmern und in der Gruppenstruktur voraus. Die Kinder sollten sich schon länger kennen und häufiger zusammengekommen sein. Es ist also ein schon weit entwickeltes Maß an Nähe, Vertrauen und wechselseitiger Sympathie nötig.

„Zauberteppich"

Die Spielgruppe bildet Fünfer- oder Sechsergruppen. Ein Kind setzt sich auf eine leichte Turnmatte oder Wolldecke. Die anderen geben den Antrieb. Je nach Wunsch des Fahrgastes, welcher liegen, stehen, sitzen oder hocken kann, geht es quer durch den Raum. Der Fahrgast kann auch die Geschwindigkeit bestimmen. Nach 2 oder 3 Minuten wechseln die Fahrgäste.

„Majestix" (das ist der Häuptling bei Asterix und Obelix)

Alle Spieler versammeln sich um eine große feste Matte herum. Einer von ihnen, der Majestix, legt sich auf diese Matte. Auf seinen Wunsch hin heben alle die Matte hoch und bewegen sie vorsichtig auf und ab, hin und her und tragen sie eventuell über eine bestimmte Strecke. Wenn Majestix will, kann er auch einmal aus geringer Höhe fallengelassen werden. Nach 2, 3 Minuten findet ein Rollenwechsel statt.

Komm.: Sehr viel Spaß macht es auf einem glatten Fußboden, wenn der Fahrgast, auf der Wolldecke sitzend, gezogen wird. Nur vorsichtig und langsam die Fallhöhe steigern! Auf gleichzeitiges Fallenlassen (Zeichen!) achten!

Abb. 160: Wir freuen uns, daß es Petra gefällt! „Zauberteppich"

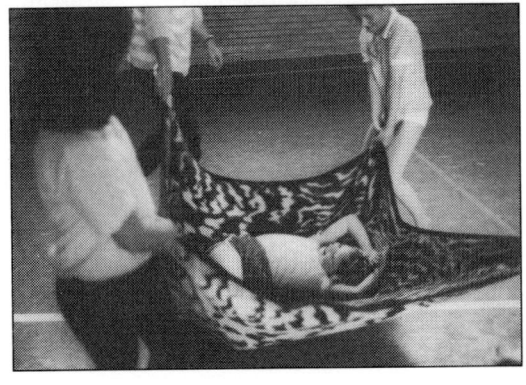

Abb. 161: Katrin fühlt sich sauwohl; sie mopst sich! „Zauberteppich"

Komm.: Hauptanliegen dieser ausgewählten Spielformen sollte es sein, sich gegenseitig bewußt angenehme, lustvolle, ja sensationelle Erfahrungen zu vermitteln. Die Kinder können lernen, daß sie aktiv und in planmäßiger Absprache miteinander einen anderen Menschen in seiner Gefühlslage beeinflussen, in seinem Wohlbefinden positiv verändern können.

Meth.: Es gibt Tage, an denen sich bestimmte Kinder niedergeschlagen oder unwohl fühlen. Wir können ihnen dann den Zauberteppich anbieten. Eventuell lassen wir sie Majestix sein oder wiegen sie längeranhaltend auf der Vertrauensbank. Selbstverständlich können wir sie auch in Ruhe lassen.

Meth.: Oftmals werden „Tischler" (innen) gebraucht, welche die Bank bauen und die den Ruhebedürftigen auf die Bank lagern.

231

„Vertrauensbank"

Mehrere Kinder knien sich im Vierfüßlerstand eng nebeneinander nieder. Mit ihren Rücken bilden sie eine Bank. Ein Kind legt sich mit Hilfe eines anderen quer darauf und wird sanft nach vorne und hinten sowie seitlich geschaukelt. Jeweils ein Helfer sichert links und rechts ab.

„Von Mensch zu Mensch"

Die Kinder bilden einen dicht geschlossenen Kreis. Nur eins von ihnen steht in der Mitte mit geschlossenen bzw. verbundenen Augen. Ein Kind aus dem Kreis nimmt dieses Kind behutsam und führt es quer durch den Kreis zu einem anderen Spieler. Der annehmende Spieler führt wiederum den Nichtsehenden zu einer anderen Position. Alle Kreisspieler sollen so führen und übergeben, daß möglichst keine Unterbrechungen oder abrupten Richtungswechsel entstehen. Es kann aber auch einmal langsamer oder einmal schneller gegangen werden. Hinterher sagt die geführte Person, wie sie sich gefühlt und die Unterschiede bei der Führung wahrgenommen hat.

Meth.: Besonders wichtig ist hier die richtige, wirklich angenehme Dosierung des Tempos beim Führen. Wie wird der, die Geführte am besten übergeben und angenommen? Führung mit Anfassen an Rücken und Hand? An den Schultern, von hinten, seitlich? Annahme von vorne, seitlich, umdrehen, von hinten?

Abb. 162: „Vertrauensbank": Nicht so wackeln!

„Fühlgang"

In einem größeren Raum werden der einen Hälfte der Teilnehmer die Augen verbunden. Jeder Sehende sucht sich einen Partner/eine Partnerin, die er/sie anschließend ruhig durch den Raum führt. Dabei sollen möglichst viele Tast-, eventuell auch Riecherfahrung vermittelt werden. Auf ein verabredetes Zeichen hin kommen alle in der Mitte des Raumes zusammen. Keiner sollte vorher wissen, wer von wem geführt wird. Im Gespräch werden Erfahrungen ausgetauscht und Vermutungen über die Führenden geäußert. Nach dem Gespräch werden die Rollen gewechselt.

„Helfer-Spiel"

Die Spieler bilden Zweiergruppen. Jeweils ein Partner bekommt die Augen verbunden. Der/die andere führt den/die Nichtsehende/n möglichst behutsam über eine Reihe von Hindernissen hinweg, durch einen Tunnel bzw. eine Gasse hindurch. Anschließend Besprechung.

„Weiterreichen"

Die Spielgruppe bildet eine Gasse, so daß sich zwei Spieler jeweils gegenüberstehen. Am Eingang der Gasse steht ein Kind mit verbundenen Augen. Es wird von den beiden am Anfang stehenden in die Gasse geführt, von den nächsten beiden übernommen, weitergereicht usw. Diejenigen, die am Anfang der Gasse geführt haben, gehen, laufen außen an den Seiten vorbei, vergrößern die Gasse, so daß sie quasi nicht endet. Nach einer bestimmten Strecke oder einer Runde wird gewechselt. Mit der Zeit kann die Gangart etwas schneller werden. Es können je nach Größe der Gruppe auch zwei oder drei mit verbundenen Augen nacheinander in die Gasse geschickt werden. Wichtig ist, daß sich alle dabei wohlfühlen und keine Hektik entsteht.

Orte/Mat.: Drinnen, aber auch draußen möglich; Baumwolltücher, viele verschiedene Gegenstände zum Tasten und/oder Riechen.

Komm.: Wegen der Aufgabe, herauszufinden, wer geführt hat, wird der Verzicht auf Sprechen besonders sinnvoll und reizvoll!

Komm./Meth.: Mit geschlossenen und/oder verbundenen Augen zu gehen ist für viele Kinder durchaus angstbesetzt. Beim Geführtwerden entsteht und festigt sich auch leicht ein Gefühl der Abhängigkeit. Voraussetzung für das Gelingen dieses Experimentes wie auch der folgenden ist ein vorhandenes Grundvertrauen zu den sehenden Partnern, bzw. zur Gruppe insgesamt. Eine ungünstige Voraussetzung ist eine gleichgültige Unachtsamkeit seitens eines sehenden bzw. führenden Partners. Durch die anschließende sprachliche Mitteilung allgemeiner Gefühle oder spezieller Ereignisse lernen die Gruppenmitglieder einander besser kennen, achten und verstehen.

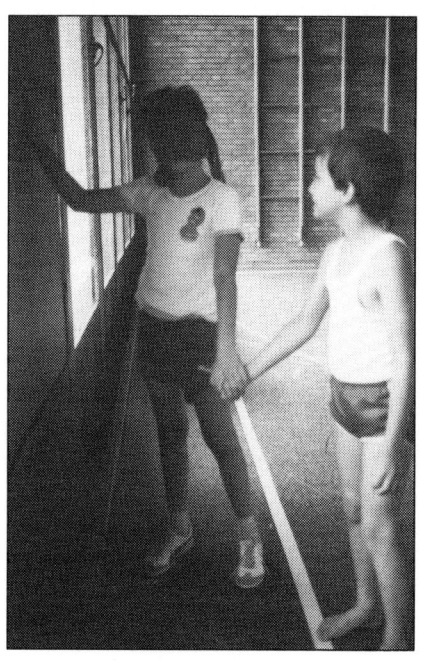

Abb. 163: „Fühlgang":
· *Hand in Hand auf Entdeckungsreise*

Meth.: Hier sollte der/die Geführte beim erstenmal wissen, wer führt. Später eventuell auch raten lassen!

„Blindlauf"

Die Spieler bilden wieder zwei Reihen oder eine Gasse mit ca. 2 m Abstand, die Gesichter zueinander gewandt. Ein Spieler mit verbundenen Augen steht an einem Ende und läuft in einem selbst gewählten Tempo in die Gasse hinein. Die Außenspieler halten die Hände nach vorn, um Abweichungen zu berichtigen und aufzufangen. Am Ende der Gasse stehen zwei Spieler, die den/die Läufer/in behutsam auffangen. Es kann auch rückwärts gelaufen werden.

„Tisch-Straße"

Mit Kästen, Stühlen oder Tischen wird eine Art Laufsteg (eine Tisch-Straße) gebildet. Ein Spieler geht erst einmal mit offenen Augen die Straße ab, hin und her. Daraufhin werden seine Augen verbunden. Die Mitspieler stehen an den beiden Seiten, die Hände auf die Straße nach vorne gerichtet. So soll der Straßengänger merken, wenn er zu sehr von der Bahn abweicht. Am Ende der Straße wird er entweder von zwei Mitspielern vorsichtig aufgefangen, oder er kann sich auf eine Weichbodenmatte fallen lassen.

Meth.:	Eventuell leise an den Seiten der Gasse laufen lassen. Dieses Spiel sollte nicht zu früh im Gruppenprozeß und nicht als „Gagspiel" zwischendurch eingesetzt werden. Bei Mißlingen der Aufgabenstellung oder großen Vorbehalten schlägt sehr wahrscheinlich die Wirkung ins Gegenteil um!
Meth.:	Bestimmte Geräusche von den Seiten der Gasse können Orientierungshilfen geben!

*Abb. 164: „Blindlauf":
Wir passen auf, daß Nicole nichts passiert!*

Abb. 165: „Blindlauf"

Meth./ Komm.:	Bei diesem und den folgenden Experimenten muß sich jedes einzelne Gruppenmitglied auf ein bestimmtes Kind voll und ganz konzentrieren, zusätzlich auch noch die Kräfte der anderen ergänzen bzw. deren Fehler ausgleichen. Geschieht dies nicht, so kann das Kind, welches im Brennpunkt steht, sich gehörig wehtun, z.B. durch Hinfallen oder zu hartes Klopfen bzw. Reiben. Jeder einzelne trägt also deutlich erkennbar ein hohes Maß an Verantwortung. Bei den „Pendel"-Aufgaben sollten am Anfang weiche Matten als Untergrund vorhanden sein. Der „Mittelspieler" sollte den Fortschritt des jeweiligen Experimentes oder der Übung aktiv bestimmen. Die anderen beobachten ihn/sie sorgfältig, achten besonders auf kleine Angstschritte, auf angespannte oder entspannte Oberkörpermuskulatur und Gesichtszüge.

237

„Steife Puppe" (oder: „Eingerollter Igel")

Ein „mutiger" Spieler wird kurz hinausgeschickt. Den anderen Spielern erläutert die Spielleiterin ein Experiment. Der/die Freiwillige kommt herein und erhält die Aufgabe, sich angespannt bzw. steif mit dem Bauch auf die Decke (oder die Matte bzw. den Teppich) zu legen. Die anderen knien beiderseits von ihm/ihr nieder. Sie versuchen, dem/der Liegenden durch vorsichtiges Massieren, Klopfen, Reiben etwas Gutes zu tun (ohne zu kitzeln), so daß sich dieser völlig entspannt. Wenn der/die Liegende ein Igel ist, soll er sich langsam völlig aufrollen und entspannt hinlegen können. Wichtig ist hier eine ruhige konzentrierte Atmosphäre, zu der eine angemessene begleitende Musik beitragen kann. Herauszufinden ist, welche Kontakte von den Massierten als besonders angenehm empfunden worden sind.

Orte/Mat.:   Drinnen und draußen, möglichst glatter oder weicher Untergrund.

Abb. 166: „Steife Puppen": Wir sind schon ganz locker!

Meth./   Dieses Experiment kann durch die Verlagerung aufs große Trampolin
Komm.:   oder Airtramp besonders gut vorbereitet werden. Die steife Puppe
             oder der eingerollte Igel wird zunächst einmal sanft geschaukelt oder
             gewippt. Später kommen dann die andern verwöhnenden Maßnah-
             men hinzu. Es dauert einige Zeit, bis die Spielenden/Übenden die rich-
             tigen Abstände und Griffe gefunden haben. Lustige Lautmalereien
             (Ding-Dong, Glockenschlag) können den Genuß erheblich steigern
             und anschauliche Hilfe bieten.

„Pendel"

Die Spieler bilden jeweils Dreiergruppen (eventuell auch eine Vierergruppe). Zwei Spieler stehen sich jeweils außen gegenüber und nehmen einen Dritten in die Mitte. Dieser schließt die Augen, macht die Beine steif und läßt sich langsam abwechselnd nach vorne und hinten fallen. Die Helfenden fangen dieses Pendel möglichst sanft, elastisch auf, indem sie etwas nachgeben und anschließend mit dem ganzen Körper das Pendel nachschieben.

„Pendel im Kreis"

Die Gruppe bildet einen engen Kreis. Ein Kind stellt sich in die Mitte und bildet das Pendel. Zuerst sind die Pendelbewegungen klein zu halten, allmählich werden sie weiter. Später wird das Pendel auch in einer Rotierbewegung herumgereicht. Die Kreisteilnehmer sollten, was ihre Körperkraft betrifft, möglichst gleichmäßig verteilt sein.

Komm.:	Gute Anregungen und Einstiegshilfen sind die allerdings recht teuren Bücher von:
Lit.:	K. W. VOPEL: „Interaktionsspiele für Kinder. Affektives Lernen für 8- bis 12jährige", Band 1 bis 4, Hamburg (ISKO-Press) 1977.
Komm.:	Etliche Spielformen sind mit Kindern ab 8 Jahren erprobt. Spielanleitungen und Auswertungsgesichtspunkte sind sehr ausfühlich und interessant dargestellt. U. E. sind die Anleitungen zu sehr leiterzentriert und lassen in der praktischen Ausführung noch zu wenig die Eigenaktivitäten der einzelnen Kinder wie der Kindergruppe insgesamt erkennen.

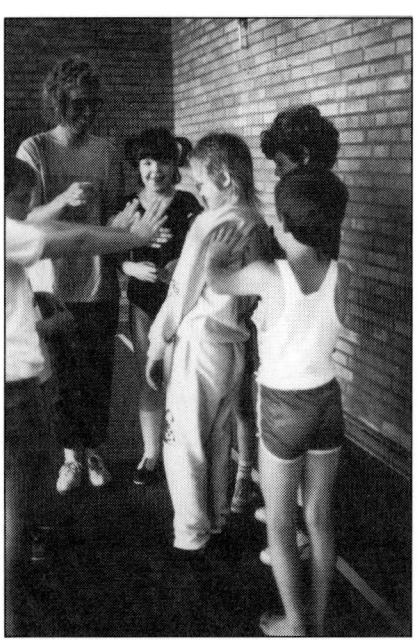

Abb. 167:
„Pendel": Noch klappt es nicht so ganz!

4. Aufbau und Leitung von Psycho-motorischen Spielgruppen

4.1. Struktur und Kriterien für eine psychomotorische Spielgruppe

Wenn wir hier von einer psychomotorischen Spielgruppe sprechen, so meinen wir in der Regel eine altersgemischte Gruppe von 8—12 Kindern ab dem 3./4. Lebensjahr, die nach den Prinzipien psychomotorischer Entwicklungsförderung geleitet wird.

Gruppe

Bei dieser Gruppengröße ist es normalerweise sinnvoll, mit zwei Gruppenleitern/innen zu arbeiten, so daß verschiedene Spiele oder Aufgaben parallel angeboten und die manchmal recht aufwendigen Konstruktionen aufgebaut werden können.

Mitunter ist es erforderlich, daß sich ein/e Gruppenleiter/in ausschließlich mit einem Kind beschäftigt oder sich zurückzieht, um einzelne Kinder oder kleine Gruppen zu beobachten. Dies ist nur bei einer Doppelbesetzung der Gruppenleitung möglich.

Die Entscheidung darüber, ob zwei Gruppenleiter/innen nötig sind oder nur eine, hängt nicht nur von der Gruppengröße ab, sondern auch von ihrer Zusammensetzung. So kann es passieren, daß durch eine zu große Zahl von (verhaltens-)schwierigen Kindern in einer Gruppe der Umgang aller Kinder miteinander empfindlich gestört wird. Dies kann dazu führen, daß es fast ständig zu aggressiven Handlungen kommt und „schöne Stunden", nach denen die Kinder zufrieden nach Hause gehen, Sel-

Gruppen-leiter/in

tenheitswert haben. In diesem Falle ist es zu empfehlen, die Gruppe zu teilen und möglichst mit weniger problematischen Kindern aufzufüllen oder aber mit mindestens zwei Gruppenleiter/innen zu arbeiten.

Ein weiterer überzeugender Vorteil von zwei Gruppenleitern/innen ist die Möglichkeit, sich bei der Vorbereitung der Stunde zu ergänzen und im Gruppengeschehen einander zu entlasten. Nach der Spielgruppenstunde können Beobachtungen ausgetauscht, eigene Verhaltensweisen und Reaktionen in bestimmten Situationen diskutiert, kritisiert und Alternativen erarbeitet werden. Aus verschiedenen Gründen kann es auch sinnvoll sein, zunächst mit einer kleineren Gruppe von 4—8 Kindern zu beginnen. Gründe hierfür könnten sein: 1. Es steht ein kleiner Raum zur Verfügung. 2. Es steht nur ein/e Gruppenleiter/in zur Verfügung. 3. Das Entwicklungsalter der Kinder ist relativ gering, so daß sie bei ihren explorativen Spielen noch vergleichsweise viel Hilfe durch den/die Gruppenleiter/in benötigen. 4. Die Kinder werden durch eine größere Gruppe so sehr überfordert, daß tendenziell *Gruppen-* vorhandene Hemmungen zur absoluten Verweigerung *größe* führen bzw. sich ein ungesteuertes, aggressives Verhalten verstärkt.

Eine Gruppengröße von 8—12 Kindern ist jedoch anzustreben, da ein vielseitiges Angebot mit verschiedenen, parallel laufenden Spielen und Aktivitäten, komplexen, gruppenbezogenen Rollenspielen und besonders Regelspielen bei dieser Gruppengröße erst möglich bzw. interessant wird.

Der zeitliche Rahmen für eine psychomotorische Spiel- *Zeit* gruppe sollte zumindest einmal wöchentlich 1—1¹/₂ Zeitstunden betragen. Je nach Gruppengröße und Alter der Kinder ist ein entsprechendes Zeitmaß zu wählen. Besonders wenn aufwendige Konstruktionen geplant sind und in Phasen, in denen hauptsächlich Rollenspiele, die eine gewisse Anlaufzeit brauchen, durchgeführt werden, sollte genügend Zeit zur Verfügung stehen. Es ist frustrierend für Kinder und Gruppenleiter/in, wenn ein mit großem Aufwand vorbereitetes Spiel schon nach kurzer Zeit abgebrochen werden muß.

4.2. Qualifikationen von Gruppenleiter/innen

Um eine psychomotorische Spielgruppe hauptverantwortlich leiten zu können, sollte der/die Gruppenleiter/in eine pädagogische oder therapeutische Ausbildung sowie berufliche Erfahrung haben. Beides bildet die Voraussetzung für eine zusätzliche, vertiefende Qualifikation in der psychomotorischen Förderung.

Fortbildung Durch eine Zusatzqualifikation bzw. Fortbildung in dem Bereich Psychomotorische Erziehung/Motopädagogik werden sowohl theoretisch als auch praktisch die Prinzipien der psychomotorischen Gruppenarbeit vermittelt.

Informationen zu den wichtigsten regionalen und überregionalen Aus-, Weiter- und Fortbildungsangeboten erhält man bei:

— Aufbaustudiengang Motologie am Institut für Sportwissenschaft und Motologie der Philipps-Universität Marburg, Barfüßerstr. 1; 3550 Marburg
Dieser wendet sich ausschließlich an Akademiker mit Abschlüssen in Sportpädagogik, evtl. auch Sonderpädagogik mit Fakultas Sport. Dauer: 4 Semester; Abschluß: Diplom-Motologe/in

— Fachschule für Motopädie/Bewegungstherapie, Lindemannstr. 8, 4600 Dortmund 1
Adressen Voraussetzung ist eine sportpädagogische oder gymnastische Berufsausbildung. Dauer: 1 Jahr, Abschluß: Staatl. gepr. Motopäde/in

— Aktionskreis Psychomotorik — Geschäftsstelle Großer Kamp 6—8, 4937 Lage-Heiden
Zielgruppe sind vorrangig Pädagogen und Therapeuten. In vier Kursen von je einer Woche wird, aufbauend auf die Berufserfahrung der Teilnehmer, eine Fortbildung in Motopädagogik geboten (200 Stunden). Die Kurse finden an verschiedenen Orten der Bundesrepublik statt.

— Psychomotorische Erziehung, soziale Integration und Rehabilitation e.V. (P.E.S.I.R.) — Abteilung Fortbildung, Hoppenstedtstr. 49, 2100 Hamburg 90
Teilnehmer an der Fortbildung des Vereins sind Erzieher, Heil- und Sozialpädagogen, Lehrer, Krankengymnasten, Ergotherapeuten und Psychologen. In einer

244

200stündigen Kursreihe, verteilt über ca. $^3/_4$ Jahr, er-
arbeiten sich 25 Teilnehmer die Grundlagen psychomotorischer Erziehung in Theorie und Praxis. Die
Kursreihe wird im Großraum Hamburg durchgeführt.

Der Aktionskreis Psychomotorik und P.E.S.I.R. bieten
darüber hinaus Kurse zu speziellen Themen der Bewe-
gungstherapie und -pädagogik an.

4.3. Institutioneller Rahmen und Organisationsform

Eine psychomotorische Spielgruppe ist kaum in der Lage, ohne einen institutionellen bzw. organisatorischen Überbau, also einen offiziellen Träger (Vertreter) zu existieren. Den für Aufbau, Durchführung und materielle Absicherung einer Spielgruppe wichtigen Behörden, Versicherungen und Verbänden fällt die Anerkennung und das Vertrauen in die Seriosität des Angebotes leichter, wenn dieses Bestandteil einer bekannten zuverlässigen Einrichtung ist.

Wenn jemand den Entschluß gefaßt hat, eine psychomotorische Spielgruppe aufzubauen, dann liegt es nahe, zunächst den eigenen beruflichen Tätigkeitsbereich daraufhin zu überprüfen, ob dort die Möglichkeit besteht, so ein Angebot zu machen. Dies ist meist der kürzeste Weg zu den Kindern.

4.3.1. Erziehungseinrichtungen

Ein großer Teil der Kinder ab ca. 3 Jahren wird heute durch öffentliche und private pädagogische Einrichtungen erfaßt. Sie sind somit wichtige mögliche Träger für psychomotorische Spielgruppen. Aber gerade in ihnen (Kindergarten, Tagesheim, Vor- und Grundschule) gibt es diesbezüglich erhebliche Defizite. Weder die Qualifikation der Pädagogen noch der Stellenplan oder die räumliche/materielle Ausstattung der Institutionen sind dafür ausreichend. Nur dort, wo die notwendigen Voraussetzungen erfüllt sind, ist der Erfolg möglich. Ein Kompromiß sollte in jedem Fall nur eine kurzfristige Zwischenlösung sein.

Kindergarten Denn z.B. Kinder eines Kindergartens betrachteten es z.B. als Strafe, daß sie nicht für die von zwei Erzieherinnen eingerichtete psychomotorische Spielgruppe ausgewählt worden waren. Sie war als Zusatzangebot gedacht, besonders für entwicklungsverzögerte Kinder aus verschiedenen Gruppen der Einrichtung. Wenn einige dieser Kinder am Spielgruppentag fehlten, durften hin und wieder auch andere teilnehmen. Für einige der Kinder war der Verzicht auf das attraktive Angebot danach noch schwerer zu ertragen. Für andere war dies ein Kompromiß, den sie akzeptieren konnten.

Die Forderung aber wäre, daß jede Kindergartengruppe als Gesamtgruppe regelmäßig ein entsprechendes Bewegungsangebot erhält. So wäre auch eine integrierte Förderung derjenigen Kinder möglich, die dieses Angebot am dringendsten benötigen.

Der Bedarf an psychomotorischen Spiel- und Bewegungsangeboten wurde zum Beispiel in einer Hamburger Grundschule deutlich. Eine Erzieherin, die (neben Grundschullehrerin und Sonderpädagogin) in einer Integrationsklasse arbeitet, hatte berufsbegleitend eine Zusatzqualifikation für „Psychomotorische Erziehung" absolviert und dann versucht, diese Erfahrungen im Sportunterricht der Integrationsklasse umzusetzen. Das Resultat war, daß andere Schulklassen, angesteckt von der Begeisterung der Kinder, auf sie zukamen und darum baten, den Sportunterricht in Zukunft von ihr erteilt zu bekommen.

Grundschule

Diese Beispiele sind keine Einzelfälle und zeigen, daß der Bedarf immens hoch ist, und zwar nicht nur für bereits „auffällig" gewordene Kinder. Die Praxis des Schulfaches Sport für dieses Alter geht mit ihren Regelspielen und abgewandelten Sportspielen oft an den Bedürfnissen und Möglichkeiten der Kinder vorbei. Sie läßt zu wenig Spielraum für Bewegungsfreude, Kreativität und eigene Gestaltungsmöglichkeiten. Ein nach psychomotorischen Prinzipien durchgeführter Sportunterricht würde oftmals Sonderprogramme wie Sportförderunterricht überflüssig machen. Er würde nicht nur Fähigkeiten und Fertigkeiten fördern, sondern Bemühungen um soziale Integration unterstützen.

Ein Beratungslehrer mit psychomotorischer Zusatzqualifikation könnte im Sportunterricht Anregungen und Beobachtungshinweise geben, die auch für den Schreib- und Leselernprozeß einzelner Schüler wichtig werden können.

Beratungslehrer

4.3.2. Medizinisch-therapeutische Einrichtungen

Der zweite Bereich, in dem viele Kinder erreicht werden und in dem immer häufiger der besondere Bedarf an Maßnahmen zur Entwicklungsförderung festgestellt wird, ist der der Pädiatrie, Gesundheitsfürsorge und Erziehungsberatung. Psychomotorisch orientierte Förderkonzepte für die umfassende, ganzheitliche Förderung von Kindern, bei denen entwicklungsbeeinträchtigende Defizite diagnostiziert wurden, haben in diesem Bereich bereits weitgehend Anerkennung gefunden. Der Gedanke, daß hier die Möglichkeit besteht, dieses sozial-integrativ, ohne Konstruktion einer besonderen Therapiesituation zu leisten, wird noch allzu häufig vernachlässigt oder ist noch gar nicht bewußt geworden.

Kranken-
gymnastik

In der krankengymnastischen Praxis stellen Therapeuten immer wieder fest, daß sie in einer Einzelförderung oder einer Kleingruppe (bis 4 Kinder) keine wesentlichen Fort- schritte mehr erwarten können, dieselben Kinder aber in einer psychomotorischen Spielgruppe schnell über ihre bisherigen Grenzen hinausgehen und mit Freude zum „Turnen" kommen. Im Idealfall kann dieselbe Einrichtung eine psychomotorische Spielgruppe als Alternative anbieten, wie z.B. das „Therapeutische Kinderhaus Hamburg". Ansonsten besteht auch die Möglichkeit mit anderen Einrichtungen (Praxis, Verein) zu kooperieren. Die Zusammenarbeit mit den Kinderärzten des örtlichen Bezirks, als Vermittler zwischen Kindern und Förderangeboten, ist sehr wichtig. Hier muß besonders auch die präventive Bedeutung von psychomotorischen Spielgruppen deutlich gemacht werden.

Früh-
förderung

Frühfördereinrichtungen haben durch die Zusammenarbeit von Pädagogen und Therapeuten mit verschiedenen Qualifikationen und durch interdisziplinäre Förderansätze leichter die Möglichkeit, ein selbständiges, wenn auch begrenztes Angebot einer psychomotorischen Entwicklungsförderung in/durch Spielgruppen anzubieten. Daß dies möglich ist und Erfolg zeigt, konnte ein Projekt des Werner-Otto-Instituts der Alsterdorfer Anstalten in Hamburg beweisen. Vor Ort, d.h. in Bezirken mit besonders hohem Bedarf an Förderangeboten und therapeutischen Maßnahmen, in diesem Fall in Mümmelmannsberg, einem Wohnghetto am Rande Hamburgs, wurden sowohl Kinder intensiv gefördert als auch deren Familien sinnvoll und unkonventionell beraten. Leider wurde dieses Projekt trotz großen Erfolges nach 3 Jahren eingestellt, weil niemand die Kosten für eine Fortführung übernehmen wollte.

Auch Gesundheitsbehörden mit ihren Kinder- und Jugendpsychiatrischen Diensten und Erziehungsberatungsstellen erreichen eine große Zahl von Kindern, insbesondere diejenigen, die in irgendeiner Form auffällig geworden sind.

Normalerweise sind diese Einrichtungen beratend oder vermittelnd tätig. Es gibt allerdings hin und wieder Ansätze, z.B. die Erziehungsberatung in Hamburg-Bergedorf, direkt Fördermaßnahmen anzubieten. Da die finanziellen Mittel hierfür jedoch knapp oder gar nicht vorgesehen sind, das zur Verfügung stehende Personal vollkommen überlastet ist und die Gruppen sich aus „auffälligen", „gestörten" Kindern zusammensetzen, wobei kaum die Möglichkeit einer Gruppengestaltung besteht, sind diese Ansätze leider häufig zum Scheitern verurteilt, wie auch der oben genannte. Vielleicht wäre es sinnvoll, mit anderen Trägern zusammenzuarbeiten und auf diesem Wege einen geeigneten Rahmen für diese Gruppenarbeit (z.B. durch mehr Teilnehmer, Auswahl an Material und evtl. zusätzliche personelle Unterstützung) herzustellen.

Gesundheits-behörde

4.3.3. Stadtteilorientierte Sozialarbeit

Für die stadtteilorientierte (bzw. lokale) Sozialarbeit gibt es viele mögliche Träger. Entweder wird sie durch die Institutionen des Ortes, Kreises oder Bezirkes getragen oder sie entsteht aus dem Engagement von Kirchengemeinden, Vereinen und Bürgerinitiativen. Freizeitangebote für Kinder durch öffentliche Einrichtungen, also eine Betreuung außerhalb von Kindergarten, Hort und Schule, existiert kaum. In Häusern der Jugend, in Jugendtreffs etc. laufen Kinder, wenn überhaupt, eher am Rande mit. Besonders im Übergangsalter des Schulanfängers hängen viele Kinder in ihrer Freizeit in der Luft oder sind an ein Kindertagesheim gebunden, wo sie nach der Schule betreut werden, ihre Hausaufgaben beaufsichtigt werden und sie Angebote des Kindertagesheimes wahrnehmen können. Aber auch dort sind sie eher „Mitläufer". In Häusern der Jugend bestünde die Möglichkeit, evtl. als ein fortlaufendes Kursangebot, Spielgruppen anzubieten, die je nach Witterung und Jahreszeit im Freien, in Räumen der Einrichtung oder Turnhallen der Umgebung stattfin-

Haus der Jugend

den können. Die Zusammenarbeit mit Kinder- und Jugendpsychiatrischen Diensten kann, durch deren Verbindungen innerhalb der Behörde und der sozialen Einrichtungen des Stadtteils sowie deren Informationen über den Bedarf von Förderangeboten, für den Aufbau und die Aufrechterhaltung dieser Gruppen sehr nützlich sein.

Elternschule Eine weitere durch öffentliche Mittel finanzierte Einrichtung ist die „Elternschule". In ihr haben einerseits Eltern die Gelegenheit, sich zu Gesprächskreisen zu treffen und sich in Kursen fortzubilden, andererseits können erfahrene Pädagogen Angebote für die Kinder dieser Eltern machen. Darunter sind, z.B. in Hamburg, auch solche, die über Spiel- und Bewegungsangebote die kindliche Entwicklung fördern. Insbesondere die Aufgabe, Eltern aufzuklären und zu beraten, kann in dieser Kombination von Elternarbeit und Kindergruppenarbeit leichter gelöst werden. Hier können z.B. sowohl allgemeine als auch konkrete Erziehungsprobleme in der Familie, Stärken und Schwächen der Kinder und deren Wirkung auf ihre Entwicklung besprochen werden.

Spielplatz Auch andere, durch den Sozialetat einer Gemeinde finanzierte Projekte, wie z.B. ein sozialpädagogisch betreuter Spielplatz, wären ein geeignetes Tätigkeitsfeld für psychomotorische Spielgruppenarbeit.

Finanzierung Auf die Frage nach Möglichkeiten der Existenzsicherung von unabhängigen sozialpädagogischen bzw. therapeutischen Initiativen gibt es bisher noch keine klare Antwort. Einheitliche, gängige Wege der Finanzierung gibt es noch nicht, und so kann es zunächst nur regional begrenzte Modelle für die Einrichtung psychomotorischer Spielgruppen geben. Als Initiatoren treten Projektgruppen von Universitäten, Sportverbänden, Elterninitiativen und Vereine in Erscheinung. Die Motive sind dementsprechend unterschiedlich, sie reichen von wissenschaftlichem Interesse bis hin zu direkter Betroffenheit (bei Eltern). Oft sind unterschiedliche Motive gekoppelt. Das kann zum einen die Einsicht sein, daß der Bedarf für ein psychomotorisches Förderangebot dringend ist, zum anderen die Notwendigkeit, den eigenen Lebensunterhalt zu sichern. Viele Pädagogen werden nach Beendigung ihrer Ausbildung mit dieser Situation konfrontiert. So findet man gerade in diesem Bereich der sozialen Arbeit eine große Zahl von Mitarbeitern ohne feste Anstellung, auf Honorar- bzw. ABM-Basis (Arbeitsbeschaffungsmaßnahme) arbeitend oder mehr oder weniger ehrenamtlich tätig.

Am Beispiel der Spielgruppenarbeit des Vereins P.E.S.I.R. möchten wir einige Möglichkeiten aufzeigen, durch die, zumindest teilweise, eine Finanzierung von psychomotorischen Spielgruppen erreicht werden kann.

Seit Einrichtung der ersten Spielgruppe des Vereins im Jahr 1982 hat sich ein Netz von psychomotorischen Spielgruppen in Hamburg und Umgebung entwickelt. Dieses deckt den Bedarf zwar noch lange nicht, aber weitet sich stetig aus und findet dabei immer stärker Beachtung. Dieses Wachstum wird in erster Linie durch eigene Fortbildungsarbeit in psychomotorischer Erziehung und kontinuierliche Öffentlichkeitsarbeit des Vereins gefördert. Aber auch durch sich unabhängig entwickelnde Initiativen, z.B. aus Universitätsprojekten, hat sich das Spielgruppenangebot erweitert. Die Vorzüge einer anerkannten Einrichtung und vereinsrechtliche Möglichkeiten machen die Mitgliedschaft in einem Verein wie P.E.S.I.R. interessant. Durch die in vielen Schreiben, Gesprächen und Vorträgen entstandenen Verbindungen zu Ämtern, Behörden, Schulen, Kindergärten usw. haben die Spielgruppen eine größere Öffentlichkeitswirksamkeit und bekommen allmählich eine bessere, wenn auch immer noch unzureichende finanzielle Grundlage. *Verein*

Die vollkommene Selbständigkeit der Spielgruppen des Vereins hat sich als sehr sinnvoll erwiesen. Denn gerade in einem Ballungsgebiet wie Hamburg gibt es sehr unterschiedliche Voraussetzungen für die Spielgruppenarbeit. Soziale Unterschiede zwischen Stadtteilen, aber auch innerhalb derselben, machen unterschiedliche Finanzierungsstrategien nötig. In einigen Stadtteilen ist es durchaus möglich, die Spielgruppenarbeit alleine durch Mitgliedsbeiträge zu finanzieren. In anderen Bezirken mit sozialen Brennpunkten dagegen muß man sich aller möglichen Finanzquellen bedienen. Diese reichen vom Sozialamt über Elternbeiträge und Spenden bis zur Krankenkasse. *Kranken-kassen*

Während Krankengymnasten/innen in der Regel keine Schwierigkeiten haben, eine psychomotorische Übungsbehandlung bei den Krankenkassen abzurechnen, ist dieses für nichtmedizinisch ausgebildete Gruppenleiter/innen meistens nicht möglich. Auch im Verein P.E.S.I.R. gibt es bisher nur wenige Gruppenleiter/innen, die darüber mit den Krankenkassen Vereinbarungen treffen konnten. Sie sind aber Beispiele dafür, daß dies möglich ist, und es ist ein Ziel der Spielgruppenabteilung, hier eine Gesamtvereinbarung zu erreichen.

BAGS (BSHG) Ebenso wie es den Krankenkassen freigestellt ist, die Finanzierung einer psychomotorischen Fördermaßnahme zu übernehmen, können auch die zuständigen Stellen der Behörde für Arbeit, Gesundheit und Soziales (BAGS) eine Fördermaßnahme und seinen Träger anerkennen oder ablehnen. Das Bundessozialhilfegesetz (BSHG) bietet die Möglichkeit, Kindern, die von Behinderung bedroht sind oder bereits als behindert gelten, Eingliederungshilfe zu gewähren (siehe BSHG; § 39, Abs. 3—4 und § 40, Abs. 2a und 8). Zwischen P.E.S.I.R. und der BAGS (Amt für Rehabilitation) in Hamburg gibt es eine Vereinbarung, die eine Finanzierung der Teilnahme an psychomotorischen Spielgruppen für Kinder, die dem § 39 BSHG entsprechen, zusichert. Wenn keine der bisher genannten Ko-

Sozialhilfe stenträger seine Zuständigkeit erklärt, bleibt schließlich noch die Möglichkeit, die Kosten für die Spielgruppenteilnahme als Sozialhilfeleistung im Sinne der Hilfe zum Lebensunterhalt geltend zu machen. Allerdings werden die Kosten hierdurch nur zum Teil gedeckt.

Diese gesamten Antragsverfahren sind sehr aufwendig und für die betroffenen Eltern und Kinder unangenehm. Deshalb ist es das Ziel von P.E.S.I.R., eine Finanzierungsgrundlage für die Spielgruppenarbeit zu erreichen, die individuelle Antragsverfahren überflüssig macht und die Kosten für die Arbeit deckt.

ABM Eine vorübergehende Lösung der finanziellen Probleme von Spielgruppenarbeit läßt sich erreichen, wenn die Stelle des/der Gruppenleiters/in durch eine ABM-Stelle abgesichert werden kann. Ein Verein könnte dieses beantragen, muß sich aber im klaren darüber sein, daß die Maßnahme nur über 2 Jahre gewährt wird und ihre Kosten nicht voll übernommen werden. Für den Aufbau und die erste Phase der Konsolidierung kann dieser Weg eine Lösung sein. Aber nur, wenn die Spielgruppenarbeit auch nach Ablauf der ABM gesichert ist, sich evtl. ein anderer Träger findet oder als ein Ergebnis der ABM ein solides Finanzierungskonzept entsteht, scheint uns dieser Weg sinnvoll zu sein. Aus sozialpolitischen wie auch arbeitsrechtlichen Gründen dürfen unseres Erachtens Sozialleistungen nicht dauerhaft auf der Basis von ABM aufbauen.

Wir möchten an dieser Stelle darauf hinweisen, daß Vereine und Projekte wie P.E.S.I.R. auch in anderen Orten der Bundesrepublik existieren. Das Beispiel soll dazu anregen, sich über regionale Initiativen zu informieren, Kontakte zu knüpfen und gemeinsame Strategien zur Durchsetzung der Interessen zu entwickeln.

4.4. Räume und Material

Allgemeine
Kriterien
Wichtige Kriterien bei der Auswahl von Räumen für die psychomotorische Spielgruppenarbeit sind ihre Größe, Ausstattung und Lage. Sie sollten leicht erreichbar, d.h. verkehrsgünstig gelegen sein, und zwar in dem Wohngebiet, in dem die Kinder leben. Als besonders geeignet haben sich normal große Schulturnhallen erwiesen. Sie erfüllen in der Regel die drei wichtigsten Kriterien, die für die Einrichtung und Ausstattung eines Spielraumes entscheidend sind: 1. vielseitige Verwendbarkeit, 2. auch für Kinder unproblematische Veränder- und Gestaltbarkeit, 3. robuste, unempfindliche Ausstattung.

Turnhalle
Schulturnhallen haben einen festen, glatten Bodenbelag, auf dem z.B. Rollbrettfahren großen Spaß macht. An den Wänden und unter der Decke existieren einige Befestigungsmöglichkeiten, mit deren Hilfe Schaukeln (Taue, Ringe), Rutschen, schiefe Ebenen, Höhlen usw. gebaut werden können. Es gibt in ihnen eine Anzahl von großen Geräten, wie große und kleine Kästen, Bänke, Böcke, große und kleine Matten, Reck, Barren, Schwebebalken, Minitrampolin usw., die je nach Bedarf, Vorstellung und personellen Möglichkeiten frei in der Halle arrangiert werden können. So entstehen phantasievolle Bauwerke, die von und mit den Kindern jederzeit beliebig verändert und erweitert werden können.

Die Schulturnhalle an sich ist ein abgeschlossener Raum, der einerseits übersichtlich für Kinder und Gruppenleiter/innen ist, auf der anderen Seite aber Nischen bietet (evtl. selbstgebaute), die den Rückzug ermöglichen. Sie kann somit zu einem vertrauten Ort werden, der Störungen, die außerhalb der Gruppe liegen, ausschließt.

Ferner bietet sie den Vorteil, daß ihre Ausstattung durch den dort stattfindenden Sportbetrieb einige Belastungsproben bestanden hat und diese außerdem regelmäßig Funktionskontrollen unterzogen wird. Trotzdem kann die ständige Beanspruchung zu einigen Mängeln führen, die man sich vor der Benutzung genau ansehen sollte. Daß Turn- und Sporthallen in ihrer Ausstattung und Architektur erheblich verbesserungsbedürftig und -fähig sind, kann an dieser Stelle nicht weiter diskutiert werden.

Leider ist die Nutzungsmöglichkeit einer Turnhalle für die meisten Einrichtungen noch ein Privileg. Für Kindergärten und Kindertagesheime z.B. ist es noch nicht selbstverständlich über Turnhallenzeiten zu verfügen. Es muß jedoch nicht in jedem Fall eine Turnhalle sein, sondern manchmal eignen sich auch andere Räume, wie z.B. Pausenhallen, Versammlungsräume und ähnliches. Tische, Stühle und Bänke eines Saales können die Phantasie von Kindern genügend zu Bautätigkeit und Rollenspiel anregen. Wichtig bei der Auswahl des Raumes ist es, darauf zu achten, daß die Deckenhöhe der Räume nicht zu niedrig ist. Denn für die Entwicklung des Raumgefühls ist die Höhe ebenso wichtig wie die Weite.

große Räume

Psychomotorische Erziehung beschränkt sich nicht alleine auf Gruppenarbeit innerhalb von Gebäuden. Auf Plätzen, Höfen und in Grünanlagen läßt es sich auch sehr gut spielen, und manche Erfahrungen im Umgang mit Natur und Umwelt werden hier erst ermöglicht. Bau- und Abenteuerspielplätze können ein Beispiel positiver Gruppenarbeit im Freien geben. Das erfolgreiche Beispiel eines „Waldkindergartens" in Dänemark, bei dem die Gruppe sich täglich mit den Betreuern trifft, um in den Wald zu gehen (egal bei welchem Wetter), zeigt, welcher Reiz allein in natürlichen Gegebenheiten liegen kann.

Natur

In einem übersichtlichen (Lehr-)Schwimmbecken (die Kinder müssen darin stehen können) können viele bekannte Spiele aus der Turnhalle gespielt werden. Es ist allerdings erforderlich, daß die Gruppenleiter/innen im Besitz einer Schwimmlehrbefähigung sind. Psychomotorische Spielgruppenarbeit findet allerdings noch relativ selten im Medium Wasser statt, obwohl die bisherigen Erfahrungen in diesem Medium sehr positiv sind.

Schwimmbad

In industriell durchsetzten Bezirken, die sich im Wandel befinden, können, evtl. in Kooperation mit verschiedenen Initiativen, stadtteilbezogene Sozialprojekte entstehen. Diese könnten sich z.B. stillgelegte Fabrikgebäude, Lagerhallen, usw. zunutze machen. Beispiele finden sich u.a. in den „Arbeitsmaterialien", Hrsg. Joern Schlund des Verlags Pro Juventute.

eigener Raum	Wer die Möglichkeit hat, sich einen Raum für psychomotorische Zwecke selber zu gestalten, der sollte sich über die oben genannten Aus- und Fortbildungsveranstalter und bei Kollegen Ideen für eine geeignete und sinnvolle Ausstattung holen. Uns erscheint es wenig sinnvoll, mit hohen Kosten, viel Technik und Materialaufwand ein „therapeutisches Disneyland" zu schaffen. Dieses bietet zwar einzigartige Erlebnisse und massive Sensationen, doch die Übertragbarkeit dieser Erfahrungen, z.B. auf den Schulsport, auf Vereinskinderturnen und das Spiel auf Höfen, Plätzen und in Parkanlagen ist zweifelhaft. Möglicherweise wird durch solche Angebote negatives Konsumverhalten zusätzlich gefördert und Eigeninitiative verhindert.
Material	Genauso wichtig wie die Beschaffenheit eines Raumes und seine Ausstattung mit Geräten sind die vielen „kleinen" Spielmaterialien aus den Bereichen der herkömmlichen Sportartikel, der Freizeitspiele, des psychomotorischen Spielmaterials und alltäglicher Gegenstände.
Bälle	Zu den herkömmlichen Sportartikeln gehören Bälle in jeder Größe und aus verschiedenstem Material. Sie animieren fast jedes Kind, unabhängig von seinem Alter. Vom Einzelspiel bis hin zu Mannschaftsspielen ist mit ihnen alles möglich. Es ist wichtig, neben den üblichen Bällen auch weiche und leichte Bälle anbieten zu können, z.B. aus dem Bereich der psychomotorischen Spielgeräte. Durch ihren Einsatz können Kinder evtl. bestehende Ängste vor Verletzungen abbauen und sich, durch die z.T. verlangsamten Flugeigenschaften der Bälle, häufiger Erfolgserlebnisse verschaffen. Auch große Bälle (Physio-, Spastiker- oder Pushbälle) haben einen hohen Aufforderungscharakter und bieten viele Möglichkeiten. Es ist z.B. sehr entspannend, auf ihnen zu liegen und zu wippen. Hierbei lockert sich die gesamte Muskulatur, auch bei spastisch erhöhtem Muskeltonus. Hat der Ball die richtige Größe ($\varnothing$ ca. $^1/_2$ Körperhöhe), lassen sich mit seiner Hilfe hervorragend Rollen ausführen.
Gymnastikreifen	Mit Gymnastikreifen kann man nicht nur gymnastische Übungen machen. Sie eignen sich zum Iglubau (3—4 Reifen), als Steuerrad eines Schiffes, können als Freimal im Fangspiel eingesetzt werden und regen zu vielen Bewegungsaufgaben (Zielspringen, Durchlaufen, Zurollen

usw.) an. Die üblichen Gymnastikreifen haben alle sowohl Vor- als auch Nachteile. Die farbigen, mit einem Plastikmantel überzogenen Reifen sind leider nicht sehr stabil, dafür können sie möglicherweise ein Spiel durch ihre verschiedenen Farben erweitern. Die Holzreifen halten zwar mehr aus, sollten vor Gebrauch jedoch auf Absplitterungen untersucht werden.

Seile in jeder Stärke und Länge sollten niemals fehlen. *Seile*
Für den Bau von Schaukeln, Höhlen, Eisenbahnen usw. sind sie ebenso wichtig wie für das Seilspringen und für Spielformen mit dem Seil. Das feinmotorische Geschick der Kinder wird bei der Herstellung von Seilverbindungen und Knoten gefördert, ebenso wie das der Gruppenleiter/innen beim Lösen dieser oft eigenwilligen Konstrukte. Sind jedoch sie selber das Objekt der Fesselkünste von Kindern, so müssen sie darauf vertrauen, auch wieder befreit zu werden.

Kleine Tücher, die es in vielen Farben gibt, werden in eini- *Tücher*
gen Regelspielen benötigt, aber auch eine Rutsche wird, mit ihnen als Unterlage, evtl. attraktiver. Mit großen Tüchern, wie Schwungtuch, Fallschirm aber auch Bettlaken, Wolldecke und Tischtuch lassen sich herrliche Kuschelecken und Verstecke bauen. Schwungtuchspiele sind sehr beliebt. Es ist in einer Kindergruppe dieses Alters günstig, für diese Spiele ein mittelgroßes Tuch (ca. 4mx4m) zur Verfügung zu haben. Dieses kann von den Kindern leichter kontrolliert werden als eines von der üblichen Größe (ca. 7mx7x).

Geräte und Materialien aus dem Bereich der Sport- und *Freizeit-*
Freizeitspiele, wie z.B. Hockeyschläger, Badmintonspie- *sportartikel*
le, Familytennis, Skateboards, Indiaca, Speckbrett und Frisbee können Kinder in diesem Alter noch überfordern. Trotzdem gibt es immer wieder Kinder, die schon über Vorerfahrungen verfügen und sich gerne mit diesen Geräten auseinandersetzen. Hockey mit einem mittelgroßen Schaumstoffball und Badminton (auch als Mannschaftsspiel über die Schnur) mit Luftballons oder Zeitlupenball ermöglichen es auch weniger bewegungserfahrenen und „ungeschickten" Kindern, mit Erfolg an solchen Spielen teilzunehmen. Diese Spielgeräte verfremdet zu gebrauchen, z.B. eine Frisbeescheibe als Suppenschüssel in ei-

nem Familienspiel, fällt Kindern in diesem Alter ohnehin nicht schwer.

*Psychomoto-
risches Spiel-
material* Zu den wichtigen Materialien, die leider in den meisten Turnhallenausstattungen noch fehlen, gehören die Rollbretter. Sie kommen aus dem Bereich der psychomotorischen Spielgeräte und gehören zur Grundausrüstung einer Spielgruppe.

Zu den bekannteren psychomotorischen Spielgeräten gehören außerdem das Pedalo, ein Rollgerät, das es in unterschiedlichen Größen gibt und einige Geschicklichkeit erfordert, und das Trimpolin, ein Sprunggerät wie das Minitrampolin, nur mit verminderter Federwirkung. Dieses Gerät scheint vielen Gruppenleitern erheblich sicherer zu sein, so daß sie seinen Einsatz weniger scheuen als den des Minitrampolins. Es ist sehr gut geeignet zum Hüpfen auf der Stelle und auch das Hüpfen von Trimpolin zu Trimpolin (wenn mehrere vorhanden sind) ist ungefährlich und macht großen Spaß. Als Ersatz eines Absprungtrampolins ist es jedoch nicht geeignet, dazu ist es zu leicht und rutscht beim Absprung.

Im Gegensatz zu den traditionellen Sportgeräten gibt es auf dem Sektor der psychomotorischen Spielgeräte und der Freizeitsportartikel häufig Neues. Nicht alle Neuerscheinungen sind jedoch brauchbar, und z.T. erweisen sie sich als „Flops". Eine gründliche Überprüfung der Geräte vor dem Kauf erscheint uns daher notwendig und sinnvoll.

*Alltags-
material* Ganz gewöhnliches Alltagsmaterial, wie Autoreifen und Autoschläuche, Pappkartons, Klopapier, Müllsäcke, Teppichfliesen, alte „Klamotten" zum Verkleiden, Gartenschläuche, Mörtelkübel, Regentonnen und Abflußrohre haben oft einen viel größeren Reiz als speziell entwickeltes Therapie- und Sportgerät. Auch Freizeitartikel, wie z.B. Hängematte, Luftmatratze oder Strickleiter aus dem Bootszubehör, sind vielseitig zu gebrauchen und von den Kindern begehrt. Viele dieser Dinge sind preiswert oder umsonst zu bekommen. Durch eine Umfrage im Bekanntenkreis, bei den Eltern der Kinder, Kfz-Werkstätten und Geschäften der Umgebung werden viele brauchbare Sachen zusammengetragen.

Bei Artikeln wie Luftballons und Schminke lohnt es sich, eine größere Menge anzuschaffen. Das wird insgesamt billiger, und es ist gut, davon etwas in Reserve zu haben.

Schließlich möchten wir noch auf Geräte hinweisen, die nur wenigen Spielgruppen zur Verfügung stehen, nämlich das große Trampolin und das Airtramp. Trampoline üben einen besonderen Reiz aus und ermöglichen wertvolle Körpererfahrungen. Ein/e Gruppenleiter/in sollte dieses Gerät jedoch nicht ohne genügend eigene Erfahrungen einsetzen und am besten an einer speziellen Fortbildung teilnehmen. Ein Airtramp, mit genügend Matten abgesichert, ist dagegen unproblematischer. Hier sind die Probleme eher der Transport sowie der Auf- und Abbau dieses Gerätes, wenn es nicht schon aufbaubereit in der Halle liegt. Mit zwei oder drei Helfern und einem geräumigen Kombifahrzeug lassen sich aber auch diese Schwierigkeiten überwinden. Einige Sondereinrichtungen (Schulen, Heime), Sportverbände und Vereine haben ein Luftkissen und sind oft bereit, es gegen eine Gebühr zu verleihen. Dies sind dann natürlich besondere Stunden für die Kinder, z.B. vor den Sommer- oder Weihnachtsferien. Bei diesen Anlässen ist zu überlegen, ob dafür nicht zwei oder drei Gruppen zusammengelegt werden können oder die Kinder einer Gruppe Geschwister und Freunde mitbringen.

Trampolin

Airtramp

4.5. Schritte zum Aufbau Psychomotorischer Spielgruppen

An dieser Stelle möchten wir noch einmal alle wichtigen Schritte für die Einrichtung von Spielgruppen zusammenfassen und erläutern. Viele Hinweise zu den angeführten Punkten finden sich bereits auf den vorhergehenden Seiten.

Nachdem Träger, geeignete/r Gruppenleiter/in und Zielgruppe feststehen, sind, z.T. gleichzeitig, folgende Punkte zu klären:

1. Auswahl und Beschaffung des Ortes bzw. Raumes
2. Klärung der finanziellen Bedingungen
3. Materialbeschaffung
4. Öffentlichkeits- und Elternarbeit

Raum-
beschaffung

Zu 1.:
Durch die schon feststehende Zielgruppe ist die Wahl des Ortes in der Regel festgelegt. Wenn aber kein eigener geeigneter Raum vorhanden ist, kann seine Beschaffung zur schwierigen Hürde werden, die einige Verzögerung verursachen kann. Für die Benutzung einer Turnhalle gibt es von den zuständigen örtlichen Verwaltungsstellen spezielle Nutzungsanträge. Bevor diese eingereicht werden, sollte man sich jedoch bei dem zuständigen Schulleiter und direkt beim Hausmeister über freie Hallenzeiten erkundigen. Oft ist es auch sinnvoll beim Bescheid „Halle ist schon belegt", durch eine kurze Visite zu überprüfen, ob die gewünschte Hallenzeit wirklich genutzt wird und im Zweifelsfall weiter nachzuforschen. Auf diese Weise haben auch engagierte Eltern schon mitgeholfen, eine Turnhalle für die Spielgruppe zu beschaffen. Noch schwieriger ist es, eine Zeit in Schwimmhallen zu bekommen. Chancen bestehen bei Therapiebädern von Sonderschulen und bei Lehrschwimmbecken von Schulen. In jedem Falle ist es zu empfehlen, durch die Vorstellung der Ziele und Möglichkeiten von psychomotorischer Spielgruppenarbeit im persönlichen Gespräch, die Dringlichkeit des Antrages zu verdeutlichen.

Zu 2.:
Die finanzielle Absicherung der Spielgruppenarbeit, d.h. die Beschaffung der Mittel für Gruppenleiterhonorare, Materialanschaffungen, möglicherweise für Raummiete und sonstige Aufwandsentschädigungen sind zentrale Probleme bei der Einrichtung einer psychomotorischen Spielgruppe. Wir haben oben versucht deutlich zu machen, wie problematisch dies ist, wenn die Gruppenarbeit nicht innerhalb einer hauptberuflichen Tätigkeit geleistet werden kann. Die Gruppenleiter/innen müssen sich deshalb beim Aufbau solch einer Spielgruppe im klaren sein, daß die beschriebenen Antragsverfahren bei Krankenkassen und Behörden sich oft über Wochen, evtl. sogar Monate hinziehen.

Finanzierung

Zu. 3.:
Für die Materialbeschaffung zum Start der Spielgruppenarbeit gibt es verschiedene Möglichkeiten. Zuerst sollte gleichzeitig mit dem Hallennutzungsantrag, die Nutzung sämtlicher Geräte beantragt werden. Um das Kleinmaterial der Schulen mitbenutzen zu können, muß deren Einwilligung vorliegen. Damit die eigenen Geräte und Materialien sicher gelagert werden können, ist es sinnvoll, sich einen verschließbaren Schrank oder eine Truhe zu besorgen. Evtl. kann mit der Schule vereinbart werden, daß deren verschließbarer Geräteraum mitbenutzt werden darf und die Schule als Gegenleistung das Spielgruppenmaterial benutzt. Durch das weitgehend unbekannte psychomotorische Spielmaterial könnten dem Sportunterricht der Schule vielleicht neue Impulse verliehen werden.

*Material-
beschaffung*

In der Regel ist es nicht möglich, gleich beim Start einer Spielgruppe eine komplette Grundausstattung psychomotorischer Spielgeräte anzuschaffen, alleine 10 Rollbretter und ein Schwungtuch kosten ca. 1000 DM. Für die Übergangsphase, bis die wichtigsten Geräte angeschafft sind, gibt es vielleicht die Möglichkeit, Geräte von anderen Spielgruppen auszuleihen. Auch einige Sportverbände, besonders deren Jugendorganisationen, haben z.T. sehr brauchbare Gerätepools, aus denen man Material entleihen kann.

Für die Neuanschaffung von Geräten können außerdem Anträge zur Bewilligung von Sondermitteln des Bezirkes

Zuschüsse

bzw. Kreises gestellt werden. Diese haben aber nur Erfolg, wenn man sich vorher Fürsprecher bei den politischen Vertretern sucht. Bei der Mitgliedschaft in Sportverbänden bzw. als eingetragener Verein können Zuschüsse aus dem Jugendförderungsplan beantragt werden, und schließlich können auch Spenden hierfür eingeworben werden. Mögliche Sponsoren sind Banken, Versicherungen, Bausparkassen, Getränkefirmen, Verlage oder ähnliche Branchen.

Zu 4.:

Ziele der Öffentlich- keitsarbeit

Eine gezielte Öffentlichkeitsarbeit ist sowohl in der Aufbauphase einer Spielgruppe als auch danach, begleitend zur Spielgruppenarbeit wichtig. Ihre Ziele sind: 1. die beabsichtigte Zielgruppe anzusprechen, evtl. um eine bestehende Gruppe ergänzen zu können; 2. auf das Spielgruppenangebot aufmerksam zu machen und Kontakte zu Stellen und Personen knüpfen zu können, die vielleicht wichtig bei Verhandlungen mit Behörden sind oder Sach- und Geldspenden vermitteln können; 3. über gefährliche gesellschaftliche Veränderungen, durch die besonders die Entwicklung von Kindern beeinträchtigt wird, zu informieren und zu zeigen, wie Kinder in einer Spielgruppe und zu Hause durch die Eltern gefördert werden können; 4. Ankündigungen zu machen, z.B. auf besondere Veranstaltungen, wie eine Ferienspielaktion hinzuweisen oder zu Materialspenden (alte „Klamotten", ausgediente Spielgeräte) aufzufordern.

Presse und Rund- schreiben

Öffentlichkeitsarbeit kann auf verschiedenen Wegen geleistet werden. Eine breite Öffentlichkeit wird durch kleine Artikel in lokalen Tageszeitungen, Stadtteilblättern usw. erreicht. Obwohl nur wenig direkte Resonanz zu erwarten ist, bleibt dies eine wichtige Informationsmöglichkeit. Eine gezieltere Ansprache ist mit einem Rundschreiben möglich, das entweder in Kindergärten, Schulen und ähnlichen Einrichtungen an Eltern oder in ausgesuchten Stadtteilen/Siedlungen direkt an die Bewohner verteilt wird.

Konzept

Es ist sehr wichtig, die Institutionen, die wir beschrieben haben, ausführlich über das Konzept der psychomotorischen Spielgruppen und die bestehenden Angebote zu informieren (Altersgrenzen, Ort, Zeit, Kosten, Kontaktadressen).

Besondere Veranstaltungen, wie ein Tag der offenen Tür, eine Ferienspielaktion über mehrere Tage hinweg oder eine Vorführung (in Kapitel 3 haben wir über das Projekt „Zirkusvorstellung" berichtet), geben die Gelegenheit, für psychomotorische Spielgruppen zu werben, neue Kinder anzusprechen, Eltern im Gespräch zu informieren und aufzuklären sowie Interessierten Beispiele für die eigene pädagogische Arbeit zu vermitteln.

Ankündigungen

Die Elternarbeit fängt schon mit dem ersten Informationsschreiben an. Über persönliche Gespräche (per Telefon oder Hausbesuche) hinaus, kann eine Vertiefung in Form eines Informationsabends stattfinden. Hierzu ist es sinnvoll, Aufzeichnungen (Video, Super 8) von anderen Spielgruppen vorzuführen und zu erläutern. Auch besonderes Material, wie Pedalo, Rollbrett usw., das in den Aufnahmen zu sehen ist, könnte dort ausprobiert und erklärt werden. Eine weitere Möglichkeit der Elternarbeit kann eine gemeinsame Veranstaltung mit Kindern und Eltern in dem Spielgruppenraum sein. Hier können sie sich gegenseitig in einer ungewohnten Situation erleben und werden vielfach überrascht voneinander.

Elternarbeit

Informationsveranstaltungen

Wenn die Möglichkeit besteht, im Verlauf der Spielgruppenarbeit Videoaufzeichnungen von der Gruppe zu machen, können sich aus dem Betrachten mit den Eltern interessante Gespräche entwickeln.

Dokumentation

Gelegentlich müssen Spielgruppenleiter/innen, außer Erziehungsberatung, auch Hilfen beim Umgang mit Behörden leisten, d.h. daß sie verschiedene Antragsverfahren erläutern, Anträge formulieren und evtl. mit den Betroffenen gemeinsam einen Behördengang erledigen. Den Gang mit dem Kind zur Begutachtung durch den Kinder- und Jugendpsychiatrischen Dienst, der für die Anerkennung nach § 39 BSHG nötig ist, kann man vermeiden. Viele Mitarbeiter dieser Dienste sind gerne bereit, in die Halle zu kommen und die Begutachtung in der Gruppensituation durchzuführen.

Hilfe bei Behörden

Durch gemeinsame Projekte (z.B. Zirkus), an denen die Eltern stark beteiligt werden können, wird die Elternarbeit und damit die gesamte Spielgruppenarbeit erheblich verbessert. Die persönlichen Gespräche „am Rande" einer gemeinsamen Veranstaltung sind langfristig effektiver als ein offizieller Beratungstermin.

Projekte

5. Literaturhinweise

Die folgenden Bücher und Aufsätze haben wir benutzt oder können wir empfehlen. Die einzelnen Titel geben hinreichend Auskunft über die jeweiligen Themen und Fachbereiche, die sie betreffen. Sie stehen alle im thematischen Zusammenhang mit Psychomotorik, Entwicklung, Erziehung, Kommunikation, Integration und enthalten wichtige Gesichtspunkte zur Reflexion der Praxisarbeit.

AG Würzburg (Hrsg.) (1986): Wege zur Integration. Würzburg: U. Reuter.

ARNOLD, K. H. (1981): Der Situationsbegriff in den Sozialwissenschaften. Zur Definition eines erziehungswissenschaftlichen Situationsbegriffs. Weinheim: Beltz.

BARRES, E. (1972): Erziehung im Kindergarten. Weinheim: Beltz.

BARRETT, L. S. u.a. (1986): Das Versteck-Dich-Spiel. In: W. LIPPETZ/K. MEYER-DRAWE: Lernen und seine Horizonte. 3. Aufl. Frankfurt/M.: Scriptor.

BENESCH, H. (1988): Zwischen Leib und Seele. Grundlagen der Psycho-Kybernetik. Frankfurt/M.: Fischer.

BERND, C. (1988): Bewegung und Theater. Lernen durch Verkörpern. Frankfurt/M.: Afra.

BERNSTEIN, N. A. (1987): Bewegungsphysiologie. 2. Aufl. Leipzig: Barth.

BRINCKMANN, A./TREESS, U. (1987): Bewegungsspiele. Reinbek: Rowohlt.

BÜCKEN, H. (1984): Kim-Spiele. Spiele zum Schmecken, Riechen, Tasten, Hören und Denken. München: Hugendubel.

COHN, R. (1976): Von der Psychoanalyse zur themenzentrierten Interaktion. Stuttgart: Klett.

CIOMPI, L. (1988): Außenwelt/Innenwelt. Die Entstehung von Zeit, Raum und psychischen Strukturen. Göttingen: Vandenhoeck und Ruprecht.

CORNELL, J. B. (1979): Mit Kindern die Natur erleben. Soyen: Ahorn.

CRATTY, B. J. (1977): Aktive Spiele und soziales Lernen. Ravensburg: Maier.

DEUTSCHER WERKBUND Bayern e.V. (1977): Der Mensch ohne Hand oder die Zerstörung der menschlichen Ganzheit. Ein Symposion. München: dtv.

ELKONIN, D. (1980): Psychologie des Spiels. Köln: Pahl-Rugenstein.

EHRHARD, N./ZACHARIAS, W. (1980): Mach mit im Zirkus Pumpernudel! Ravensburg: Maier.

ERNST, R. (1985): Zinnober TZT Nr. 5. Was verliere ich, wenn ich nicht gewinne? Hrsg. v.d. Schweizerischen Informationsstelle für themenzentriertes Theater. Männedorf (Schweiz).

ESCHERT, A./KÜPPER, D. (1985): Zirkus selbermachen. Köln: Kalker Spiele.

FLITNER, A. (1978³): Das Kinderspiel. München: Piper.

FRIEBEL, H. (1977): Lernkapazität des Individuums — Lernmilieu der Gesellschaft. Konzepte und Theorien zur psychischen und sozialen Determination des Lernens. Opladen: Westdeutscher V.

GREENSPAN, S. J./GREENSPAN, N. T. (1985): Das Erwachen der Gefühle. Die emotionale Entwicklung des Kindes. München: Piper.

GROSSMANN, K. E. (Hrsg.) (1977): Entwicklung der Lernfähigkeit in der sozialen Umwelt. München: Kindler.

HAGE, K. (1979): Zur Konstitution von Wissen in Lehr- und Lernprozessen. Eine Untersuchung der genetischen Episthemologie Jean PIAGETS auf ihre Bedeutung zur Entwicklung eines wissenschaftsbezogenen Unterrichts. Weinheim: Beltz.

HAMBLIN, K. (1979): Mime. Spiel mit deiner Phantasie. Soyen: Ahorn.

HILDEBRAND, H./SCHULTZ, M.-L. (o.J.): Wenn ich traurig bin, dann bin ich auch krank. Frankfurt/M.: Jugend und Politik.

HOLLER, R. (1987): Murmel. 2. Aufl. München: Hugendubel.

HOYER, K. (Hrsg.) (1986): AOL Zirkus. 2. Aufl. Lichtenau: AOL.

HURRELMANN, K. (1988): Sozialisation und Gesundheit. Somatische, psychische und soziale Risikofaktoren im Lebenslauf. München: Juventa.

JAEGGI, U./FASLER, M. (1982): Kopf und Hand. Das Verhältnis von Gesellschaft und Bewußtsein. Frankfurt/M.: Campus.

JANTZEN, W. (1986): Abbild und Tätigkeit. Studien zur Entwicklung des Psychischen. Oberbiel: Jarick.

JANTZEN (1987): Allgemeine Behindertenpädagogik. Bd. 1, Sozialwissenschaftliche und psychologische Grundlagen. Weinheim: Beltz.

JETTER, K. (1984): Leben und Arbeiten mit behinderten und gefährdeten Säuglingen und Kleinkindern. Stadthagen: Bernhardt-Pätzold.

JOAS, H. (1980): Praktische Intersubjektivität. Frankfurt/M.: Suhrkamp.

KÄHLER, R. (1985): Moralerziehung im Sportunterricht. Untersuchung zur Regelpraxis und zum Regelbewußtsein. Frankfurt/M.: Deutsch.

KAUTTER, H. u.a. (1988): Das Kind als Akteur seiner Entwicklung. Idee und Praxis der Selbstgestaltung in der Frühförderung entwicklungsverzögerter und entwicklungsgefährdeter Kinder. Heidelberg: Schindele.

KEYSELL, P. (1985): Pantomime mit Kindern. Ravensburg: Meyer.

KIPHARD, E. J./LEGER, A. (1975): Psychomotorische Elementarerziehung. Gütersloh: Flöttmann.

KON, E. S. (1971): Soziologie der Persönlichkeit. Köln: Pahl-Rugenstein.

KÜKELHAUS, H./ZUR LIPPE, R. (1987): Entfaltung der Sinne. Ein Erfahrungsfeld zur Bewegung und Besinnung. Frankfurt/M.: Fischer.

LEONTJEW, A. N. (1973): Probleme der Entwicklung des Psychischen. Frankfurt/M.: Athenäum Fischer.

LEUE, G./CUYPERS, J. P. (1982): Comic Spielebuch. 2. Aufl. Berlin: Leue.

LINDGREN, A. (o.J.): Pippi Langstrumpf. Hamburg: Oetinger.

MAYRHOFER, H./ZACHARIAS, W. (1977, 1982): Spiel mit! Ravensburg: Maier.

MEAD, G. H. (1973): Identität und Gesellschaft. Frankfurt: Suhrkamp.

MONTAGNER, H. (1981): Kind und Kommunikation. Fehlentwicklungen verhindern. Den gesunden Weg entdecken. Olten: Walter.

MUNDORGEL, die (1968): 13. Aufl. Köln: Mundorgel.

NEUMANN-SCHÖNWETTER, M. (1973): Psychosexuelle Entwicklung und Schizophrenie. Frankfurt/M.: Suhrkamp.

OERTER, R. (1978): Entwicklung und Sozialisation. Donauwörth: Auer.

ORLICK, T. (1982): Kooperative Spiele. Weinheim: Beltz.

ORLICK, T. (o.J.): Zusammen gewinnen und lernen. Alternativen zum Konkurrenzwahn. Ettlingen: Ettlinger.

ORNSTEIN, R. (1976): Die Psychologie des Bewußtseins. Frankfurt: Fischer.

PELLER, L. E. (1973): Modelle des Kinderspiels. In: A. FLITNER (Hrsg.): Das Kinderspiel. München: Piper.

PETROWSKI, A. W. (1974): Allgemeine Psychologie. Köln: Pahl-Rugenstein.

PFISTNER, H.-J. (Hrsg.) (1988): Die Entwicklung des Seelischen. Weinheim: Deutscher Studienverlag.

PIAGET, J. (1969): Das Erwachen der Intelligenz. Stuttgart: Klett.

PIAGET, J. (1973): Das moralische Urteil beim Kinde. Frankfurt/M.: Suhrkamp.

PÖHLMANN, R. (1986): Motorisches Lernen. Berlin-Ost: Sportverlag.

POLZIN, M. (1979): Kinderspiel-Theorien und Spiel- und Bewegungserziehung. München: Minerva.

PREUSS-LAUSITZ, U. u.a. (1983): Kriegskinder, Konsumkinder, Krisenkinder. Zur Sozialisationsgeschichte seit dem 2. Weltkrieg. Weinheim: Beltz.

PRIOR, H. (Hrsg.) (1976): Soziales Lernen. Düsseldorf: Schwann.

PSYCHOMOTORISCHE Erziehung, soziale Integration und Rehabilitation e.V. (Hrsg.) (1986): Leitfaden zum besseren Verständnis eines „Fünfjährigen". Hamburg.

REGEL, G./WIELAND, A. J. (Hrsg.) (1984): Psychomotorik im Kindergarten. Hamburg: Rissen.

RITTER, G. (1988): Die zwischenmenschliche Beziehung in der Bewegungsbehandlung. Stadthagen: Bernhardt-Pätzold.

ROHMANN, J. A. (1982): Entwicklung und Handlung. Versuch einer handlungstheoretischen Rekonstruktion der Entwicklungspsychologie Piagets. Weinheim: Beltz.

ROLFF, H. G./ZIMMERMANN, P. (1985): Kindheit im Wandel. Eine Einführung in die Sozialisation im Kindesalter. Weinheim: Beltz.

ROSEMANN u.a. (1979): Ein Kind erobert die Welt. Wie Kinder lernen, mit der Welt wirksam umzugehen. Warendorf: Schnellsche.

SARIMSKI, K. (1986): Interaktion mit behinderten Kleinkindern. Entwicklung und Störung früher Interaktionsprozesse. München: Reinhard.

SCHÄFER, N. E. (1986): Spiel, Spielraum und Verständigung. Untersuchungen zur Entwicklung von Spiel und Phantasie im Kindes- und Jugendalter. Weinheim: Juventa.

SCHIERZ, M. (1986): Bewegungsspiele unterrichten. Grundzüge einer exemplarischen Unterrichtslehre. Frankfurt: Deutsch.

SCHLUND, J. (Hrsg.) (1987): Arbeitsmaterialien. Heft 1: Spielvelo. Heft 2: Wohnen, Spielen. Zürich: Pro Juventute.

SCHÖNBERGER, F. u.a. (1987): Bausteine der Kooperativen Pädagogik. Stadthagen: Bernhardt-Pätzold.

SCHULKE-VANDRE, J. (1982): Grundlagen psychomotorischer Erziehung. Köln: Pahl-Rugenstein.

SCHULTZ-HENCKE, G. (1973): Der gehemmte Mensch. 3. Aufl./1. Nachdruck. Stuttgart: Thieme.

SEIDEL, G./MEYER, W. (1982): Spielen und Darstellen. Bd. 1 und 2. Hamburg: Erziehung und Wissenschaft.

SIMON, F. B. (1984): Der Prozeß der Individuation. Über den Zusammenhang von Vernunft und Gefühlen. Göttingen: Vandenhoeck und Ruprecht.

SOMMER-BODENBURG, A. (o.J.): Der kleine Vampir. Reinbek: Rowohlt-Rotfuchs.

STADLER, M. u.a. (1977): Psychologie der Wahrnehmung. 2. Aufl. München: Juventa.

TREß, U. (1986): Unterricht als Kooperationsprojekt. Sportpädagogik, Heft 4, S. 18—22.

VOPEL, K. W. (1977): Interaktionsspiele für Kinder. Affektives Lernen für 8—12jährige. Bd. 1 bis 4. Hamburg: ISKO-Press.

WOCKEN, H. u.a. (Hrsg.) (1988): Integrationsklassen in Hamburger Grundschulen. Hamburg: Erziehung und Wissenschaft.

WYGOTSKI, L. (1980): Das Spiel und seine Bedeutung in der psychischen Entwicklung des Kindes. In: D. ELKONIN: Psychologie des Spiels. Köln: Pahl-Rugenstein.

WYGOTSKI, L. (1985): Ausgewählte Schriften. Bd. 1 u. 2. Köln: Pahl-Rugenstein.

ZÉBERGS, D. (1980): Soziale Entwicklung kommunikativer Fähigkeiten. In: Jahrbuch für Entwicklungspsychologie. Bd. 2, 1980: Soziale Entwicklung im Kindesalter. Stuttgart: Klett-Cotta.

ZITZLSPERGER, H. (1980): Kinder spielen Märchen. Schöpferisches Ausgestalten und Nacherleben. Weinheim: Beltz.

Abkürzungen

Orte/Mat.: Orte und Materialien
Meth.: Methodische Hinweise
Komm.: Kommentar
Lit.: Literaturhinweis